U0926272

编委会

主　　任　陆留生　俞　军
副 主 任　张学才　李晓雷　李军国
委　　员　周海南　黄霄椿　何正庆　马跃军
朱　贤　狄　伟　肖应辉　孙　晨
学术指导　忻　超　胡广伟
（以上排名不分先后）

写作组

周海南（主笔）　南　磊　曹银美

江苏省主题出版重点出版物

不见面审批

周海南 编著

本书编委会 审定

江苏的一张亮丽名片　　“放管服”改革的一大突破

江苏人民出版社

图书在版编目(CIP)数据

不见面审批/周海南编著. --南京:江苏人民出版社,2019.12
ISBN 978-7-214-13225-3

Ⅰ. ①不… Ⅱ. ①周… Ⅲ. ①地方政府-行政管理-政治体制改革-研究-江苏 Ⅳ. ①D625.53

中国版本图书馆 CIP 数据核字(2019)第 288625 号

书　　名	不见面审批
编　　著	周海南
责任编辑	黄　山
出版发行	江苏人民出版社
出版社地址	南京市湖南路 1 号 A 楼,邮编:210009
出版社网址	http://www.jspph.com
照　　排	江苏凤凰制版有限公司
印　　刷	南京新洲印刷有限公司
开　　本	718 毫米×1000 毫米　1/16
印　　张	22.5　插页 2
字　　数	324 千字
版　　次	2019 年 12 月第 1 版　2019 年 12 月第 1 次印刷
标准书号	ISBN 978-7-214-13225-3
定　　价	58.00 元

(江苏人民出版社图书凡印装错误可向承印厂调换)

擦亮“不见面审批”的品牌(序)

推行“不见面审批”改革，是江苏省委、省政府贯彻落实习近平总书记“以人民为中心”的发展思想、推进地方治理体系和治理能力现代化的一次生动实践，是深化“放管服”改革、推动政府职能转变、优化营商环境的重要抓手。“不见面审批”改革不仅是一项具体的改革举措，更是一场从理念、制度到作风的全方位、深层次变革。

江苏省第十三次党代会以来，省委明确提出，要坚持把“放管服”改革作为全面深化改革的“先手棋”和转变政府职能的“当头炮”，系统集成推进各项改革措施；明确了建立“互联网+政务服务”体系，着力打造“不见面审批”“3550”等改革品牌，努力把江苏建设成为审批事项最少、办事效率最高、创新创业活力最强的区域。这一高瞻远瞩的决策，为全省行政审批制度改革工作指明了方向。2017年6月，我省正式启动“不见面审批”改革，确立了“网上办、集中批、联合审、区域评、代办制、快递送、一号答、不见面”的“不见面审批”改革总体设计方案，建设江苏政务服务网，推出多图联审、多评合一，开展区域评估、代办帮办，推行快递寄送、统一12345服务等一系列便民惠民举措，政府办事效率大幅提高，极大地方便了企业和群众办事创业，人民群众获得感持续增强，全省营商环境不断优化。“不见面审批”改革为全国“放管服”改革提供了“江苏经验”和“江苏样板”。李克强总理2018年11月30日在江苏考察时，称赞“不见面审批”已成为江苏的一张亮丽名片，是“放管服”改革的一大突破，希望江苏在改善营商环境上追求卓越，继续走在全国前列。

今后一个时期，我们要按照党的十九大和十九届四中全会关于推进国家治理体系和治理能力现代化的部署要求，深化“放管服”改革，推动“不见面审批”改革在内容上再丰富、外延上再拓展、质量上再提升，把“不见面审批”的品牌擦得更亮。要着力推进“一件事”改革，梳理企业群众办理的高频事项，再造流程，整合业务系统，提高办事效率。要着力提升网上服务能力，梳理事项清单，完善办事指南，提升用户体验，建设公共支撑体系，加快实现“一网通办”。要着力加强五级政务服务体系建设，推动线上线下融合发展，推进“综合一窗”改革，推行线下“最多跑一次”、线上“不见面”。最大限度地方便企业和群众办事，以实际行动进一步优化营商环境，推动我省高质量发展。

“不见面审批”改革，对政府来说是一场深刻的自我革命，对人民来说是整体受益的“普惠式”改革。我们要以习近平新时代中国特色社会主义思想为指引，牢记习近平总书记关于江苏要“为全国发展探路”的嘱托，深入贯彻李克强总理提出的江苏改革要“为全国树标杆”的指示精神，认真落实省委娄勤俭书记、省政府吴政隆省长提出的“进一步打响‘不见面审批’品牌”的要求，坚持问题导向，围绕利企便民，持续深化改革，切实解决企业群众办事的痛点堵点难点问题，在更高层次上实现“不见面审批”，使群众获得感更加充实、更有保障、更可持续。

陆留生

2019 年 11 月 26 日

目 录

理论篇

实践篇

政策篇

荣誉篇

理论篇

第一章 “不见面审批”改革的理论依据

党的十八大以来，按照党中央、国务院部署，江苏省委、省政府按照“多抓根本性、全局性、制度性的重大改革举措，多抓有利于保持经济健康发展和社会大局稳定的改革举措，多抓有利于增强人民群众获得感、幸福感、安全感的改革举措”要求，于2017年6月提出在全省实施“不见面审批(服务)”改革。这项改革措施是“以人民为中心”发展思想的实践探索，改革全过程紧紧围绕“发展为了人民、发展依靠人民、发展成果由人民共享”这个理念展开；通过撬动重点领域和关键环节的改革，推进国家治理体系和治理能力现代化进程；以深化“放管服”改革、转变政府职能为抓手，不断释放改革红利，助推经济社会健康发展；扎实推进审批服务便民化，努力建设更加良好的营商环境；积极发展电子政务，推动政府数字化转型。“不见面审批(服务)”改革，为“强富美高”新江苏建设提供了有力支撑。

第一节 坚持以人民为中心的发展思想

发展是人类社会永恒的主题，是人类社会进步的基础，也是中国特色社会主义事业不断前进的根本前提。习近平总书记指出，“发展是解决我国一切问题的基础和关键”，“必须坚持以人民为中心的发展思想”。在中国特色社会主义事业经济、社会等诸领域、各方面与全过程，都要坚持以人民为中心。“不见面审批”正是在以人民为中心的发展思想的指引下，在江苏大地开展的一项生动的改革实践活动。

(一) 以人民为中心的价值取向

以人民为中心的发展思想是以习近平同志为核心的党中央在继承中国共产党人民观的基础上，在治国理政的长期实践与思考中逐步形成和完善的。党的十八大以来，习近平总书记反复强调“人民对美好生活的向往，就是我们的奋斗目标”。党的十八届五中全会正式提出“创新、协调、绿色、开放、共享”的新发展理念，首次把以人民为中心的发展思想这一表述写进党的正式文件，把坚持人民主体地位作为推动经济社会持续健康发展必须遵循的指导原则，强调“必须坚持以人民为中心的发展思想，把增加人民福祉、促进人的全面发展作为发展的出发点和落脚点”。党的十九大把习近平新时代中国特色社会主义思想确立为党必须长期坚持的指导思想，并庄严地写入党章，实现了党的指导思想的与时俱进。党的十九大报告深刻指出，必须坚持人民主体地位，坚持立党为公、执政为民，践行全心全意为人民服务的根本宗旨，把党的群众路线贯彻到治国理政全部活动之中，把人民对美好生活的向往作为奋斗目标，依靠人民创造历史伟业。习近平新时代中国特色社会主义思想的“八个明确”“十四个坚持”都强调了坚持以人民为中心，进一步丰富发展了以人民为中心的发展思想的深刻内涵。

以人民为中心的发展思想是坚持人民主体地位这一根本原则在发展理论上的创造性运用，其基本内涵就是“发展为了人民，发展依靠人民，发展成果由人民共享”，这是对中国特色社会主义建设过程中经济社会发展的根本目的、动力、趋向等问题的科学回答。第一，发展为了人民，这是对发展目的问题的回答。发展为了人民，就是基于新时代我国社会主要矛盾的变化，坚持立党为公、执政为民，把实现人民幸福作为发展的目的与归宿，把满足人民日益增长的美好生活需要作为党和国家各项工作的重点。第二，发展依靠人民，这是在发展动力问题上的主张。发展依靠人民，就是把人民作为发展的力量源泉，充分尊重人民主体地位，充分尊重人民所表达的意愿、所创造的经验、所拥有的权利、所发挥的作用，充分尊重人民群众首创精神。第三，发展成果由人民共享，这是对发展趋向问题的阐释。发展成果由人民共享，就是使发展的成果惠及全体人民，实现每个人的全面发展，逐步实现共同富裕。①

① 汪信砚：《以人民为中心的发展思想的哲学源泉》，《人民日报》2017年11月24日第7版。

“坚持以人民为中心”,最鲜明地体现了习近平新时代中国特色社会主义思想的人民立场这一根本政治立场,是马克思主义唯物史观的必然要求,更是中国共产党人不忘初心、牢记使命的鲜明表达,是不断丰富与发展着的中国共产党人民观在新时代的理论集成创新。

(二)以人民为中心的发展理念

我国经济发展已经进入新常态。在这一新阶段,发展面临新条件、新任务,需要采取新战略、新政策,需要以深化和统一认识为前提。在发展阶段转换的关键节点,强调坚持以人民为中心的发展理念,具有鲜明的现实针对性和指导性。首先,坚持以人民为中心有利于破除“速度焦虑”,加快转变经济发展方式。随着发展水平的提高和发展阶段的演进,资源环境对发展的约束增强,劳动等生产要素价格呈上升态势,如果为了保持原有的经济增速而片面扩大投资、延续高投入高消耗的发展方式,不仅经济增长难以持续,而且难以实现其他发展目标,更不利于人民生活水平的提高,而保持中高速增长,坚持稳中求进,开创中高速、优结构、新动力的发展新格局,则能在保持经济平稳健康发展的同时,不断提高人民群众的获得感。其次,有利于更好满足人的需求,促进人的全面发展。在新的发展阶段,应围绕新需求不断提供新产品新服务、发展新模式新业态,实现发展的转型升级,同时更加切实地维护社会公平正义,努力实现基本公共服务均等化,保证人民平等参与、平等发展的权利,让发展成果更多、更公平惠及全体人民。再次,有利于全面深化改革,让人民群众有更多获得感。人民是否真正得到实惠、人民生活是否真正得到改善、人民权益是否真正得到保障是检验发展成效的根本标准,只有坚持以人民为中心的发展思想,才能凝聚最广泛的改革共识,把广大人民的智慧和力量汇聚到改革和发展上来,以全面深化改革推动中国特色社会主义事业蓬勃发展。①

以人民为中心的发展思想,不仅是系统的科学思想理论,同时也是重大的实践方略,体现了世界观与方法论的内在统一、历史观与价值观的高

① 施戍杰、侯永志:《深入认识以人民为中心的发展思想》,《人民日报》2017年06月22日第7版。

度统一、治国理念与治党方略的有机统一。

（三）以人民为中心的生动实践

正如习近平总书记所说，“以人民为中心的发展思想，不是一个抽象的、玄奥的概念，不能只停留在口头上、止步于思想环节”。践行以人民为中心的发展思想，必须要把从群众中来到群众中去的群众路线作为一切行动的准则，贯彻到改革和发展的全部活动中去。

江苏“不见面审批”从转变为民服务的价值理念出发，始终坚持以“以人民为中心”的发展理念来指导实践，突出人民群众的主体地位，始终把人民群众的利益放在第一位，通过顶层设计和机制创新等一系列改革，全面优化营商环境，推动审批服务便利化，切实增加了企业和群众的获得感，切实保障了经济社会平稳健康发展，增强了各领域的动力和活力，更加有效地推动了江苏高质量发展。

“不见面审批”坚持问题导向、需求导向，一切从企业和群众的需求出发，从“政府端菜”转向“企业和群众点菜”，从“我要怎么办”转向“企业和群众要我怎么办”，从老百姓最关心、企业最闹心的实际问题着手，通过广泛收集公众和企业对政府工作的意见和建议，紧盯痛点、难点、堵点问题。按照需求导向推出政策和举措，切实满足企业和群众的需要，而不是闭门造车。从供给导向到需求导向是互联网思维的一个标识，体现的是服务理念的转变，这也倒逼审批制度、营商环境在满足企业和群众需求的过程中得到真正改善。

“不见面审批”将“以人民为中心”贯穿于办事全过程，努力实现“数据多跑路，群众少跑腿”，让企业和群众足不出户就能轻松地把事情办好，在与各级政府部门互动过程中切实提高获得感，有效提高对政府的信任水平和工作满意度。纵观“不见面审批”整个过程，不管是审批内容和清单的确立和公布，还是“不见面审批”从咨询、申请到审批的各个环节，最后是审批结果的送达，以及企业、群众的各类意见、建议和评价，全部可以通过“不见面”的方式高效完成，每个细节都能很好地想群众所想、急群众所急，生动体现了“以人民为中心”的发展思想。

第二节　推进国家治理体系和治理能力现代化

随着我国改革的深入和政府行政能力的不断提高，“推进国家治理体系和治理能力的现代化”被确立为全面深化改革的总目标之一。地方治理是国家治理的重要组成部分。地方治理改革创新经验经过实践检验，可以上升为国家层面的制度。改革开放过程中，这样的事例屡见不鲜。江苏是东部沿海发达省份，作为先发地区，“为全国发展探路”是党中央对江苏的一贯要求。江苏在即将全面建成小康社会之际，有责任有条件展开先行谋划和实践，做好现代化建设的探路者。江苏积极顺应新趋势、新潮流，大力推行“互联网＋政务服务”，以“不见面审批”改革深化“放管服”改革，建设人民满意的廉洁、高效、服务型政府，推进地方政府治理现代化，为开启基本实现现代化的新征程打下坚实基础。

(一) 国家治理体系和治理能力现代化

在党的十八届三中全会通过的《中共中央关于全面深化改革若干重大问题的决定》(以下简称《决定》)中，“治理”是关键性概念，涉及从国家治理、政府治理、社会治理，到事业单位法人治理、公司法人治理、学校内部治理、社区治理。“治理”概念在《决定》中被提及次数达 24 次，“推进国家治理体系和治理能力的现代化”被确立为全面深化改革的总目标之一，这是继 20 世纪 50—60 年代提出“四个现代化”后，党和政府提出的第五个现代化，具有深刻的理论内涵和深远的战略意义。党的十九大报告再次强调要坚定不移地推进国家治理体系和治理能力现代化，又快又稳地建设社会主义现代化强国。党的十九届四中全会进一步明确了国家治理体系和治理能力现代化的总体目标和实施步骤，提出：到我们党成立一百年时，在各方面制度更加成熟更加定型上取得明显成效；到二〇三五年，各方面制度更加完善，基本实现国家治理体系和治理能力现代化；到新中国成立一百年时，全面实现国家治理体系和治理能力现代化，使中国特色社会主义制度更加巩固、优越性充分展现。

新时代的治理方略既在本质上区别于传统统治者治理国家的思路，又在价值取向和政治主张上区别于西方的治理理论。国家治理体系和治理能力的现代化,是中国共产党人对马克思主义理论的运用和实践,尤其是对改革开放和新世纪以来党的"治国理政"理论的运用与实践。国家治理的基本含义就是:在中国特色社会主义道路的既定方向上,在中国特色社会主义理论的话语语境和话语体系中,在中国特色社会主义制度的完善和发展中,中国共产党领导人民科学、民主、依法和有效地治国理政。[①] 国家治理体系和治理能力是国家制度和制度执行能力的集中体现,二者是一个有机整体,相辅相成。习近平总书记强调,"有了好的国家治理体系才能提高治理能力,提高国家治理能力才能充分发挥国家治理体系的效能"。

推进国家治理体系和治理能力现代化,是中国特色社会主义现代化建设和政治发展的必然要求。一方面,它是对改革开放以来我国现代化建设成功经验的理论总结,另一方面也是对我国在新的发展阶段所面临的各种严峻挑战的主动回应。

(二) 地方治理现代化改革创新

习近平总书记在省部级主要领导干部学习贯彻十八届三中全会精神全面深化改革专题研讨班开班式上发表重要讲话时指出,我国国家治理体系需要改进和完善,但怎么改、怎么完善,我们要有主张、有定力。这项工程极为宏大,必须是全面的系统的改革和改进,是各领域改革和改进的联动和集成,在国家治理体系和治理能力现代化上形成总体效应、取得总体成效。这充分表明,推进国家治理体系和治理能力现代化,不仅要加强顶层设计,进行整体谋划和战略布局,而且要大胆创新,开展具体的实践探索。地方治理作为国家治理的重要组成部分,其治理体系和治理能力与国家治理体系和治理能力是部分和整体、局部和全局的关系。

党的十八大以来,尤其是党的十九大之后,随着新发展理念深入实施,全国上下一系列重大改革举措全面铺开,在国内外形势深刻变化的新背景下,地方治理呈现出诸多新特点和新趋势。

一是党建在地方治理中的引领作用日益增强。随着全面从严治党新

① 俞可平:《推进国家治理与社会治理现代化》,当代中国出版社 2014 年。

常态向纵深推进,地方治理尤其是基层治理已经进入了一个党建引领发展的新阶段,"党委领导、政府负责、社会协同、公众参与、法治保障"已成为地方治理变革的基本格局和原则性思路。党建日趋从组织引领向政治功能引领、整合功能引领、动员功能引领和沟通功能引领等功能型引领转变。

二是数字化治理正在成为地方治理的新形态。随着网络强国战略、国家信息化发展战略、国家大数据战略、"互联网+"行动计划等系列重大战略和行动的全面实施,以信息化、数字化驱动治理现代化成为新一轮数字革命背景下的新趋势。近年来,国家层面先后出台了《关于加快推进"互联网+政务服务"工作的指导意见》《关于深入推进审批服务便民化的指导意见》等一系列重要文件,浙江、广东、福建、江苏等省份数字政府建设高位推进,数字化治理已成为地方治理现代化的重要标志。

三是协同化、整体化治理的特征日趋明显。由于地方公共事务越来越显现出复杂性、多元性和动态性,许多地方政府内部的社会问题变得越来越外部化,传统单一化的治理模式越来越难以适应,解决这些问题无疑需跨越地方治理传统的权力边界。在这种背景下,地方治理结构呈现出以地方政府为中心、各种不同治理主体之间互动融合的开放式关系结构,包括上下级政府所形成的纵向开放结构,同级政府之间、政府部门之间、政府与社会及市场之间所形成的横向开放结构。治理结构的开放化使得多主体协同成为主流趋势,地方治理越来越呈现出整体化治理的特征。

四是地方治理正在纳入制度化治理的架构之中。在制度化治理的背景下,一方面,国家层面的政策设计和制度安排通过层级化的政策推进机制,辅之以强有力的督查、考核和问责机制,在全国迅速得以落实。在竞争、学习和示范效应的牵引下,地方层面的典型创新实践被更加有效地复制推广到全国。另一方面,地方的改革创新被严格纳入现行的法律、制度和政策之中。因此,如何平衡好地方治理的统一性和自主性,健全自治、法治、德治"三治"融合的基层治理模式,成为必须深入探索的重大现实问题。

五是全球化正在成为地方治理的新元素。当前,我国正在持续融入和推进全球化的进程，新时代的对外开放是更大范围、更高水平、更新方式、更具影响、更有效益的对外开放，国际化已成为地方政府的重要发展战略。因此，当前的地方治理必须树立全球化思维，在治理理念、治理规则、治理主体、治理方式上更多地与国际通行规则相协同，使得全球化与地方治理相互促进、相互融合。①

（三）地方治理现代化的“江苏样板”

党的十八大以来，党中央、国务院全力推进、不断深化“简政放权、放管结合和优化服务改革”（以下简称“放管服”改革），党和国家领导人多次强调“放管服”改革是加快政府职能转变、促进政府治理体系和治理能力现代化的重要举措，是政府刀刃向内的自我革命。江苏积极顺应新趋势、新潮流，大力推行“互联网＋政务服务”，以“不见面审批”改革为抓手，不断深化“放管服”改革，建设人民满意的廉洁、高效、服务型政府，推进地方治理现代化的“江苏样板”，为开启基本实现现代化的新征程打下坚实基础。

一是塑造廉洁政府。廉洁的政府要求政府公职人员奉公守法，清正廉明，不用手中的权力谋取个人私利。中国共产党历来坚持“反腐倡廉”，尤其在经济体制转换的改革开放时期，更是把“反腐倡廉”作为党风廉政建设的行动纲领。这使得提升政府治理能力、加快廉洁型政府建设迫在眉睫。“不见面审批”改革着重界定政府权力边界，着力健全结构合理、配置科学、程序严密、制约有效的权力运行机制，扎紧了制度的笼子。特别是通过“互联网＋政务服务”全面整合优化审批流程，推动政务服务标准化、法治化，强化了群众参与、群众评价、群众监督，推动了政务公开，使权力运行变得更加规范有序、公平透明。同时，网上全程办理、全程留痕、全程监督，有利于革除与审批发证相关联的权力寻租弊端，铲除滋生腐败的空间土壤。

二是塑造高效政府。高效的政府是高行政效率、社会效益显著、民众真正受益的政府，要求优化政府机构职能配置，“扁平化”管理，形成自上而下的高效率组织体系。2018 年政府工作报告中对“全面提高政府效能”提出了明确要求。李克强总理强调，“优化政府机构设置和职能配置，深化机

① 马斌：《当前我国地方治理的新特点》，《学习时报》2018 年 10 月 22 日 A6 版。

构改革,形成职责明确、依法行政的政府治理体系,增强政府公信力和执行力”,“要完善激励约束、容错纠错机制,旗帜鲜明给积极干事者撑腰鼓劲,对庸政懒政者严肃问责”。“不见面审批”改革的目标是将政府效能推向极限值,体现的是江苏建立高效政府的决心。“不见面审批”通过“体制创新+技术创新+管理创新”,倒逼审批流程再造、部门职能协同,促进政府职能配置合理,形成各级政府职能相互衔接、分工合理的职能体系,实现审批服务的全面提速。

三是塑造服务型政府。服务型政府主要是指以全心全意为人民服务为宗旨,以增进和维护公民的公共利益作为政府的主要职能。服务型政府重视政府治理职能履行的覆盖面及其质量,强调社会管理和公共服务职能的重要性,提供普惠型的基本公共服务,确保人民共享改革成果。建设服务型政府是20世纪80年代“新公共管理运动”“重塑政府”浪潮下世界范围内的普遍共识。党的十八大提出“建设职能科学、结构优化、廉洁高效、人民满意的服务型政府”。“不见面审批”改革,通过推进“互联网+政务服务”打造全天候在线的智慧政务,构建网上服务与线下服务相结合的一体化新型政务服务体系,推动“一门”与“一网”深度融合,努力实现“网上能办事”“网上办成事”。同时,坚持从群众和企业的角度来界定政府提供服务的质量,从能否办成一件事、完成一项投资的角度来评价改革的成败,从而从更深层次、更大层面上凸显了政府的公共服务职能。

第三节 深化“放管服”改革,转变政府职能

党的十八大以来,党中央一直将行政体制改革作为全面深化改革的核心和重点加以推进,转变政府职能是新阶段行政体制改革的核心。推进政府职能转变和“放管服”改革成为本届政府深化改革的“当头炮”“先手棋”。国务院常务会议多次专题研究、推进。在党中央的统一部署下,各地大胆创新,为新动能成长、扩大就业、结构升级、保持经济平稳运行发挥了关键作用,取得了显著成效。“不见面审批”是当前和今后一个时期江苏省深化

“放管服”改革的重要内容。

(一)“放管服”改革的江苏定位

党的十八大以来,党中央、国务院把处理好政府与市场关系、转变政府职能作为全面深化改革的关键,大力推进简政放权、放管结合、优化服务。国务院每年都召开全国电视电话会议,对“放管服”改革作出部署,不断将“放管服”改革推向纵深,各地区各部门积极探索,勇于实践,形成了许多好的做法和经验,“放管服”改革的内涵也随着改革深入不断丰富和拓展。

“放管服”改革作为转变政府职能的重大举措,主要是指围绕处理好政府与市场关系,简政放权、放管结合、优化服务三管齐下推动政府职能转变,优化营商环境,以激发市场活力和社会创造力,促进经济持续健康发展。其中,简政放权就是以减少行政审批为主要抓手,将不该由政府管理的事项交给市场、企业和个人,减少政府的微观管理,减少政府对资源的直接配置和对经济活动的直接干预,激发市场主体的活力;放管结合就是在简政放权的同时加强事中事后监管,从“严进宽管”转向“宽进严管”,转变监管理念,创新监管方式,强化公正监管,维护公平竞争的市场秩序;优化服务就是强化服务意识,创新服务方式,优化办事流程,推行“互联网+政务服务”,提升政务服务水平,为企业和公众提供高效便捷的政府服务。①

目前,随着国民经济的快速发展和综合国力的明显增强,中国特色社会主义进入了新时代,经济社会发展环境已发生深刻变化,我国社会主要矛盾已经由人民日益增长的物质文化需要同落后的社会生产之间的矛盾,转化为人民日益增长的美好生活需要和不平衡不充分的发展之间的矛盾。社会主要矛盾的转化,对深化行政管理体制改革、加快政府职能转变提出了新的更高要求。李克强总理指出,简政放权、放管结合、优化服务改革是一场重塑政府和市场关系、刀刃向内的政府自身革命,是推动政府职能深刻转变、极大激发市场活力和社会创造力、实现经济稳中向好的战略举措。

党的十八届三中全会明确提出,经济体制改革是全面深化改革的重点,其核心问题是如何处理好政府和市场的关系,使市场在资源配置中起

---

① 沈荣华:《推进“放管服”改革:内涵、作用和走向》,《中国行政管理》2019年第7期。

决定性作用和更好地发挥政府作用。在这个过程中,进一步深化行政管理体制改革、推进政府职能转变是重要手段和必由之路。党的十八大以来,新一届政府在创新和完善宏观调控,努力营造稳定可预期的宏观环境的同时,紧紧抓住“放管服”改革这个“牛鼻子”,着力减少政府的微观管理、直接干预,放手让企业和群众创业创新,激发市场活力和社会创造力,取得了明显成效。从改革整体布局看,坚持不懈深化“放管服”改革,是正确处理政府与市场关系的关键环节,旨在推动政府职能深刻转变,是触利益、动格局的改革,是与企业和社会民众利益直接相关、增强获得感和满意度的近距离改革,看似是“小切口”,实则收“大成效”。

江苏以“不见面审批”为抓手,持续深化“放管服”改革,不仅营造了公平竞争、规范有序的经济社会发展环境,而且进一步优化了政府治理体系,推动了政府治理能力的提升,是从体制机制上破解长期存在的政府职能缺位、错位、越位问题的杀手锏,有力促进了政府管理理念转变、管理方式变革和管理手段创新,使行政效率明显提升,服务意识明显加强,而且从源头上遏制了权力寻租问题,促进了依法行政、廉洁从政,切实提高了政府公信力和执行力,政府形象明显改善。

(二)“放管服”改革的江苏品牌

党的十八大以来,以习近平同志为核心的党中央高度重视“放管服”工作,把推进“放管服”改革作为全面深化改革、转变政府职能的“先手棋”和“当头炮”,多次就深化“放管服”改革作出重大决策和战略部署。党的十八届二中、三中、四中、五中全会就“放管服”改革提出明确要求。进入新时代,党的十九大对“放管服”改革提出了新的更高要求,强调要转变政府职能,深化简政放权,创新监管方式,增强政府公信力和执行力,建设人民满意的服务型政府。① 党的十九届三中全会进一步指出,要把深化党和国家机构同简政放权、放管结合、优化服务结合起来,加快转变职能,理顺职责关系。转变政府职能,是深化党和国家机构改革的重要任务。要坚决破除

① 习近平:《决胜全面建成小康社会　夺取新时代中国特色社会主义伟大胜利——在中国共产党第十九次全国代表大会上的报告》,人民出版社2017年,第39页。

制约使市场在资源配置中起决定性作用、更好发挥政府作用的体制机制弊端，深入推进简政放权、强化事中事后监管、提高行政效率，全面提高政府效能，建设人民满意的服务型政府。①

面对新时代"放管服"改革的新任务新要求，江苏深入学习贯彻党中央、国务院有关决策部署，深刻理解和把握习近平总书记重要指示精神，坚持问题导向、需求导向，认真梳理"放管服"改革进程中存在的问题，找准改革的着力点和突破口，破除制约"放管服"改革的体制机制障碍，采取切实有效的措施促使改革不断向纵深推进，实现更精准放权、更有效监管、更规范服务，形成了"审批事项少、办事效率高、服务质量优、群众获得感强"的"放管服"改革品牌，从而为推动政府职能转变，增强经济社会发展活力，实现江苏"强富美高"发展目标注入强大动力。

（三）"放管服"改革的亮丽名片

江苏坚持把"放管服"改革作为实现经济社会稳中向好的关键一招，统筹推进一系列重点改革工作。

在简政放权改革中先行先试，从提出"建立 5 张清单、1 个平台、7 项相关改革"的简政放权"517"改革架构，到出台 18 条深化行政审批制度改革措施；从试点相对集中行政许可权改革，到组建"一颗印章管到底"的行政审批局；从"五图联审"，再到"省市县三级权力清单标准化"工作的率先完成，取得了良好成效；坚持能放则放、能简则简的原则，不断压缩和下放各种权力，最大限度地减轻群众和企业的负担，直到许多事项可以一次性、简便性、不见面办结。

在放管结合改革中，遵循监管规律，健全以"双随机一公开"为基本手段、以重点监管为补充、以信用监管为基础的新型监管机制；转变思维方式和工作重心，及时跟踪市场活动，查找问题，努力提高监管水平；倒逼审批环节尽可能压缩，前期审批环节集中的大量人力、物力、财力可以逐步向监管环节转移；推动市场主体信用信息归集、共享、开放、应用；建立依据权责清单追责的机制，助推监管制度和监管体系创新；通过"互联网＋监管"实

①《中共中央关于深化党和国家机构改革的决定》，《人民日报》2018 年 3 月 5 日。

现全过程监管数据实时共享,重点监管环节实时联动,改变了过去碎片化、滞后性的监管情况,实现综合监管,助推综合行政执法体制改革。

在优化服务改革中,坚持"以人民为中心"的服务理念和改革方向,深化"不见面审批"改革,通过新技术和制度创新的融合,建立了"网上办、集中批、联合审、区域评、代办制、不见面"的审批模式,力争"建好一张网、能办所有事",让"数据多跑腿,群众少跑腿",切实增强群众的获得感。推进"互联网+政务服务",完善"一网一端一号一码"网上政务服务平台。探索网上全流程办理,实现网上咨询、指南、预约、受理、办理、查询、监督、反馈、评价、结果推送;做到政务服务事项"应上尽上、全程在线";优化审批流程,推动信息共享,特别是企业设立登记、不动产登记和项目投资等公众关心的事项。

随着"不见面审批"改革在全省推行,改革逐渐形成品牌效应、集成效应,其成效得到中央肯定,经验做法在全国推广。李克强总理称赞,"不见面审批"已成为江苏的一张亮丽名片,是"放管服"改革的一大突破。

第四节　优化营商环境,推动审批服务便民化

党的十八大以来,以习近平同志为核心的党中央高度重视营商环境工作,多次要求营造稳定公平透明、可预期的营商环境,强调要以优化营商环境为基础,全面深化改革。特别是 2018 年一年内实施多项改革,对营商环境进行全面而系统的提升。江苏为进一步贯彻落实党中央、国务院关于优化营商环境的系列要求,对标国际一流营商环境地区,放大"不见面审批"改革效应,努力营造稳定、公平、透明、可预期的营商环境,不断提高审批服务便民化,加快推动江苏自贸区建设发展,加快构建现代经济体系。

(一) 营商环境及其评价体系

营商环境是指市场主体在生产经营活动过程中所处的环境和条件的总和,包括自然禀赋、劳动力和资本积累、人力资本、技术进步、激励机制,也包括政治体制、司法制度、社会治安,等等。可以说,营商环境是一项涉及经济社会发展和改革开放众多领域的系统工程。营商环境是滋养企业

发展、创新创业的丰厚土壤，直接影响国家或地区经济发展的质量和速度。过去各地推动发展，往往比硬件条件、拼税收优惠；经济发展步入新常态后，区域之间的竞争既要看要素供给更要看制度供给，既要靠优惠政策更要靠营商环境。

目前营商环境评价体系中，世界银行的评价体系比较有代表性，是世界上较为完善、广泛认可的一套衡量标准。世界银行经过十几年的探索、整理和归纳，建立了一整套衡量各国营商环境的指标体系，主要包括开办企业、申请建筑(施工)许可、获得电力供应、注册财产、获得信贷、投资者保护、缴纳税款、跨境贸易、合同执行和办理破产这10个指标，近一两年又增加了“营商环境便利度”等指标。

自2003年至今，世界银行连续16年发布《营商环境评价报告》(*Doing Business*)，对全球近200个经济体的营商环境进行评估，并动态调整评价标准。世界上排名靠前的国家有新西兰、挪威、瑞典、美国、英国、澳大利亚等，亚洲排名靠前的国家和地区有新加坡、韩国、中国香港等。中国近年来的排名不断上升，在世界银行发布的《2019年营商环境报告：为改革而培训》中，中国位居第46位，相比上一年度提升了32个名次，第一次进入世界前50之列，成为营商环境改善排名前十的经济体之一，是有史以来最好的名次。这说明中国政府推进的改革措施，得到了国际社会的充分肯定。

中国取得的改革成就是多年累积的结果，特别是我国深入推进“放管服”改革，逐步厘清政府和市场的边界，给企业带来看得见、摸得着的红利，是近年来营商环境得以大幅改善的根本原因。一是简政放权，做好“放”的减法。近年来，我国商事制度改革节奏快、频率高。注册资本实缴制改为认缴制，取消最低注册资本限制，1元钱也能办公司。“先证后照”改为“先照后证”，工商登记前置审批事项大量压减。从“三证合一”“五证合一”到“多证合一”，让企业深切感受到审批减少了、门槛降低了。二是放管结合，做大“管”的加法。加强事中事后监管，基本建成国家企业信用信息公示系统，打破了各部门数据孤岛，把各地企业数据织成“全国一张网”，通过监管让违规违法无处遁形。三是优化服务，做活“服”的乘法。深入推进“互联网+政务服务”，企业“动动手指交材料，足不出户办证照”，政府真正当好

"店小二"。

(二)优化营商环境的紧迫性

优化营商环境是目前我国经济发展的重点、热点、难点问题,对贯彻新发展理念、建设现代化经济体系、培育经济发展新动能、构建开放型经济新体制、提高开放型经济发展水平、实现高质量发展具有重要意义。打造良好的营商环境是建设现代化经济体系、促进高质量发展的重要基础,也是政府提供公共服务的重要内容。

全球经贸投资竞争激烈,营造稳定公平透明、法治化、可预期的营商环境,是培育引资竞争新优势、加快建设开放型经济新体制的重中之重。世界银行的报告表明,良好的营商环境会使投资率增长 0.3%,GDP 增长率增加 0.36%;另一研究表明,通过提高政策可预测性,能使企业增加投资的可能性提高 30%。改革的紧迫性不仅来自日趋激烈的国际竞争,更来自国内企业减负的共同呼声。

党中央、国务院高度重视优化营商环境工作。习近平总书记在中央财经领导小组第十六次会议上发表重要讲话时强调,要改善投资和市场环境,加快对外开放步伐,降低市场运行成本,营造稳定公平透明、可预期的营商环境,加快建设开放型经济新体制,推动我国经济持续健康发展;在博鳌亚洲论坛 2018 年年会开幕式上再次强调,在扩大开放方面,中国将创造更有吸引力的投资环境。李克强总理在全国深化"放管服"改革电视电话会议上表示,优化营商环境就是解放和发展生产力。2018 年首次国务院常务会议的首个议题,是部署进一步优化营商环境。2019 年的两会报告及多个重要文件,都把推进营商环境改革作为从"全面实现小康的攻坚阶段"向"基本实现社会主义现代化"迈进的根本性举措。

在我国营商环境大幅改善的同时,也应当看到,当前营商环境还存在许多重大问题亟待解决,如开办企业登记便利度不够高,政府部门内部之间衔接不畅,政企沟通缺乏畅通渠道,企业退出机制有待完善,企业获得感不强等问题。

(三)优化营商环境的江苏经验

江苏省委、省政府坚决贯彻落实党中央、国务院的决策部署,把优化营商环境作为高质量发展的核心竞争力来抓，对标国际先进水平，呼应企业、群众需求，努力推动营商环境建设走在全国前列。娄勤俭书记明确提出，“江苏要营造亲清政商关系，构建和谐营商环境”，“要把建设公平公正、透明可预期的国际一流营商环境，作为对外开放的基础性、品牌性工作来抓”；吴政隆省长提出，要“着力打造国际一流营商环境”，“打造‘放管服’改革升级版”。为贯彻落实省委、省政府的决策部署，全省各地、各部门齐心协力、合力攻坚，出台了一系列优化营商环境的举措，取得了显著成效。

一是在全省深入推进“不见面审批”。推进“不见面审批”是提高审批效率、方便企业和群众办事，压缩审批中设租寻租空间的主要举措，也是优化营商环境的重要内容。2017 年以来，“不见面审批(服务)”作为一个普遍的制度安排在全省推广，全省 13 个设区市、96 个县(市、区)全部出台了“不见面审批”改革方案和“不见面审批”清单，“不见面审批”覆盖面不断扩大，“不见面审批”便利度不断提高。

二是加快推进“3550”改革。按照李克强总理提出的“改革成效要看改革后企业申请开办时间压缩多少、项目审批提速多少、群众办事方便多少”的要求，江苏省提出了“3550”改革目标，即开办企业 3 个工作日内完成、不动产权证 5 个工作日内完成、工业建设项目施工许可证 50 个工作日内完成。目前，全省“3550”改革达标率为 97.9%。在此基础上，积极探索企业投资项目信用承诺制试点，优化网上办税平台。

三是建立了科学有效的事中事后监管体系。在全省全面建立以“一表两清单、两库一平台”为主要架构的“双随机”抽查机制，进一步规范执法行为。在全省 13 个设区市各选择 1 个县(市、区)开展县域综合行政执法改革试点，加强跨部门联合监管，做到“一次检查、全面体检”，切实减轻企业负担。

四是率先开展了营商环境评价工作。从 2016 年开始，借鉴世界银行营商环境报告的评价方法，对全省 13 个设区市、96 个县(市、区)、127 个开发区开展以“开办企业”“办理不动产权证”“办理施工许可证”为重点的简政放权创业创新环境评价，进行综合排名，评价结果以省政府督查通报的形式反馈给各地。发挥考核评价的指挥棒作用，以评促改，充分激发各地改革的积极性。

为进一步贯彻落实党中央、国务院关于优化营商环境的系列要求，江苏对标国际一流营商环境地区，放大“不见面审批”改革效应，2018 年 12 月 18 日，印发优化营商环境“1＋10”文件①，研究制定《加快推进“不见面审批(服务)”进一步优化营商环境的实施意见》和《关于进一步压缩企业开办时间的行动方案》等 10 大行动方案。主文件重点围绕“加快推进‘不见面审批’进一步优化营商环境”提出了 11 大项 25 小项改革任务，力争开办企业、不动产登记、办理施工许可、纳税、跨境贸易、获得信贷、获得用水、获得电力、获得用气等指标达到国际先进水平。10 个子文件也就是 10 大行动方案，从压缩企业开办时间、优化不动产登记等 10 个方面提出了工作目标、主要任务和工作举措，包括优化水电气接入、加快推进纳税便利化、优化报关通关环境、改善中小企业融资服务、推动信息共享等。

第五节　建设数字政府

当前，以数字化、网络化、智能化为特征的现代信息技术飞速发展，推动了数字经济的蓬勃兴起和网络社会的崛起，给经济、社会和政治发展带来了深刻变革，显著改变着人们的生产和生活方式。建设数字政府是基于信息时代背景下的政府变革回应，加强数字政府建设、完善数字政府治理体系已成为政府改革的主旋律之一。江苏认真贯彻落实党中央、国务院和省委省政府相关要求，深化“互联网＋政务服务”，推进政务服务“一网、一门、一次”改革，加快建设全国一体化在线政务服务平台，深入推进“不见面审批(服务)”改革，着力提升全省政务服务水平，加快推进政府数字化转型，为政府治理现代化提供有力支撑。

(一) 数字政府的基本内涵及其发展战略

党的十八大以来，国家把推进信息化、建设网络强国的战略部署与“两

①《关于印发〈加快推进“不见面审批(服务)”进一步优化营商环境的实施意见〉的通知》(苏审改办〔2018〕29 号)。

个一百年"的奋斗目标和实现民族复兴的"中国梦"紧密相连,同时,与推进国家治理体系和治理能力现代化的全面深化改革总目标,加快转变政府职能、强化权力运行制约和监督体系、创新社会治理体制等一系列重大任务相结合,信息化的战略地位前所未有。

数字中国是新时代国家信息化发展的新战略。《国民经济和社会发展第十三个五年规划纲要(2016—2020年)》中提出实施网络强国战略,加快建设数字中国。《国家信息化发展战略纲要》中把"数字中国"建设和发展信息经济作为信息化工作的重中之重。《"十三五"国家信息化规划》细化了"数字中国"的建设目标。党的十九大报告提出加强应用基础研究,支撑数字中国、智慧社会的建设。总的来说,自2012年以来,随着网络强国战略、国家信息化发展战略、国家大数据战略、"互联网+"行动计划等重大战略和行动的实施,"数字中国"建设步伐不断加快,成为缩小数字鸿沟,释放数字红利,支撑党和国家事业发展,促进经济社会均衡、包容和可持续发展,提升国家治理体系和治理能力现代化的坚实支撑。

数字政府是数字中国体系的有机组成部分,也是政府治理现代化的一大趋势。"数字政府"是对传统政务信息化模式的改革,包括对政务信息化管理架构、业务架构、技术架构的重塑,通过构建大数据驱动的政务新机制、新平台、新渠道,全面提升政府在经济调节、市场监管、社会治理、公共服务、环境保护等领域的履职能力,能够推进以公众为中心的公共服务,提高管理效率,改善服务体验,促进公众与政府的良性互动,实现政府的社会公共服务价值。因此,数字政府不仅是"互联网+政务服务"深度发展的必然结果,还是现阶段大数据发展背景下政府转型升级的自觉之路。

国内外纷纷发布数字政府相关战略。联合国电子政务调查报告显示,电子政务发展指数靠前的国家均发布了数字政府相关战略。美国数字政府战略以随时随地提供便捷服务与释放数据能量促进创新发展为目的,英国以"默认数字化"为核心,新加坡以走向协作型政府为目标等,这些都与各国不同的信息化发展环境和实际需求有关。党的十九大以来,为深入贯彻落实网络强国战略、"数字中国"战略,实现经济社会数字化、智能化转型,大力发展数字经济,为经济结构转型升级提供强有力的信息化引领和支撑，部分省份已出台了数字政府规划或相关政策规定，如广东发布三年规划《广东省"数字政府"建设总体规划(2018—2020年)》，浙江发布《浙江省深化"最多跑一次"改革推进政府数字化转型工作总体方案》，湖北发布《数字政府建设的指导意见》和《湖北省推进数字政府建设实施方案》等。

(二)"互联网＋政务服务"与数字政府建设

当前，全球网上政务服务发展阶段已由以政府网站提供信息服务的单向服务阶段开始迈向实现跨部门、跨层级的系统整合集成，提供一体化在线服务平台的整体政府阶段。据统计，联合国成员国中具有统一数字身份的国家接近100个，实现一体化在线服务的国家超过80个。

我国适时提出推进"互联网＋政务服务"，成为各地区各部门创新政府治理和优化政务服务的新方式、新渠道、新载体，也是我国政府数字化转型过程中应用最广泛、最有成效的领域。2016年，"互联网＋政务服务"首次出现在政府工作报告中，国家层面先后印发《国务院关于加快推进"互联网＋政务服务"工作的指导意见》《"互联网＋政务服务"技术体系建设指南》《进一步深化"互联网＋政务服务"推进政务服务"一网、一门、一次"改革实施方案》《加快推进全国一体化在线政务服务平台建设的指导意见》等。国务院也先后两次推行国务院部门及地方试点方案。在中央的强力推动下，地方立足本地实际，积极探索创新，"最多跑一次""不见面审批"等创新模式不断涌现，一体化网上政务服务成为深化行政审批制度改革的亮点和建设"数字政府"的战略选择。

近年来，江苏认真贯彻落实党中央、国务院和省委省政府关于深化"放管服"改革，转变政府职能，深化"互联网＋政务服务"，推进政务服务"一网、一门、一次"改革，加快建设全国一体化在线政务服务平台，建设"互联网＋监管"系统等要求，大力推进"放管服"改革重点任务，以"不见面审批(服务)"为指引，依托一体化在线政务服务平台，加快实施"互联网＋政务服务"战略，让"数据多跑腿，群众少跑路"，着力提升政务服务水平，为政府治理现代化提供有力支撑。

一是率先建设江苏政务服务网，"一网通办"能力持续加强。2016年8月，省委省政府主要领导分别就"互联网＋政务服务"作出批示，要求"整合资源、统筹建设,更好地方便群众办事”,“要抓紧推进”。2017 年 4 月,省政府印发《关于加快江苏政务服务网建设的实施意见》。2017 年 6 月,江苏政务服务网正式开通。江苏政务服务网的建设实现全省统一的技术方案和业务规范、全省统一的政务服务门户等八个方面的统一,是全省“互联网+政务服务”基础性平台和全省一体化在线政务服务平台总枢纽和总入口。

二是创新建设一体化在线政务服务平台,打造整体型数字政府。全面对接国家政务服务平台。前期参与起草文件,制定国家平台政务服务门户建设、政务服务事项基本目录及实施清单等标准规范等,目前已完成政务服务事项管理库、政务服务门户及移动端等八方面重点对接任务,示范开设江苏政务服务旗舰店等。推进政务服务一体化。在江苏政务服务网上统一管理、分层分级维护、统一发布“三级四同”标准化的全省权力清单和规范化的办事指南,实现清单更新动态化,以标准化、规范化建设为抓手,推动政务服务向基层延伸,打造五级政务服务体系。推进公共支撑一体化。实现电子政务外网支撑,完成身份认证体系建设,加快电子印章系统建设,推进电子证照系统建设,加强政务数据汇聚共享。推进综合保障一体化。健全平台标准规范体系,加强网络和安全保障,完善平台运维服务机制,强化咨询投诉“一号答”,加强政务服务评估评价。

三是深化移动政务服务,“掌上办”“指尖办”成为新趋势。2018 年 6 月 28 日,江苏政务服务 App4.0 成功上线,全国首家发布支付宝小程序,同步上线微信小程序,升级发布微信服务号,以此四大核心产品集中上线为标识,建立了较完善的江苏政务服务平台生态体系。以公安、医疗、人社、教育等领域为重点,积极推进覆盖范围广、应用频率高的政务服务事项向移动端延伸,适时推出中高考成绩查询、社保查询、公积金查询提取、购房证明、不动产登记在线预约、婚姻登记预约、城乡居民医保缴费、市内户口迁移等热门应用,群众获得感不断提升。

(三) 政务数据共享与数字政府

在数字政府环境下,政务数据的流通与共享,能够有效促进政务服务的业务重组与流程再造,打造政务服务链,提升政府治理能力。然而,我国电子政务建设探索期“缺规划少标准”“重建设轻运维”“重硬件轻软件”

“重宣传轻落实”等共性问题造成的“数据孤岛”“数据烟囱”等现象，导致数据利用不充分、数据共享不全面，政务服务数据共享现状难以满足数字政府建设需求。

政务数据共享作为数字政府建设的关键内容之一，已经提上国家政策与战略议程，面临重要的机遇与挑战。2015 年 9 月，《促进大数据发展行动纲要》提出要“大力推动政府部门数据共享”。2016 年 3 月，中央政府工作报告明确要求“大力推行‘互联网＋政务服务’，实现部门间数据共享”。2016 年 9 月，《国务院关于印发政务信息资源共享管理暂行办法的通知》规范了政务部门间政务信息资源共享工作。2016 年 12 月，《“十三五”国家信息化规划》将“推动信息跨部门跨层级共享共用”列入重点任务分工清单。2017 年，党中央、国务院对加快推进政务信息系统整合共享作出了一系列重要部署。

江苏省委省政府高度重视政务信息系统整合共享工作并全力推进，紧紧围绕政府治理和公共服务的改革需要，遵循“立字当头、立破并举”的科学导向，实施政务信息化和大数据中心、政务服务一体化建设，加快基础支撑能力和协同应用建设，整体有效推进整合共享工作。江苏省被国家列为 9 个试点省份之一，较好地完成了国家下达的主要任务，部分重点领域工作走在全国前列，有力地支撑了“不见面审批(服务)”改革。

一是强化组织部署，建立制度规范。成立省级层面工作领导小组，统筹协调全省政务信息系统整合共享推进工作，形成上下联动、左右协同的工作机制和合力。出台《江苏省政务信息资源共享管理暂行办法》《江苏省政务信息系统整合共享工作实施方案》等制度规范，全面部署和落实全省整合共享工作的年度重点任务。

二是开展自查审计，实施清理整合。开展了政府部门政务信息系统自查和审计工作，实施省级 30 个重点部门驻点专项审计，摸清了数据资源底数，掌握了政务信息系统情况。以“审”“清”结合、消除“僵尸”信息系统为重点实施清理工作。以“数据共享、集约共建”实施信息系统整合工作。

三是对接数据供需，推进共享归集。已完成江苏省省级政务信息资源目录(2017 版)编制工作，上报国家共享网站目录数位居全国前列，按照数据需求开展分期分批数据共享对接，建立健全数据共享责任清单，持续推进共享和归集工作。2019 年 9 月，为全面摸清本轮机构改革后各部门政务信息资源底数，开展江苏省省级政务信息资源目录(2019 版)编制暨政务信息资源普查工作。

四是构建共享大平台，推进大数据融通。搭建江苏省政务数据共享交换平台，在试点省市中率先与国家平台对接联通。着力全面建成全省一体化大数据共享交换平台，构建国家、省、市三级互联互通的共享交换体系。截至 2019 年 9 月，56 家省级部门和 13 个设区市已实现接入，累计调用超过 2977 万次。

五是开展“群众办事百项堵点问题疏解行动”，促进“放管服”改革协同应用。通过跨层级、跨地域、不同部门之间数据协同共享，江苏省前五批群众办事堵点 100 项问题全部解决，位居全国前列。一些重点示范应用服务内容和范围得到深化拓展。

为进一步解决好政务服务数据共享所面临的问题，江苏谋划抓住技术支撑条件，发挥制度优势与政策红利，通过“数字政府”顶层设计对数据背后的权力和利益进行调整，统筹全省政务信息化和大数据管理中心一体化建设与管理，深化全省政务信息系统整合共享工作。在执行层面，以标准化为切入点，逐步应用并完善云端共享平台，逐步融合机制与技术的创新，分阶段、有重点地推进政务服务数据的共享，促进政务服务效率与质量的提升。

第二章 “不见面审批”改革的顶层设计

“不见面审批”改革作为一项综合性改革方案，不仅涉及政府行政模式和治理机制的创新变革，还涉及以电子政务系统为基础的新型信息化基础设施的协调发展。因此，运用系统化思维，遵循客观规律，科学合理制定顶层设计，同时在顶层设计指导下，各方相互协调和配合、整体推进、业务驱动、注重落实，成为改革取得更大成效的必要前提。“不见面审批”改革在全省全面推行之初，江苏省委、省政府就高度重视基本框架和总体方案的整体设计，在总结前期实践基础上提出了“不见面审批”改革的总体方案，并同步推进江苏政务服务网建设和政务服务的标准化、规范化。

第一节 “不见面审批”改革的背景

江苏提出“不见面审批”改革的综合性战略，既是对新时代发展要求的呼应，也是考虑了现实实践基础，在具备必要支撑条件下的历史必然。

江苏很早就开展了政务服务的改革探索。2000 年 10 月，连云港市在全国率先建立行政审批服务中心。2003 年 2 月，昆山市在全国率先建成“三级便民服务网”。2010 年底，行政权力网上运行基本实现了县级以上行政机关全覆盖、行政权力事项全覆盖、网上行政监察全覆盖“三个全覆盖”。2011 年，江苏市县两级均建成实体政务服务大厅。党的十八大以来，全省政务服务工作快速发展。2013 年，淮安市探索形成“一委二办多中心”的政务服务新体制新模式。2014 年，南京市建立“两办三中心”政务服务新格局。2014 年，省政务办获准成立。2015 年 2 月 28 日，省政务服务中心正式运营，初步形成以省中心为龙头，市、县中心为主体，乡镇(街道)中心为基础，覆盖全省的政务服务格局。

党的十八大以来，习近平总书记指出，深化经济体制改革，核心是处理好政府和市场的关系，关键是加快转变政府职能，该放给市场和社会的权一定要放足、放到位，该政府管的事一定要管好、管到位。2013 年，国务院提出把简政放权、放管结合作为“当头炮”和“先手棋”，承诺五年内国务院部门行政审批事项压减三分之一；2014 年，提出强化放管结合，要加大放权后的监管；2015 年又将优化服务纳入其中，形成了以简政放权、放管结合、优化服务为内容的“放管服”三管齐下、全面推进的格局。在牵头部门上，2013 年 6 月，明确国务院审改办设在中央编办。2015 年 4 月，国务院成立推进职能转变协调小组，由常务副总理担任协调小组组长，下设 6 个专题组和综合组等 4 个功能组，综合组(即协调小组办公室)设在国务院办公厅，统筹协调推进“放管服”改革工作。李克强总理连续六年主持召开深化“放管服”改革转变政府职能电视电话会议，推动“放管服”改革不断深入，取得了巨大的进展。

党的十九大以来，习近平总书记多次指出“要加快完善公平竞争的市场建设”，“改善营商环境和创新环境，降低市场运行成本，提高运行效率，提升国际竞争力”。围绕优化营商环境、促进高质量发展，“放管服”改革持续向纵深推进，制度性交易成本进一步降低，市场和社会的活力进一步释放。2018 年 3 月，中央启动党和国家机构改革，这当中，中央编办不再加挂国务院审改办牌子，推进行政审批制度改革工作的职能交由国务院办公厅承担。中央编办继续承担国务院各部门行政权力管理、权责清单编制、审批服务便民化、相对集中行政许可权改革等工作。2018 年 7 月 25 日，国务院推进职能转变协调小组改为国务院推进政府职能转变和“放管服”改革协调小组，作为国务院议事协调机构，由国务院副总理韩正担任协调小组组长，国务委员王勇担任副组长，国务委员、国务院秘书长肖捷担任副组长兼协调小组办公室主任，协调小组办公室设在国务院办公厅。

江苏省对照党中央、国务院确定的工作框架推进“放管服”改革。2013 年 5 月，江苏省启动新一轮行政审批制度改革，明确由省编办担任牵头单位；9 月，省政府召开专题会议进行动员部署；12 月，省委、省政府先后印发工作《意见》，提出深化行政审批制度改革的指导思想、目标任务和主要措施。2014 年，省委、省政府进一步明确了以建立 5 张清单、搭建 1 个平台、推进 7 项相关改革为主要内容的改革架构，也就是“517 改革”。2016 年省第十三次党代会后,省委、省政府召开全省深化行政审批制度改革加快简政放权激发市场活力推进会,明确建立“互联网+政务服务”体系,并着力打造“不见面审批”、“3550”改革等改革品牌。党的十九大以来,省委、省政府深入贯彻落实党中央、国务院决策部署,推动解放思想再深入,对标国际标准和国内一流,坚持便民目标和问题导向,做好“深化”“攻坚”文章,持续深化“不见面审批”改革,提升监管服务的水平和效能,着力改善江苏营商环境。

第二节 “不见面审批”改革的总体方案

2017年6月,《省政府办公厅印发关于全省推行不见面审批(服务)改革实施方案等四个文件的通知》(苏政办发〔2017〕86号)正式发布,标志着“不见面审批”改革的全面启动。86号文件具体包括了《关于全省推行不见面审批(服务)改革实施方案》(以下简称《实施方案》)和三个具体操作层面的《指导意见》(“企业投资项目多评合一”“施工图多图联审”“不动产登记一窗受理”),为“不见面审批”改革确立了明确的任务书、时间表和路线图。

《实施方案》共分为总体要求、工作任务、相关措施三个部分。其中,在总体要求部分,《实施方案》提出“不见面审批(服务)”改革总体目标为:在全省建立“不见面审批(服务)”体系,依托江苏政务服务网,加快推进“网上办、集中批、联合审、区域评、代办制、不见面”。各市、县(市、区)人民政府和省级部门全面梳理公布“不见面审批(服务)”事项清单,除法律法规规定和暂不具备条件网上办理事项外,按照“外网受理、内网办理、全程公开、快递送达、网端推送、无偿代办”的方式开展审批,到2017年10月底前,实现80%的审批服务事项“网上办”,进一步简化优化审批流程,尽快实现“企业3个工作日内注册开业、5个工作日内获得不动产权证、50个工作日内取得工业生产建设项目施工许可证”的“3550”目标,全力打造审批事项最少、办事效率最高、创新创业活力最强的区域。

为实现总体要求中的工作目标,《实施方案》提出了一系列针对性的工作任务和相关措施,包括六大工作任务及相关牵头单位和责任单位(见表1)、推进改革的相关措施(见表2)、省有关部门的职责分工(见表3)。

表 1 “不见面审批”改革的工作任务

工作任务	主要内容	牵头单位	责任单位
推进网上全程办理	全面推行“在线咨询、网上申请、网上审批、网端推送、快递送达”办理模式，除涉密或法律法规有特别规定外，基本实现审批事项网上全程办理，大幅提高网上办事比率。	省政府办公厅、省编办（审改办）、省政务服务管理办公室、省发展改革委、省经济和信息化委	省有关部门，各市、县（市、区）人民政府
	推进审批材料目录化、标准化、电子化，推动电子证照、电子公文、电子签章等在政务服务中的应用。		
	建设统一的公共支付平台。		
	进一步优化简化网上申请、受理、审查、决定、送达等流程，缩短办理时限，降低企业和群众办事成本。		
	凡是能通过网络共享复用的材料，不得要求企业和群众重复提交；凡是能通过网络核验的信息，不得要求其他单位重复提供；凡是能实现网上办理的事项，不得要求必须到现场办理。		
	开展网上监督评价、办理进度、结果实时查询。		
	依托“12345”在线平台统一省、市、县、乡（镇）政务咨询投诉举报监管平台，凡是群众和企业到政府办理的审批事项和公共服务事项，都可通过“12345”政务服务热线电话或网上咨询，详细了解办事流程、所需材料和其他相关事项。		
推进集中高效审批	积极稳妥扩大相对集中行政许可权改革试点，推广南通市、苏州工业园区、盱眙县、盐城市大丰区等地做法，通过集中审批，整合优化机构职责，集成共享信息资源，进一步优化审批流程，简化审批程序，最大限度减少群众和企业必须上门办理的次数。	省编办（审改办）、省法制办	省有关部门，各市、县（市、区）人民政府
	加快推进苏州市、无锡市、泰州市、淮安市和 19 个省级以上开发区相对集中行政许可权改革试点。		
	其他地区可以借鉴行之有效的经验做法，突出问题导向，坚持务实创新，切实提高集中审批便利化水平。		

（续表）

工作任务	主要内容	牵头单位	责任单位
推进集中高效审批	省政府各相关部门要主动服务，加强对试点地区审批部门的工作指导、业务培训、文件传达、端口开放、信息传递和数据推送，确保相对集中行政许可权改革取得实效。		
大力推行企业投资项目“预审代办制”	各地要借鉴南京市江宁区“模拟审批”“预审代办制”和泰州市高港区“代办制”经验，在各类开发区、乡镇（街道）普遍建立代办制度，为办事企业提供咨询、指导、无偿代办服务。 对暂时不能实行全程网上审批及服务的事项，要统一开展代办服务；各地要公布代办事项目录，实行首问负责制、限时办结制、服务承诺制等制度，建立代办服务评价、企业联系卡等制度。 加强代办队伍专业培训和内部管理，强化工作激励与风险防控，提高代办服务的规范化水平。	省编办（审改办）、省政务服务管理办公室	各市、县（市、区）人民政府
大力推行联合评审	进一步规范涉审中介服务，推广常州“五联合一简化”、镇江“多评合一”、淮安“网上联合审图”、苏州工业园区“电子踏勘”等创新做法，加快推动联合评估、联合勘验、联合测绘、联合验收等，推行施工图“多图联审”、企业投资项目“多评合一”，努力实现工业生产建设项目7个工作日内完成审图、40个工作日内完成评估。	省编办（审改办）、省发展改革委、省环保厅、省住房城乡建设厅	省有关部门，各市、县（市、区）人民政府
探索试点区域评估	选择部分开发区、高新区开展区域评估，试点园区管委会牵头组织编制土地勘测定界、地质灾害危险评估、建设项目压覆矿产资源评估、地震安全性评价、环境影响评价、节能评估、水土保持方案审查、气候论证、文物评估、地价评估、土地复垦方案等区域性专项评估、评审报告，评估报告5年内有效，由落户该区域内的项目免费共享，降低企业投资成本。 政府在出让土地前，统一组织开展各类中介评估，费用纳入土地出让金，原则上不再对企业建设项目进行重复评估。	省商务厅、省科技厅、省发展改革委、省环保厅、省国土资源厅、省编办（审改办）	省有关部门，各市、县（市、区）人民政府
推行审批（服务）结果“不见面”送达	推行审批（服务）结果“两微一端”推送、快递送达、代办送达等服务模式，让办事企业和群众少跑腿。	省政务服务管理办公室	省有关部门，各市、县（市、区）人民政府

表 2 “不见面审批”改革的相关措施

相关措施	主要内容
全面梳理“不见面审批(服务)”事项	依据标准化行政权力清单,省级有关部门、承担行政职能的事业单位,各市、县(市、区)人民政府及其部门、承担行政职能的事业单位,要全面梳理、规范和公开实施“不见面审批(服务)”事项清单,明确审批部门、项目(含子项)名称、办理要件、申请材料(含表单模板)、办理流程、办理时限、收费标准和具备网上办理的条件和要求等,接受社会监督。首批“不见面审批(服务)”事项清单由各级人民政府于 6 月底前向社会公布。
加强事中事后监管	坚持放管结合,按照“谁审批、谁负责”“谁主管、谁监管”“谁行权、谁担责”的原则,建立以权责清单为边界,以“双随机一公开”为抓手,以信用监管为核心,以网格化管理为基础,以大数据为支撑,以综合执法为手段,以线上线下相结合的制度链为保障的严格有效监管体系。2017 年全省实现“双随机一公开”监管全覆盖。建立奖励举报、惩罚性赔偿、联合惩戒等制度,切实提高监管的效能。
加大监督考核力度	“不见面审批(服务)”改革列入省级各部门绩效考核和市县创业创新环境评价。建立“不见面审批”改革督查制度,省政府督查室、省审改办负责推进“不见面审批(服务)”改革督查工作,对于不认真履行职责、工作明显滞后的地区和部门,要启动问责、约谈机制。各地、各部门也要建立相应的考核督查机制,强化制度刚性约束,确保改革顺利推进。省编办(审改办)适时组织省有关部门和第三方参与评价。
明确职责和总体任务	各地、各部门主要负责人作为第一责任人,要切实加强组织领导,做到改革工作亲自部署、重要方案亲自把关、关键环节亲自协调、落实情况亲自督察,加快推动改革落地。省政府推进职能转变协调小组负责“不见面审批(服务)”改革的组织协调、督促落实。各地、各部门要充分利用报纸、电视、互联网和新媒体广泛宣传“不见面审批(服务)”改革,及时准确发布改革信息和政策法规解读,正确引导社会预期,积极回应社会关切,创新社会参与机制,拓宽公众参与渠道,凝聚各方共识,营造良好氛围。省有关部门具体的任务分工见表 3。

表 3 “不见面审批”改革的任务分工

省级部门	任务分工
省政府办公厅	负责协调各地、各部门加快推进“不见面审批(服务)”改革中的重大问题,牵头做好各信息系统整合
省编办(审改办)	负责加快推进“不见面审批(服务)”改革日常工作
省发展改革委	负责牵头项目投资在线审批的改革优化
省财政厅	负责公共支付平台建设,构建线上线下一体化支付体系

（续表）

省级部门	任务分工
省公安厅	负责户口办理、出入境有关证照办理、车辆和驾驶人员证照办理以及相关资格资质证明、身份认定等许可和便民服务事项“不见面审批(服务)”改革
省人力资源社会保障厅	负责牵头推进职业资格“不见面审批(服务)”改革
省工商局	负责牵头推进工商登记全程电子证照、“不见面审批(服务)”改革
省国土资源厅会同省住房城乡建设厅、省地税局	推进不动产交易登记“一窗受理,集成服务”
省质监局	负责推进“不见面审批(服务)”事项标准化工作
省各有关部门	根据各自职责做好本单位加快推进“不见面审批(服务)”改革工作,并加强对本系统的督促指导

根据《实施方案》要求,全省各级各部门坚持以人民为中心的发展思想,大胆探索创新,以工匠精神推进“不见面审批”改革。截至 2017 年 10 月 31 日,全省省市县三级行政机关共公布“不见面审批(服务)”业务 104174 项(省级 52 个部门公布了 1634 项,13 个设区市公布了 18672 项,96 个县、市、区公布了 83868 项),占“应上尽上、全程在线政务服务事项”的比重超过 90%。数据包括了符合国家法律法规的行政审批事项以及各级政府公布的为民服务事项、便民服务事项,并在不断动态调整。同时,全省各级政府在“3550”改革目标指引下,通过实施“企业投资项目多评合一”“施工图多图联审”“不动产登记一窗受理”等进行流程优化再造,精简优化涉政中介,深化推广“互联网+政务服务”。

第三节　“不见面审批”改革的主要内容

江苏在推动“不见面审批”改革的过程中,以利企便民为目标,以一体化在线政务服务平台为依托,不断简化审批环节,优化审批流程,确立了“网上办、集中批、联合审、区域评、代办制、快递送、一号答、不见面”的实践应用模式,大力推进网上办、集中批,创新推行多图联审、多评合一,主动开展区域评价、代办帮办,积极推行快递寄送、统一 12345 服务,多方式方便群众、企业办事,优化营商环境。

(一) 网上办。认真抓好江苏政务服务"一张网"建设,将省直部门和所有市县的政务网整合成全省统一的政务服务网,实现政务服务信息系统互联互通,打通"围墙",由分散的、独立的政务服务信息系统变成互联互通、业务协同、信息共享的"大平台"。充分依托网上政务服务平台,基于互联网、自助终端、移动终端的政务服务入口,不断提高不见面审批占比,实现更大程度便民利企。省发展改革委"3698"不见面审批服务平台、省市场监管局企业开办"全链通"一站式服务平台、江苏公安"微警务"集群、省卫健委集约式预约诊疗服务平台、省人社厅城乡居民养老保险网上办理等改革创新举措,实现企业、基层和群众"不推一扇门,不找一个人,办成所有事"的目标。南京市不动产交易登记一体化信息平台开创全国先河,先后上线电子购房证明在线开具、商品房交易登记和存量房交易登记平台。南通市在"南通百通"App 上整合实现 516 项政务服务事项"掌上办理",同步进驻江苏政务服务 App。连云港市在全国率先实现医保业务在政务服务网上100%不见面审批。截至 2019 年 10 月,省市县三级可以通过网上办理的事项为128283项,占比 96.7%。

(二) 集中批。推动建立五级政务服务体系,起草并提请省政府办公厅印发《关于建立完善基层"互联网+政务服务"体系的指导意见》(苏政办发〔2018〕37 号),以标准化、规范化建设为抓手,推动政务服务向基层延伸,实现全省 13 个设区市 1 343 镇级站点、21 129 村站点全覆盖,网上站点覆盖率分别为 100%和 99.9%。大力推进"一门""一窗"改革。截至 2019 年 5 月底,南京、徐州、南通市县级政务服务事项进驻综合性实体政务大厅比例达 90%以上;南京、徐州、宿迁市县级政务服务事项实现"一窗"分类受理比例达到 80%以上。各地不断推进全科服务模式,南京市尧化街道等 9 街道推进"全科政务服务"标准化建设,无锡市滨湖区集成服务"全科窗口"通柜办,苏州市相城区实现"一窗办理,全科服务"。加快推进相对集中行政许可权改革试点,按照"撤一建一"的原则组建行政审批局,将市场准入、投资建设、复杂民生办事等领域的行政许可权划转至行政审批局行使,实现相关领域“一枚印章管审批”。在首批南通、苏州工业园区、淮安盱眙县、盐城大丰区4个国家级试点的基础上，第二批在苏州、无锡等4个设区市和南京江北新区，张家港、江阴等7个县(市、区)，南京经济技术开发区等19个省级以上开发区开展试点工作。

(三) 联合审。大力推进“3550”改革，优化“开办企业”“不动产登记”“办理施工许可”流程。在全省推广“五联合一简化”“多评合一”“网上联合审图”“电子踏勘”等经验做法，大力推动可行性研究报告、节能评估报告、社会稳定风险评估报告“三书合一”。省政府办公厅出台建设项目“多评合一”“多图联审”的指导意见，全省工业生产建设项目基本实现7个工作日完成审图，40个工作日完成评估。南京市打造“南京市工程建设项目审批管理系统”，构建工程建设项目并联审批体系架构。常州市投资项目网上并联审批系统，完成8个市级涉建审批部门信息系统对接，形成了全市一体的高效“数据链”，实现“一门受理、集中审查、联合办理”。连云港市施工图数字化联审云服务平台实现建设项目施工图报建“网上办、不见面”。徐州市实行规划方案“4+X”并联审批，进一步方便企业办事。

(四) 区域评。为深化投资审批制度改革，全省各地大力推行区域评估服务模式。出台《江苏省以“区域能评、环评+区块能耗、环境标准”取代项目能评、环评试点工作方案(试行)》(苏政办发〔2017〕19号)，在环评、能评、安评等方面，探索开展区域评估，取代区域内每个独立项目的重复评价。江苏在开发区统一编制地质灾害危险性评估、社会稳定风险评估等区域性评估报告，评估结果开发区内项目共享使用，节约了项目落地时间，减轻了企业负担，获得国务院办公厅优化营商环境典型做法通报推广。省地震局推行区域性地震安全性评价工作，试点高邮市区域性地震安评项目和南京空港新城、江北新区区域安评项目。徐州市国土资源区域性联合评价，建设项目平均节省评价费用8万—10万元，压缩办理时限10—15天，累计办理85件。在开发区统一编制地质灾害危险性评估、社会稳定风险评估、地下水水质监测等区域性评估报告，评估结果开发区内项目全部共享使用，通过政府买单、企业共享，节约了项目落地时间，减轻了企业负担。

(五) 代办制。对涉及多个部门的事项，建立健全部门联办机制，在全省开发区、高新区、乡镇(街道)率先大力推行全程帮办制,提供"店小二"式专业化服务,由各地公布代办事项目录,组建专业化代办队伍,为企业提供无偿帮办服务。常州市天宁区推进"工业50"全程代办。淮安市金湖县构建建设项目全程代办"不见面"审批服务机制。南京市溧水区开通"代办直通车",打造预审代办服务2.0。徐州市运行市县镇村四级全程代办服务网,实现政务服务全覆盖。扬州市建立投资项目"网格化"代办帮办服务体系,搭建各个层面的"店小二"代办服务先锋队。南通如皋市打造五星级帮办协办服务体系,项目审批速度提升60%。宿迁市四级联动代办帮办,2018年办件量超25万件。

(六)"快递送"。积极推行审批结果"两微一端"推送、快递送达、代办送达等服务模式。江苏邮政EMS快递服务已进驻全省121个政务服务中心,实现省市县三级政务服务中心全覆盖。群众和企业可自主选择政务服务办理材料上门快递揽收和办理结果快递送达服务。截至2019年8月,全省各级政务服务中心寄递审批结果超过936万件。江苏省税务局在全国率先提出"发票区域集中配送",为符合条件的纳税人提供发票领用、发票代开等物业事项的"线上快捷申请、订单式智能处理、自动发放打印、集中物流配送",逐步实现发票业务"离厅办理",实现征纳"双减负"。截至2019年8月,已完成业务办理688万户次,日均邮递配送发票1万户次以上,累计成功配送发票1.7亿份,全省40%以上的发票领用业务实现了邮递配送渠道办理。

(七)"一号答"。推进政务服务"一号答"电话服务专席,加强对江苏政务服务网运行特别是"不见面审批(服务)"的配套咨询服务,解决群众不熟悉政务服务网、线上线下办理不同步、"不见面审批(服务)"难等问题,专门接受企业和群众对"不见面审批(服务)"和江苏政务服务网的建言评价。除了热线电话服务模式,江苏12345在线平台构建了电话、微信、微博、App、网站等多个联动服务渠道,为社会公众提供24小时"不打烊"的全媒体渠道保畅服务。2017年11月,江苏12345在线全面启动政务服务"一号答"工作,推进政务服务"一号答"电话服务专席,实行标准统一的全省电话"一号答"语音导航、数据标识和服务口径。在江苏政务服务网等各渠道中，统一设置"一号答"专项入口。提供行政权力事项、公共服务事项咨询和协同办理，解答政务服务特别是"不见面审批（服务）"事项的办事流程、所需材料等，接受企业和群众对"不见面审批（服务）"和江苏政务服务网的建言评价，进一步增强江苏政务服务的协调性和协同性。

（八）"不见面"。"网上办"是"不见面审批（服务）"实现的主要形式；不能"网上办"的，通过"代办制""快递送"实现"不见面"；"一号答"是实现"不见面审批（服务）"的总客服，接受群众和企业的线上线下咨询和吐槽；"集中批""联合审""区域评"等措施能够最大限度地优化审批流程、推进信息共享、减少审批环节，最大限度地减少需要见面的环节，是实现"不见面审批（服务）"的重要举措。这八个方面相互影响、相互促进，是系统化推进"不见面审批（服务）"改革的有机整体。

第四节　"不见面审批"改革的持续深化

为贯彻落实国家"一体化在线政务服务平台建设""推进政务服务'一网、一门、一次'改革"要求，结合江苏省"不见面审批"深化工作，2018 年 11 月，制定并发布《省政府办公厅关于印发进一步推进"互联网＋政务服务"深化"不见面审批（服务）"改革工作方案的通知》（苏政办发〔2018〕96 号）（以下简称《工作方案》）。

《工作方案》共分为六个部分：一、总体要求和工作目标；二、以整合促便捷，推进政务服务"一网通办"；三、以集成提效能，推进线下"只进一扇门"；四、以创新促精简，深化"不见面审批（服务）"改革；五、以共享筑根基，让"数据多跑路"；六、保障措施。

其中，总体要求和工作目标部分，《工作方案》提出了进一步推进"互联网＋政务服务"深化"不见面审批（服务）"改革的工作目标为"依托江苏政务服务网，加快构建一体化网上政务服务体系，推进跨层级、跨地域、跨系统、跨部门、跨业务的协同管理和服务，推动企业和群众办事线上'一网通办'，线下'只进一扇门'，在更高层次实现'不见面审批（服务）'，更大程度地利企便民，不断优化我省营商环境"。

具体来说，到2018年底的阶段性目标为“省级政务服务事项网上可办率不低于90%，市县级政务服务事项网上可办率不低于80%；省、市、县级政务服务事项进驻综合性实体政务大厅比例不低于80%，50%以上政务服务事项实现‘一窗’分类综合受理；实现凡与企业群众生产生活密切相关以及办件量较大的政务服务事项‘应上尽上、全程在线’，必须到现场办理的事项‘最多跑一次’”。到2019年底的阶段性目标为“力争在全省范围内实现政务服务事项全部具备‘不见面审批(服务)’能力(法律法规另有规定或涉密的除外)；除对场地有特殊要求的事项外，政务服务事项进驻综合性实体政务大厅基本实现‘应进必进’，80%以上政务服务事项实现‘一窗’分类综合受理”。

为实现总体要求和工作目标，《工作方案》提出了一系列相对应的工作任务和相关措施，包括四大工作任务及相关任务分解(见表4)、推进改革的相关措施(见表5)。

表4　深化“不见面审批”改革工作任务

工作任务	任务分解	主要内容
以整合促便捷，推进政务服务“一网通办”	加快完善全省一体化在线政务服务平台	按照国家政务服务平台统一标准规范，在江苏政务服务网基础上，整合升级各类办事服务平台，统一政务服务入口和出口、统一政务服务事项管理、统一身份认证、统一电子印章、统一电子证照、统一公共支付，建成部门协同、上下联动，覆盖省、市、县、乡、村五级的在线政务服务平台，实现线上线下一网受理、整体服务。江苏政务服务网全面对接国家政务服务平台，与国家政务服务平台的政务服务门户形式统一规范、内容深度融合，实现事项集中发布、身份集中认证、服务集中提供，让企业和群众网上办事“一次认证、全国漫游”。
	加快实现政务服务事项标准化	省政务办全面梳理和编制全省公共服务事项清单，制定事项编码规则。省各有关部门按条线负责公共服务事项编码管理并动态调整。省审改办负责全省“三级四同”标准化行政权力事项清单的统一管理，制定完善清单动态管理办法。市县政府门户网站、各级部门网站、各级政务服务中心网站、各级实体政务大厅、江苏政务服务网要实现政务服务事项信息“五位一体”，政务服务事项目录、办事指南、办件查询公示等一数一源，线上线下信息一致。

（续表）

工作任务	任务分解	主要内容
以整合促便捷，推进政务服务“一网通办”	加快丰富“不见面审批(服务)”场景	加大“不见面审批(服务)”应用推进力度，各市、县(市、区)要分别梳理涉及多部门、多事项、多证照审批(服务)场景，制定工作方案，推进网上审批，推行一窗受理、网上运转、并行办理、限时办结，避免重复提交材料和循环证明。要按照不见面审批标准化指引要求，逐个编制不见面审批(服务)办事指南，全面、系统地在网上及时公开公示。对省、市、县三级高频政务服务事项，要按照“一证通办”(身份证件)或“一照通办”(统一社会信用代码)的要求，推进办事材料目录化、标准化、电子化，开展在线填报、在线提交和在线审查，实现“凡是能通过网络共享复用的材料，不得要求企业和群众重复提交；凡是能通过网络核验的信息，不得要求其他单位重复提供；凡是能实现网上办理的事项，不得要求必须到现场办理”。省政务办负责省、市、县三级高频政务服务事项清单动态管理。拓展深化统一公共支付平台应用，开通江苏政务服务网“不见面审批(服务)”事项的电子缴款服务，接入全省财政部门非税收入收缴系统和教育、公安、司法、交通等主要的政务缴费专用收费系统，保障群众支付方式选择权，实现“支付通全省”。
	加快拓展政务服务移动应用	以公安、教育、民政、卫生健康、社保、医保、公积金、市民卡、交通运输、税务、生态环境、市场监管、公用事业等领域为重点，梳理公布移动办事事项目录，制定适宜移动端办理的业务流程。按照江苏政务服务网建设相关规范，完成各类移动办事应用开发，统一通过江苏政务服务移动客户端提供服务，做到应上尽上。依托江苏政务服务网实名认证体系和法人单位的业务经办人授权体系，建设申请人(经办人)个人或法人用户中心，不得要求申请人(经办人)二次登录业务办理系统，不得要求重复提交个人或法人用户中心已经具备的材料。建立完善移动端综合服务旗舰店，有条件的设区市或省级部门要打造移动端“不见面审批(服务)”地区或部门品牌。加强与银联、支付宝、微信等机构或平台的合作，拓展政务服务渠道。
以集成提效能，推进线下“只进一扇门”	推动实体大厅“多门”变“一门”	按照应进必进、能进必进的原则，推行一个行政机关的审批事项向一个处(科)室集中、行政审批处(科)室向政务服务大厅集中、行政审批事项向网上办理集中，做到事项进驻大厅到位、授权到位、电子监察到位。优化提升政务服务大厅“一站式”功能，完善省、市、县、乡镇综合性政务大厅集中服务模式，推动将垂直管理部门在本行政区域办理的政务服务事项纳入综合性政务大厅集中办理，加快实现“一窗受理、分类审批、综合出件”，实现企业和群众必须到窗口办理的事项“只进一扇门”。除因安全等特殊原因外，原则上各地不再单独设立部门的服务大厅。

(续表)

工作任务	任务分解	主要内容
以集成提效能，推进线下“只进一扇门”	不断提升政务大厅的服务水平	根据企业和群众办件频率、办事习惯，不断优化调整窗口设置。对涉及多个部门的事项，建立健全部门联办机制，探索推行全程帮办制。通过预约、轮休等办法，为企业和群众办事提供错时、延时服务和节假日受理、办理通道，积极探索实行“5＋X”工作日模式。对重点区域、重点项目可有针对性地提供个性化、定制化服务。各地在保留企业登记、涉税事项办理等专业服务窗口的基础上，增设“企业开办”一站式受理窗口，不断拓展受理功能，进一步提升企业开办便利度。完善政务服务效能监督，全面推行审批服务过程和结果公开公示，接受社会监督。
	推进实体政务大厅与网上服务平台融合发展	适应“互联网＋政务服务”发展需要，进一步提升实体政务大厅服务能力，加快与网上服务平台融合，形成线上线下功能互补、相辅相成的政务服务新模式。推进实体政务大厅向网上延伸，整合业务系统，统筹服务资源，统一服务标准，做到无缝衔接、合一通办。
以创新促精简，深化“不见面审批(服务)”改革	深入推进“不见面审批(服务)”改革	在“不见面审批(服务)”事项的清单公布、实现方式、基本流程、申请材料、办理时限、缴纳费用等方面实现省、市、县三级标准统一。省级部门牵头梳理本部门系统“不见面审批(服务)”标准化事项清单，确定本系统省、市、县三级“不见面审批(服务)”事项名称及数量。省级部门公布的“不见面审批(服务)”标准化事项清单，各地必须全部做到“不见面”。省级部门没有公布的事项，而地方政府可以做到“不见面”的，可以纳入本地区“不见面审批(服务)”标准化事项清单。
	持续开展“减证便民”行动	各地各部门全面梳理排查本行政区域内、本部门实施的证明事项，本着尽可能取消的原则，全面清理“奇葩”证明、循环证明、重复证明等各类无谓证明，大力减少各种繁琐环节和手续。各设区市对本地区自行设定的证明事项，除设区市地方性法规设定的外，最迟于2018年底前取消；对设区市地方性法规设定的证明事项，也要根据实际情况，尽可能予以取消。省各有关部门要对省级地方性法规、省政府规章、省政府规范性文件设定的证明事项，提出取消或保留建议；对本部门规范性文件设定的各类证明事项，原则上均要取消。对可直接取消的，要作出决定，立即停止执行，同时启动修改或废止规范性文件程序。对应当取消但立即取消存在困难的，应采取必要措施，确保最迟在2018年底前取消。
	积极推动百姓办事“就近办理”	整合现有各类资源，通过新建、购买、置换、改(扩)建、项目配套和整合共享等方式，充分利用党政机关服务设施、党群组织活动场所、村(社区)服务设施等场地，规范推进乡镇(街道)、村(社区)实体服务大厅建设。推广“集中办理、一站式办结”模式，乡镇(街道)各站所工作人员全部集中办公，事项全部进驻窗口办理。推动基层建立全科政务服务模式，各乡镇(街道)、村(社区)建立健全全科政务服务机制，由“单一窗口”向“全科窗口”转变，由“一专多能”向“全科全能”转变，实现“一口清”导办、“一窗式”受理、“一条龙”服务。在各乡镇(街道)为民服务中心、村(社区)便民服务中心设置全科窗口，对全科窗口合理授权，加强全科人员的选拔、教育、培训和管理，提高综合业务素质和服务能力。

（续表）

工作任务	任务分解	主要内容
以共享筑根基，让“数据多跑路”	扎实推进全省政务信息资源体系建设	遵循“一数一源、多源校核、动态更新”原则，各地要构建完善政务数据资源体系，持续完善数据资源目录，不断提升数据质量，扩大共享覆盖面，提高服务可用性。按照国家和省政务信息资源标准规范进行政务信息资源的采集、存储、交换和共享工作。建立健全省、市级政务信息资源目录体系，对目录中所有无条件共享和有条件共享的数据资源实现全目录一站式共享。对暂未落地无法提供的数据资源，部门应积极争取，寻求解决办法；对不在目录范围内，但属于“一网通办”所需的数据，一并归集。建立完善政务信息资源共享管理机制和工作评价机制，加强对政务信息采集、共享、使用全过程的身份鉴别、授权管理和安全保障。
	构建全省一体化的数据共享交换体系	按照国家标准要求，加快建设省、市级数据共享交换平台，形成全省统一的政务信息共享交换渠道，强化平台功能，建立管理规范，构建全省一体化的数据共享交换体系。加快接入国家和省数据共享交换平台，形成国家、省、市三级互联互通的国家数据共享交换体系，具备跨层级、跨地域、跨系统、跨部门、跨业务的数据调度能力。全面摸清数据共享需求，通过国家数据共享交换体系，打通数据查询互认通道，利用已共享的各级政务信息资源，简化业务流程，创新服务模式，变“群众跑腿”为“数据跑路”，切实解决群众办事堵点问题。
	加快政务信息系统改造接入	开展政务信息系统专项审计监督，加快完成对系统使用与实际业务流程长期脱节、功能可被其他系统替代、所占用资源长期处于空闲状态、运行维护停止更新服务，以及使用范围小、频度低的“僵尸”信息系统的清理工作；推动分散隔离的政务信息系统加快整合形成“大系统”，杜绝以处室等内设机构名义存在的独立信息系统。按照“谁建设系统、谁负责对接”的原则，省级、设区市各部门审批服务系统尽快向各级政务服务机构开放端口、权限，各级政务部门、政务服务大厅加快改造自有的业务系统，并与各级数据共享交换平台对接，实现数据互联互通，避免数据和业务“两张皮”，减少在不同系统中重复录入，提高基层窗口工作效率。各级政务信息化建设项目审批部门和运维经费审批部门要联合建立政务信息系统清单制度，加强清单式管理，对未按要求改造对接的，不审批新项目，不拨付运维经费。各级政务信息化建设项目审批部门会同共享交换平台管理部门加强新建政务信息系统预审工作，对政务信息系统不接入共享交换平台、不符合建设标准的，对政务信息资源不纳入全省政务信息资源目录体系和数据共享交换体系管理的，不予审批。

(续表)

工作任务	任务分解	主要内容
以共享筑根基，让“数据多跑路”	推进事中事后监管信息“一网通享”	充分利用江苏省市场监管信息平台，积极推进“双随机、一公开”监管信息跨部门共享和信用联合奖惩，依托“信用中国”网站和国家企业信用信息公示系统，提供登记备案、行政许可、行政处罚、经营异常名录、严重违法失信企业名单、监督检查、质量抽检等信用信息查询和共享服务。加快各级数据共享交换平台与市场监管信息平台对接，推进事中事后监管信息、信用信息与政务服务深度融合，整合市场监管相关数据资源，加强对市场环境的大数据监测分析和预测预警，推进线上线下一体化监管。
	加强数据共享安全保障	研究制定数据安全管理办法，对数据采集、传输、存储、使用、共享、开放等环节，明确安全保障的责任主体和管理措施。强化政务信息资源共享网络安全管理，推进政务信息资源共享风险评估和安全审查，强化应急预案管理，切实做好数据安全事件的应急处置。提高电子政务外网、省市数据共享交换平台的安全防护能力。制定和完善个人和市场主体隐私信息保护的法律法规。

表 5　深化“不见面审批”改革保障措施

保障措施	主要内容
加强组织保障	各地各部门要认真贯彻落实党中央、国务院和省委、省政府关于“互联网＋政务服务”的工作部署，不断完善我省“不见面审批(服务)”改革。切实加强统筹协调和上下沟通，合力推进工作开展。各地要根据本方案，细化工作措施，明确牵头单位、责任单位和完成时间。要根据目标任务，倒排时序进度，加强督促检查，对责任不落实的要通报批评并责令整改。
建立健全“一网通办”的标准规范	按照国家有关人口、法人、电子证照等基础数据共享标准和规范要求，规范电子证照库、人口综合库、法人综合库、公共信用库等建设，加快电子证照应用推广和跨部门、跨区域互认共享。建立健全政务信息资源数据采集、数据质量、目录分类管理、共享交换接口、共享交换服务、平台运行管理等方面的标准。研究制定涉及“一网、一门、一次”项目建设立项审批、政府采购、绩效评价等管理办法，防止新的信息孤岛产生。

（续表）

保障措施	主要内容
建立完善监督举报投诉机制	依托全省12345在线服务平台，完善“一号答”监督举报投诉服务体系，提供“7×24”全媒体服务，实现高效便捷的咨询办事、效能监督和大数据决策支持。统一受理群众和企业的咨询、投诉、举报和建议，建立限时办结、全程监督、闭环管理的服务机制。对涉及“不见面审批（服务）”和“一网、一门、一次”服务事项，实现办理全过程的开放式评价，重点分析办事堵点，持续增强服务体验，促进各地、各部门政务服务能力不断优化，打造统一联动、智慧开放的政务服务“总客服”品牌。
开展百项问题疏解和政务服务改革创新成果推广行动	按照国家统一部署，开展百项问题疏解行动，聚焦企业和群众关注的身份和教育证明、商事服务、社保低保、就业创业、居住户籍等方面的堵点难点问题，形成分级覆盖、热点聚焦的百项问题清单，逐项研究解决。开展江苏政务服务改革创新成果评选活动，分析总结先进经验，在全省范围内复制推广。

总体目标达成情况：基本实现凡与企业群众生产生活密切相关以及办件量较大的政务服务事项“应上尽上、全程在线”，截至2019年10月，省市县三级可以通过网上办理的事项为128283项，占比96.7%；省市县三级政务服务事项进驻综合性实体政务大厅实现“应进尽进”，“一窗”分类综合受理比例达到70%以上。

第五节　“不见面审批”改革的标准化指引

标准化、规范化是保障改革有序、协调、平稳推进和可持续发展的重要手段。推进政务服务标准化，对于更好地深化行政体制改革、正确履行政府职能、提升政府治理现代化水平具有重要意义。江苏以标准化、规范化为持续推进“不见面审批”的突破口，专门编制《“不见面审批”标准化指引》（苏政办发〔2018〕64号），实现了全省“不见面审批”事项的“三级六同”，即在省市县三级，事项的公布、实现的方式、基本的流程、申请的材料、办理的时限、缴纳的费用等六个方面标准统一。

2018年9月8日，江苏正式发布实施了《“不见面审批”标准化指引》（以下简称《指引》），标志着政务服务标准化和规范化从此有据可依。《指引》规定了“不见面审批”的概念、事项范围、基本原则、审批过程、审批大厅、管理机制的规范化要求，提出了具体可操作的工作指引，建立了一体化的办事规范和办事流程，有利于推进部门间、环节间、系统间无缝对接、集成办理，让企业和群众办事更方便。

在“不见面审批”定义方面，《指引》明确指出，“不见面审批”指政府部门在申请人申请材料齐全、符合法定受理条件或有欠缺但申请人承诺在审查决定作出之前能补齐的情况下，通过职能整合、流程优化、信息共享，依托江苏政务服务网办理、自助终端机办理、移动终端机办理、邮政寄递、全程代办等方式，融合线上信息系统和线下窗口服务，实现审批机关从受理审批事项到作出决定、送达办理结果文书的全过程与申请人“不见面”的审批模式。同时，“不见面审批”事项范围被明确为：省、市、县“三级四同”标准化权力清单中的行政许可、行政确认、行政奖励、行政给付、行政征收、行政其他等 6 类能够做到“不见面”办理的具有审批性质的行政权力事项。对列入权力清单不属于行政审批的其他类型权力事项，能够做到“不见面”的，本着为企业和群众提供优质服务的出发点，也应采取“不见面审批”的模式办理。

“不见面审批”坚持便民、法治、共享和高效原则。根据便民原则，江苏将在法定范围内简化受理条件，压缩申请材料，积极推行“网上办”“马上办”“就近办”，实行“不见面审批”全要素公开、透明。根据法治原则，法定程序没有要求必须见面的，全部推行“不见面审批”；法定程序要求必须见面的，通过现代化信息手段可以合法实现的，也应做到“不见面审批”。根据共享原则，推进政府部门内部、部门之间审批数据大融合，按照“共享是原则、不共享是例外”的要求，实行信息无条件归集、政府部门有条件使用，实现上下级、同级部门审批信息数据互通共享。根据高效原则，扩大“不见面审批”覆盖面，提高集中度、增强准确度，在重点领域、关键环节、常用事项上突出体现“不见面审批”优势。完善并联审批协同机制，实行公开承诺制，解决行政审批时间长、盖章多、中介多、收费多、材料多等问题。

在实现方式上，申请人可通过江苏政务服务网、自助终端机、移动终端机、邮政寄递、全程代办等方式提交申请。采取“不见面审批”或到政务服务大厅窗口提交材料，由申请人自主选择，不得强迫申请人只能“不见面”

办理。《指引》规定，审批部门应运用现代识别技术，通过视频连线、人脸识别、U盾身份认证等解决防伪、安全问题，实现审批全流程“不见面”。《指引》对基本流程作了细致规定。例如，在受理环节，对申请材料不齐全或不符合法定形式的，应当发送补正材料通知书，一次性告知需补充材料内容、时间期限等，避免“来回跑”“反复跑”。在政务服务大厅，对涉及两个以上部门共同办理的审批事项，由综合窗口统一受理，使企业和群众到大厅办事，只需向一个窗口递送申请材料。

为了更好地推动改革落地，《指引》明确要求建立线上线下监管和监督反馈机制，对“不见面审批”事项网上咨询、信息公开、投诉处置等方面的落实情况进行监督检查。“不见面审批”的监督检查可采取定期或不定期的抽样检查、抽点检查、定点检查，现场调查与电子监察相结合的方式。在评价改进方面，“不见面审批”评价指标将纳入江苏简政放权创业创新环境评价指标体系，“不见面审批”事项占行政审批事项的比重和“不见面审批”办件量占总办件量的比重都将纳入各地高质量发展监测评价指标体系。以上措施为江苏“不见面审批”的深入推进提供了标准指南。

第三章　“不见面审批”改革的创新探索

李克强总理强调“放管服”改革是“重塑政府和市场关系、刀刃向内的政府自身革命”。目前，政务服务改革已经进入深水区，不时有激流险滩和“难啃的硬骨头”。江苏以创新突破为驱动，引领“不见面审批”改革，在长期实践基础之上进行理念创新、制度创新、应用创新、模式创新等，将自我革新贯穿于改革的每个环节，在通盘考虑的基础上，突出重点，抓住关键，集中突破。

第一节　理念创新：以问题为导向

“不见面审批(服务)”改革是以人民为中心这一根本理念指导的政府改革创新实践，在权力观、发展观、服务观等方面以新的视角、新的方法进行理念创新。

一是坚持转变思想，摒弃官本位和轻服务监督等思想，将管理意识转变为服务意识、创新意识、法治意识，建设“四型政府”，促进国家治理体系和治理能力现代化。“不见面审批”改革强调由“方便部门管理”转向“以人民为中心、以民为本”，便利企业和群众创业创新，由“部门权力配置资源”转向“使市场在资源配置中起决定性作用”，由“审批就是管理、以批代管、只会批不会管、重审批轻监管”转为“放管结合，审慎监管，寓监管于服务之中”“简审批、严监管、重信用、优服务、强执法、求实效”。

二是坚持以问题为导向，以目标倒逼改革。“不见面审批”改革是以自下而上的问题为导向来倒逼自上而下的地方政府自我改革创新。通过群众办事达到“不见面”这一自下而上的问题，形成政府改革目标——各类政府审批事项尽可能让办事群众不跑路、不见面。通过省级层面统筹出台相关改革举措，推动全省各级政府实施“不见面审批(服务)”改革，从而形成自上而下的综合系统改革，最大程度地激发省以下各级地方政府改革的能动性和创造力。同时“不见面”的改革目标简洁明了、清晰具体，便于内部和外部对改革成效直接作出度量和评判，统一了上下各级政府和全社会的改革共识，也使群众和企业对改革有了较高的心理预期，有助于最大程度消除改革目标的模糊性，并使改革成为一场没有退路的攻坚战。

三是坚持整体性治理，推动治理结构协同化。行政审批“时间长、盖章多、中介多、材料多、收费多”的“一长四多”弊端，是由传统官僚制度下的科层化导致的行政权力分割、“马路警察各管一段”导致的。“整体性治理”基本治理逻辑是在公共政策与公共服务的过程中，采用交互的、协作的和一体化的治理方式与技术，促使各种治理主体在共同的治理活动中协调一致、功能整合，为公民提供无缝隙服务而非碎片化服务。“不见面审批”改革是一项系统工程，不是某个部门的单项改革，需要各部门协同联动、共同推动，以精简的组织结构和高效的协作机制构建整合型政府，由“部门条块分割”转向“部门信息共享、联合惩戒”，加强信用监管，降低社会管理成本，由过去“形式主义的交叉重复的审批、评估”转向“互联网＋”、大数据背景下的集中高效、阳光便民的审批模式，实现整体性治理。

四是坚持创新推动，同步推进技术创新与制度创新。创新是引领发展的第一动力，创新必须贯穿于改革的始终。“不见面审批”改革依靠创新引领，累积了改革所需的技术条件和体制机制优势，下一步也依靠创新将改革深化和持续。现在，大数据、物联网、云计算、移动互联网、人工智能等新型信息技术创新空间巨大，已经逐步成熟并应用于各行各业。这为进一步推进和深化“不见面审批”改革提供了坚实的技术支撑，实现从管理型向服务治理型转型，从数据孤岛式作业向业务协作数据共享转型，从传统决策向大数据智慧决策转型，从人工服务向自助服务转型。在创新应用新技术的同时，还有许多工作内容需要在技术、环境、工具不变的前提下，进行制度和方法创新，有效协调整合各部门审批流程，把过时的、琐碎的、重复的流程和环节废除，建立新的简明的、逻辑明晰的、数据可共享的工作环节和流程。向群众和企业提供线上与线下（O2O）一体化的服务，促进实体大厅与网上平台的融合发展,通过数据和信息的流动,从技术层面减少人力的来回跑动。

第二节 制度创新:权力清单标准化

江苏在推进"不见面审批"改革过程中,精心谋划改革落地见效的具体措施,把建立权力清单制度和清单标准化作为重要任务,为强化权力运行制约和监督,为政务服务"一网通办"奠定基础。

(一) 建立权力清单制度,亮出权力"家底"

权力清单制度,就是政府及其部门在对其所行使的公共权力进行全面梳理的基础上,依法界定每个部门、每个岗位的职责与权限,然后将职权目录、实施主体、相关法律依据、具体办理流程等以清单方式进行列举和图解,并对公众公开。

江苏省通过"清权、减权、制权、晒权"等环节,以清单管理的方式,亮出权力底数,划清权力边界,让权力在阳光下运行,针对施政行为念好"紧箍咒"。[①] 2014 年 7 月,省委十二届七次全会通过了《关于进一步简政放权加快转变政府职能的实施意见》(苏发〔2014〕14 号),提出构建"517"的改革顶层设计,建立 5 张清单是其中的重点任务之一。2014 年 10 月,省政府办公厅制定出台《关于全面清理行政权力建立权力清单管理制度的通知》(苏政发〔2014〕81 号),明确要求省、市、县(市、区)按照统一的编制规范全面开展行政权力清理,推行权力清单制度。

2014 年底,省级层面公布"5 清单 1 目录",即行政审批事项目录清单、政府部门行政权力清单、政府部门责任清单、政府部门专项资金管理清单、行政事业性收费目录清单和《江苏省内资禁止投资项目目录》。江苏成为全国首批建立权力清单的两个省份之一以及第三个建立责任清单的省份,随后,13 个省辖市、98 个县(市、区)也建立并公布行政权力清单,比中央规定时间提前一年半。

① 俞军:《江苏简政放权"517"改革的实践与思考》,《行政科学论坛》2015 年第 5 期。

一是晒出行政审批事项目录清单，做到“目录之外无审批”。新一轮行政审批制度改革以来，江苏省政府在全面取消224项非行政许可事项的基础上，先后7批累计取消和下放行政审批事项709项，占原有审批事项的79.8%，提前完成了本届政府取消下放三分之一以上行政审批事项的目标。

二是晒出政府行政权力清单，做到“法无授权不可为”。通过集中审核、三上三下、合法性审查、征求意见、专家咨询等五个主要环节，取消没有法律依据和与全面深化改革要求不相适应的3200多项行政权力，现保留省级部门行政权力事项1375项，交给市、县属地管理权力事项4272项。

三是晒出政府部门责任清单，做到“法定职责必须为”。围绕企业和群众反映强烈的审批办理时间长、盖章多、收费多、中介多、材料多“一长四多”问题等，建立省政府各部门责任清单制度。责任清单包括部门主要职责，部门间职责边界，行政权力事项流程图，涉及的中介、收费、盖章，事中事后监管具体措施等七个方面。

四是晒出政府部门专项资金与行政事业性收费目录管理清单，做到“清单之外无收费”。先后出台了《2014年江苏省政府性基金项目目录》《江苏省行政事业单位收费项目目录》《省级部门专项资金管理清单》，仅2014年全省就减费38.9亿元。

(二) 推进全省统一标准化，实现“三级四同”

自2014年推行权力清单制度之后，我省省市县(市、区)先后公布了政府各部门行政权力清单。从各地公布的清单看，存在省市县三级权力数量、名称、类型、依据、编码不统一的现象。这个问题如果得不到解决，势必影响权力的规范行使、动态调整，在技术层面无法实现信息共享和业务协同，也将阻碍“互联网+政务服务”体系的建设及“不见面审批(服务)”改革的深化。

1. 大力推进权力清单标准化，率先实现“三级四同”

为加快省市县三级权力清单标准化、规范化建设，完善权力清单管理工作，2016年下半年，由省审改办牵头，65家省级相关部门配合，江苏启动全省权力清单的标准化工作。在前期权力清单编制工作基础上，努力实现“三级四同一分一压缩”，即相同的行政权力事项在省市县三级，权力名称、类型、依据、编码相统一，明确省市县三级的层级分工，压缩自由裁量权。

2017 年 1 月,经最终审定,名称、类型、依据、编码统一的“省市县(市、区)政府部门行政权力清单”向社会公布,江苏成为率先实现了行政权力“三级四同”的省份。除了“省市县(市、区)政府部门行政权力清单”,还同步编制了 15 个部属及省双重领导单位的“中央垂管部门行政权力事项清单”,50 个省级部门和 15 个垂管部门的“审核转报事项清单”。同时,还编制了省级权力事项办事指南、垂管部门权力事项办事指南、审核转报事项办事指南。通过细化权力清单和办事指南的信息要素,彻底取消“弹性事项”“隐形材料”,确保企业群众“看得懂、能办事”。

一是省市县(市、区)政府部门行政权力清单。按照省市县三级权力名称、类型、依据、编码相同(三级四同)的要求,由省级相关部门负责编制本系统行政权力清单。经省审改办审核、征求市县意见、省法制办合法性审查、反馈省级部门确认等环节,“三上三下”,形成了涵盖政府各部门的《省市县(市、区)政府部门行政权力清单》,包括省级行政权力事项 4989 项,市级行政权力事项 7025 项,县级行政权力事项 7037 项,省市县共有行政权力事项 4055 项。与 2014 年公布的行政权力清单相比,因取消、法律法规修改共减少权力事项 1196 项,因新的法律法规颁布、承接国务院下放事项新增 538 项,实际净减少 658 项(均为大项,不含子项),精简了 11.7%。

二是垂管部门行政权力清单。经过部门上报、省审改办审核、意见反馈等环节,编制完成了 15 个部属及省双重领导单位行政权力事项 1392 个大项、43 个子项。

三是审核转报事项清单。经过部门报送、初审审核、反馈意见等环节,确定省政府部门审核转报事项 127 个大项、55 个子项,垂管部门审核转报事项 68 个大项、7 个子项。

四是权力事项办事指南。对照上述清单中的权力事项,逐条编制办事指南,内容包括办理范围、材料目录、法定办结时限、承诺办结时限、涉及的中介服务机构等基本信息。经过部门上报、初审审核、反馈意见等环节,编制完成 49 个省级部门办事指南 6310 份,15 个垂管部门办事指南 1301 份,共 7611 份。

清单“三级四同”标准化工作,解决了省市县三级权力名称、类型、依据、编码不统一的问题,实现审批全链条各事项统一规范;初步解决了政府部门“信息孤岛”问题,所有权力将在全省“互联网+政务服务”一张网平台上统一运行,为实现信息共享和业务协同,提供无差异、均等化政务服务奠定了良好基础。

2. 优化权力清单动态调整机制,加快推进“四级四同”

2019 年 2 月,根据机构改革后的“三定”规定,由省政务办承担牵头推动行政审批制度改革和“放管服”改革的职能。按照国务院要求,建设一体化在线政务服务平台,健全统一事项管理、身份认证、电子证照、电子印章等系统,政务服务事项库与国家库数据同源、同步更新,实现国家、省、市、县“四级四同”。

政务服务事项标准化、规范化、及时性管理面临挑战。国发〔2018〕27 号文要求,“以依申请办理的行政权力事项为重点,推动实现同一事项名称、编码、依据、类型等基本要素在国家、省、市、县四级统一”,即“四级四同”。经对比显示,目前江苏省行政权力事项基本目录与国家级基本目录中的事项名称、主项、子项设置拆分情况差异很大。行政权力事项的动态调整机制需要优化,存在部分事项内容调整不及时、名称表述不准确、子项的分类标准不明确等情况,优化再造的行政权力事项办事指南规范化管理机制不清晰。公共服务事项及指南规范化水平有待提高,由于地区差异,全省公共服务事项清单存在个性化差异,影响跨层级、跨地域、跨部门办理。

健全政务服务事项动态调整机制。以依申请办理的行政权力事项为重点,推动实现与国家基本事项目录“四级四同”。全面梳理教育、医疗、住房、社保、民政、扶贫、公共法律服务等与群众日常生产生活密切相关的公共服务事项,编制全省公共服务事项清单及办事指南,推进公共服务事项规范化。按照统一标准规范,推动省级部门加强对政务服务事项内容维护的指导,实现业务办理项拆分、受理条件、办理流程、承诺办结时限、申请材料、中介服务、表单内容等信息要素规范化和标准化,实现更高标准的“三级四同”。健全政务服务事项动态调整机制,实现全省政务服务事项数据同源、同步更新,同一事项全省无差别受理、办理流程和评价标准统一。

尽快推动省级部门出台省市县三级“不见面审批”标准化事项清单和办事指南。目前,省级部门“三定”规定刚刚到位,原有的省市县三级标准化权力清单也正在调整。国家一体化在线平台将对依申请的6类事项从国家层面进行统一,实现“四级四同”。由于“不见面审批”事项要与权力清单相一致,因此,待标准化权力清单出台后,省政务办将尽快启动省市县三级“不见面审批”标准化事项清单和相应办事指南的编制工作。同时,推动各部门同步修改江苏政务服务网上的办事指南,规范办理流程、办理方式、提交材料等。各地可在“不见面审批”标准化事项清单的基础上,结合本地实际,增加本地区能够实现“不见面审批”的事项,并相应公布办事指南,确保“不见面审批”事项基本一致。

第三节　应用创新:推行“3550”改革

为了达到“不见面审批”服务效果,让企业和老百姓真正享受不跑腿、不见面的便捷福利,江苏进一步探索新机制新模式,创新提出“3550”目标,即“3个工作日内开办企业、5个工作日内获得不动产登记、50个工作日内取得工业建设项目施工许可证”。2017年6月,江苏省印发《江苏省政府办公厅转发省审改办等部门关于全省推行“3550”改革意见的通知》(苏政办发〔2017〕92号),提出通过信息共享和流程再造,不断探索体制机制创新,打通投资建设领域审批中的“堵点”,解决群众不动产登记的“痛点”,最大程度利企便民,着力打造国际一流水平的营商环境。

(一)建立企业开办“一表填报、实时共享”机制

企业开办时间是衡量营商环境水平的重要指标,压缩企业开办时间对于降低制度性交易成本,打造市场化、法治化、国际化营商环境,促进经济可持续发展和高质量发展具有重要意义。在企业开办方面,江苏不断优化办事流程、简化办事手续、提高办事效率,使企业能够以最便捷的方式、最低的成本、最短的时间,快速进入市场,更好地经营发展。

江苏各级政务服务大厅在保留企业登记、涉税事项办理等专业服务窗口的基础上,增设“企业开办”一站式受理窗口,负责受理开办企业申请材料及其在涉企服务部门间的传递,为申请人提供“一站式”办理企业登记、刻章备案、银行开户、涉税事项、社保事项集成服务。同时,将企业开办涉

及的各部门业务申请表格整合成一套表，以企业工商登记申请的基本信息为主表，涉企事项其他部门补充信息为附表，实现“企业开办”申请一表填报。申请人无须重复提交材料，一次填报、多方复用，实实在在减少了企业重复填报的文书材料表格，给申请人带来了便利。

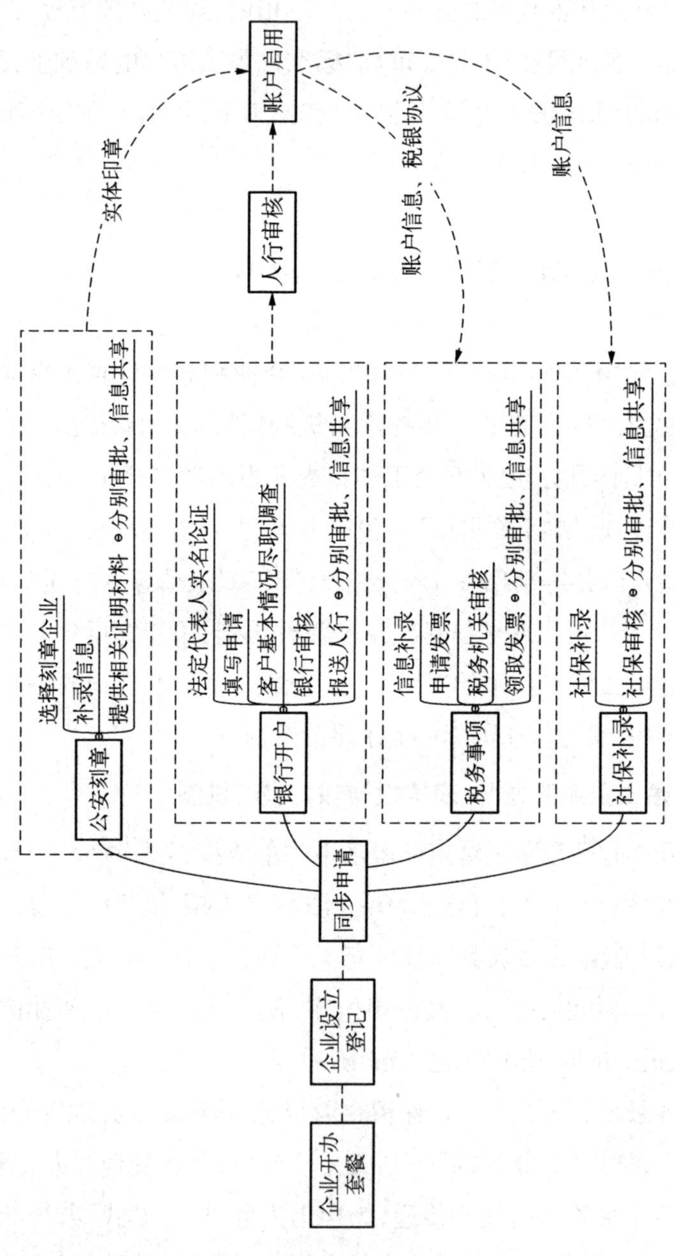

企业注册开业流程图

在企业开办过程中，大力推进全程电子化登记，使申请人在江苏企业网上登记平台(以下简称平台)实现“一表填报”。企业登记主管部门审核通过后，通过平台将企业的登记信息及其他部门需要申报的信息推送给公安、人行、税务、人力资源和社会保障等部门，实现工商登记、公章备案、发票申领、银行开户等涉企事项全程网上的集成办理。同时，将申请人依次向各部门提交材料的传统办事流程，优化为通过平台实现“一表统一填报、一网信息共享、承诺限时办结、反馈办件信息”的涉企事项全程网上办理流程。公安部门在平台上公布印章制作单位名录、地址、联系方式等，由申请人自主选择印章刻制网点，刻章单位应限时完成刻制及备案。税务部门依据共享的企业登记信息，及时为企业完成电子税务局在线自动开户，并提供新办企业套餐首次申领发票的线上申请功能。人力资源和社会保障部门对企业用工登记实行网上办理、自助办理和柜台办理相结合，并限时办结。企业登记主管部门、公安、税务、人行、人力资源和社会保障等涉企事项的办理部门都向平台及江苏政务服务网上传推送相关的办件信息，省政务办对企业开办政务服务事项的全过程进行实时监察监控和预警纠错、督察督办、投诉处理，实现“一站式”监管。

(二) 深化不动产登记“一窗受理”模式

房屋、土地等不动产作为重要的生产要素和生活资料，作为国家和社会的巨大财富，在各种财产中具有特别重要的经济价值和社会价值。不动产登记制度是不动产物权的确认和保护制度，涉及千家万户的切身利益。2007 年 3 月《中华人民共和国物权法》颁布实施，明确要求建立不动产统一登记制度，统一登记的范围、机构和办法。不动产统一登记制度作为一项重要改革任务，对保护不动产权利人合法财产权、保障不动产交易安全、方便民众办事和提高政府治理水平具有重要的现实意义，对增加人民群众的财产性收入和完善社会主义市场经济基本制度也具有积极推动作用。近年来，江苏在不动产登记中不断解放思想，勇于探索创新，许多工作走在了全国前列：2015 年 3 月 1 日国务院《不动产登记暂行条例》施行，全国第一本不动产权证书在江苏省徐州市颁发；2016 年 6 月江苏省全面实施不动产统一登记，目前不动产权证书发放量居全国第一；江苏省各地不动产登记机构在工作中因地制宜、先行先试，创造了许多富有成效的工作方法，诸多历史遗留及重大疑难问题迎刃而解，“一窗受理、集成服务”的不动产登记模式被全国推广，一批典型案例和成功经验为不动产登记制度的健全和完善提供了解决方案，贡献了江苏智慧。2019 年 1 月 9 日，江苏省十三届人大常委会第七次会议通过了《江苏省不动产登记条例》(以下简称《条例》)，自 2019 年 5 月 1 日起施行。不动产登记涉及广大民众的切身利益和社会主要财产关系的调整，《条例》的颁布实施为保障各类市场主体的合法财产权益、构建良好的经济秩序提供了更加坚强的法治保障，在江苏不动产统一登记制度法制化的进程中具有里程碑式的意义。

江苏深入贯彻落实国务院“放管服”改革要求，深化不动产登记“不见面”服务，以推进不动产登记工作提质增效为目标，优化不动产登记、交易、缴税“一窗受理、集成服务”，分类压缩不动产登记办理时限，有序减少不动产登记申请材料，不断提升信息共享程度。在全省各地开展不动产登记与水、电、气、网络、有线电视过户等业务联动办理，理顺房产交易、测绘与登记职责，有效降低了办事成本，提升了服务效率和水准，打造出顺畅高效的不动产登记“江苏模式”。按照便民化原则，各级政务大厅集中办理房屋交易和不动产登记业务，实现房屋交易、纳税、登记一体化。在不动产信息共享方面，江苏有效加强了房屋交易、税务、公安、民政、不动产登记部门的信息共享，不断提高不动产登记便民利民服务能力。同时，推动房屋测绘和土地测绘“多测合一”，减少了多部门重复测绘，切实减轻了企业和群众的办证负担。江苏不断优化不动产交易登记“一窗受理”模式，建成不动产登记与房产交易、缴税全业务一体化平台，在办事窗口由一人受理房屋交易、缴税、登记所需全部材料；实施房屋交易网上备案，不再进行面签；优化“一窗受理”税费缴纳方式，不动产登记机构和税务部门实现部门间信息推送和实时共享，全省全面实现了事务部门自行查询核税。在压缩不动产登记办理时限方面，实行商品房首次转移登记“一证通办”。房屋交易部门将商品房网签备案合同、税务部门将完税凭证通过信息共享实时推送给不动产登记部门，购房人凭身份证即可办理商品房转移登记，不再需要提交商品房购买合同、完税凭证等纸质材料，简化了申请材料，压缩了办理时限。

（三）优化工业建设项目施工许可

施工许可是建设行业的一项重要行政许可，是考量地方营商环境的一个重要指标。施工许可改革是当前江苏省“放管服”改革的重要阶段性工作，其主要任务就是建立多评合一、多图联审、并联审批制度，这也是实现“3550”工作目标的重要举措。改革过程中，重点围绕施工许可办理过程中“时间长、环节多、材料多、中介多、收费多”等突出问题，实施不见面审批、无纸化申报、电子证书应用等举措，让企业和群众好办事，在施工许可改革中更有获得感。

改革前，从项目核准（备案）到取得建筑工程施工许可证共需 21 个审批环节、17 个中介服务及审查环节，每个环节基本都是串联审批，资料重复递，费时费力。改革后，江苏开发了施工许可“省建筑工程一站式申报系统”，成为全国首个可以通过“不见面”方式获得施工许可电子证书的省份。该系统将建设行业六个管理机构的八个环节的审批及审查结果信息汇聚共享，并建立质量报监、安全报监、现场踏勘、施工许可四个环节的并联审批模式。用户只需面向一个系统，把过去需要在质量监督系统、安全监督系统、施工许可系统中申报的事项及施工现场踏勘四个环节的工作全部整合到“省建筑工程一站式申报系统”办理。凡是能通过系统共享复用的材料，不再要求用户重复提交；凡是能通过系统核验的信息，不得要求用户重复提供；凡是能实现网上办理的事项，不得要求用户必须到现场办理；凡是在省级系统中已办理过的事项，不得要求用户在其他系统重复办理。通过优化和再造审批流程、共享和关联前置条件、合并和清理审批条件、减少和压缩审批时间，实现施工许可前置环节并联审批。

2018 年底，为进一步提高企业施工许可办理便捷性，江苏省住建厅制定并实施了《进一步优化工业建设项目施工许可的行动方案》（以下简称《方案》）。《方案》在全面实现工业建设项目 50 个工作日内取得施工许可目标的基础上，提出了进一步优化审批流程、压缩办理时限、提高审批效率的举措。一方面，加强部门协调联动，推进不见面审批、告知承诺与集中审批、多规合一、多评合一、区域评估、联合勘验、联合审图、并联审批、预审代办、联合验收等举措的有机融合，形成稳定和常态化运行机制。另一方面，建立规划设计方案提前指导制度，建设单位在取得土地前可进行规划设计方案准备，规划审批部门根据建设单位要求加强技术交底，进行事先指导，对不符合规划条件和强制性技术要求的规划设计方案，第一时间一次性告知，在规划设计方案符合相关要求并取得规划许可其他前置要件后，按规划审批程序及时办理相关许可手续。在审图方面，江苏全面实现了施工图多图联审，编制了标准化多图联审工作流程和办事指南，形成了一表送审、统一接收、集中办理、分工负责、并联审查、一次告知、整体反馈的规范化、常态化联审工作机制，实现无差别受理、同标准审查。同时，推行施工图审查“网上办”，实现多图联审相关材料网上流转、网上审图、网上沟通、网上反馈、网上查询的“不见面审图”新模式。

第四节　模式创新：“线上线下（O2O）”深度融合

当前，政务服务平台已成为提升政务服务水平的重要支撑，对深化“放管服”改革、优化营商环境、便利企业和群众办事创业发挥了重要作用。江苏“线下”政务服务历来基础良好，作为行政审批制度改革“最后一公里”的各级政务服务中心，在转变机关作风、提高办事效率、方便企业群众办事、激发创新创业活力中发挥了重要作用。但在推进实体大厅建设过程中发现，材料重复递交，办事人多跑腿，跨地区、跨层级办理等问题还无法解决，迫切需要线上线下深度融合。为此，2016 年 7 月，省政务办在广泛调研的基础上，向省委、省政府提出了建设江苏政务服务网的意见建议。省委、省政府主要领导高度重视，作出重要批示，要求加快推进江苏政务服务“一张网”建设。省政府成立了江苏政务服务网建设推进协调小组，统筹推进建设工作。

（一）明确“一网一门一端一号一码”工作目标

按照“网上批、快递送、不见面”的要求，江苏充分运用云计算、大数据等现代信息技术，建设省、市、县三级统一的江苏政务服务网，旨在打通各级各部门业务办理系统，推进部门协同办理，大力精减办事申请材料，减少企业和群众跑动次数，不断提升政务服务整体水平。同时，争创国家“互联网＋政务服务”试点示范省份，用1—2年时间，建成政务服务“一网一门一端一号一码”，打造纵横全覆盖、事项全口径、内容全方位、服务全渠道、用户全参与、资源全共享、各级全衔接、跨区全支持、过程全监控、考评全实时的网上政务服务平台，实现政务服务标准化、精准化、便捷化、平台化、协同化，确保“互联网＋政务服务”工作走在全国前列。

提升一网。升级改造江苏政务服务网，省、市、县、乡、村五级联动，面向自然人、法人和其他社会组织，提供行政审批、公共服务、信用监管、绩效评价、公共资源交易等服务功能。

优化一门。整合优化各级政务服务中心、公共资源交易中心和便民服务中心功能，对接江苏政务服务网，构建线上线下一体化服务平台，精简优化办事流程，强化业务协同办理，逐步实现“进一个门、办所有事”。

建设一端。建设江苏政务服务移动客户端和微信公众号等，对接江苏政务服务网，面向自然人、法人和其他社会组织，提供服务同项、数据同源的移动化服务。

整合一号。建设江苏12345在线服务平台，整合省各职能部门单位、各市县政务服务热线资源，力争实现全省一个号码对外，统一提供咨询、办理等服务。

使用一码。以居民身份证号作为自然人办事唯一标识，以统一社会信用代码作为法人办事唯一标识，构建统一身份认证体系，建设电子证照库，避免重复递交材料。

（二）建立“八统一”技术支撑体系

江苏政务服务网在总结各地探索经验的基础上，对实名认证、电子证照、电子印章、安全保障等关键技术环节进行了规范，建立了“八统一”的技术支撑体系。

统一的技术方案和业务规范。江苏作为国家“互联网＋政务服务”试点省份，在多评合一、多图联审、投资项目并联审批等方面形成了可复制、可推广的经验。在国家《"互联网+政务服务"技术体系建设指南》基础上，结合江苏实际，制定了行政权力事项数据接口规范、办件信息库数据交换规范、法人信息库接口规范、电子证照库数据交换规范、物流信息接口规范、用户中心接口规范、旗舰店建设规范、应用服务接入标准等，实现全省统一的建设标准。

统一的政务服务门户。按照统一标识、统一栏目设置、统一搜索服务、统一咨询评议、统一身份认证的要求，建成江苏政务服务总门户，并与省政府门户网站前端整合。在加强"统"的基础上，充分发挥各地各部门主动性和积极性，鼓励省级部门和各地根据自身职能和地区特色，利用统一平台建设部门行业旗舰店和地方综合旗舰店，向群众和企业提供快捷、贴心且具有行业特色和地方特点的服务，既统一又开放，既有标准化又有个性化。

统一的江苏政务服务客户端。以江苏政务服务 App4.0、支付宝小程序、微信小程序和微信服务号为核心，打造指尖上的政务大厅。广泛应用场景式办事导航体系、智能检索、智能标签、电子地图、搜索优化等智能化互联网技术，提升网上办事服务的便捷度和使用率。各级、各部门将已建成的移动客户端和微信公众号应用整合或迁移至江苏政务服务客户端。

统一的身份认证系统。综合运用身份证实名认证、社会保障卡认证、手机验证、第三方支付认证、企业数字证书验证、社会信用代码验证等技术手段，实现自然人和法人统一身份信息在线校验核对，逐步做到全省网上政务服务"一次认证、全网通行"，各地、各部门不再重复认证。发展改革、工业和信息化、公安、人力资源社会保障、工商、税务、民政等部门加快推进人口、法人、社会信用等基础信息库按需向政务服务门户开放实时数据接口，完成全省统一身份认证系统和"实名认证"体系建设。

统一的公共支付平台。以开放便捷安全为原则，建设覆盖全省的统一公共支付平台，出台《非税收入电子缴款管理办法》，统一涉费收缴渠道，提供线上开票、线上缴款、电子对账、打包统付、电子钱包等功能。已对接中国工商银行、中国农业银行、中国银行、中国建设银行、交通银行、华夏银行、江苏银行、中国邮政储蓄银行等商业银行及支付宝、银联、财付通(微信)。

统一的电子证照批文管理系统。依托江苏政务服务网，以公民身份号码和法人统一社会信用代码为唯一标识，构建省市两级统一的电子证照库，开展跨部门、跨层级、跨区域的“一次提交、多方利用”，满足政府部门审批过程中的证照审核、材料鉴别需要，提升网上申报便捷度。

统一的快递服务渠道。建立全省统一的快递物流平台，提供全省政务服务申请快递揽收和办理结果快递送达服务。江苏邮政 EMS 快递服务已进驻全省 121 个政务服务中心，实现省市县三级政务服务中心全覆盖。

统一的企业和个人用户中心。依托统一身份认证系统，以居民身份证号码和法人统一社会信用代码为基础，搭建用户空间，集合自然人、法人分散在各个部门的政务服务信息，方便用户统一管理、调取、查询和使用，创新政务服务形式，提升用户体验，增强企业和群众的满意度和获得感。

（三）不断提升政务服务网的用户体验

建设江苏政务服务网，是转变政府职能，推进“放管服”改革，提升社会治理能力的“深刺激、强刺激”。以刀刃向内的勇气和决心，实现了权力清单标准化、规范化、动态化，促进了风正气清的政务服务生态形成。不断优化办事流程，推倒信息壁垒，联通信息孤岛，推进部门协同办理，切实让数据多跑路、群众少跑腿，努力实现群众和企业“不推一扇门，不见一个人，办成所有事”，提高政务服务便利化水平，优化营商环境，提升群众和企业的获得感和满意度。

一是开设旗舰店，打造“政务天猫”“政务京东”。“综合服务旗舰店”是江苏政务服务网建设的重要创新，各地各部门纷纷拆掉“篱笆”、打通“围墙”，建起各具特色的“旗舰店”。“旗舰店”犹如一个应有尽有的政务服务“大超市”，为企业和群众提供专业专属服务。目前，江苏政务服务网旗舰店有 185 个，基本覆盖了大部分省级部门、13 个设区市和绝大部分县(市、区)，实现了应上尽上。对于提供的政务服务质量如何、服务效率高不高、办事进度怎样等问题，老百姓可以像对待其他商业网店一样轻点鼠标进行跟踪和评价。江苏在全国率先探索“好差评”制度的实现路径和方法。

二是加大宣传推广，切实提高老百姓对“互联网＋政务服务”的知晓率和认可度。依托各级各部门政务服务场所，以多种形式面向广大服务对象宣传推广江苏政务服务网，在相关服务项目的通知书、告知单、短信通知上，增加江苏政务服务网的办理、查询网址和二维码等内容。在部门网站、微信、微博等在线渠道，开展经常性的推广宣传活动。通过报刊、广播、电视、网络等媒体渠道，宣传政务服务网的服务功能、应用成效、典型做法。

三是利用大数据技术，加强数据分析。通过有效整合政务服务网上的权力清单、办事指南、群众与企业“数据脚印”、审批部门行为数据、电子证照库等资源，形成为群众服务的大数据资源体系。运用大数据技术，开展跨领域、跨渠道的综合分析，了解政务服务需求，丰富服务内容，做好个性化精准推送服务，变被动服务为主动服务，持续提升政务服务质量和效率。

为更好地推进江苏政务服务网建设，江苏成立了由省政府分管领导牵头、省各有关部门负责人参加的领导小组，及时协调解决推进过程中的重要事项。政务服务网建设也被纳入政府绩效考核体系，明确了分值权重。同时，建立了江苏政务服务网首席信息主管(CIO)制度，各级政务服务部门设置首席信息主管，作为本地区、本系统、本部门的网上“店小二”代表——“店长”，抓好任务落实。

第四章　“不见面审批”改革的实践成效

“不见面审批”改革作为江苏省全面深化改革的“牛鼻子”，是撬动各方面各领域改革、解决群众和企业到政府办事的“痛点”和“难点”的关键支点，也是推动高质量发展的重要支撑。这项改革推进以来，取得了阶段性成效，人民群众的获得感不断提升，全省营商环境持续优化，政府办事效率大幅度提高，政府各部门协同取得了实质性突破，政府整体建设得以全面推进，治理现代化水平明显提升，“放管服”改革深化推进走在了全国前列，为新的历史时期有中国特色的服务型政府建设提供了江苏经验和江苏智慧。

第一节　“放管服”改革走在全国前列

党的十八大以来，江苏的“放管服”改革取得了重要进展，主要体现在九个方面。一是政府加速“瘦身”。2013 年以来，累计取消、下放、调整行政审批事项 1048 项。公布 2 批企业投资项目省级部门不再审批事项 115 项。公布《国家级开发区全链条审批赋权清单》220 项。赋予 409 项县级经济社会管理权限给经济发达镇行使。二是亮出权力“家底”，建立统一规范的权力清单制度。三是加快建立“互联网＋政务服务”体系，建成全省政务服务“一张网”。四是简化优化行政审批手续，推行“3550”“不见面审批(服务)”改革。五是开展相对集中行政许可权和综合执法改革试点。六是加强五级政务服务体系建设。七是推进商事制度改革。积极开展“证照分离”改革试点，降低创业办企业门槛。八是积极探索“互联网＋监管”，实现“双随机、一公开”监管全省全覆盖。九是大力清理规范中介服务事项。

江苏的这些改革举措取得了明显成效，进一步释放市场活力，优化营商环境，很多领域在全国名列前茅，得到党中央、国务院的充分肯定，李克强总理亲自批示予以肯定。中央电视台《新闻联播》等媒体多次宣传报道"不见面审批"模式,"不见面审批"已然成为江苏名片、江苏品牌。2017年7月21日,《人民日报》头版以《江苏办事可以"不见面"》为题,报道了南京市栖霞区按照江苏省委、省政府"不见面审批是原则、见面审批是特例"的要求,加快构建"不见面"审批办事模式,将公司登记等48项区级审批事项、低保证明等134项街道级审批事项,通过"不见面"审批方式完成,极大地推动了"不见面审批"改革的落地,释放了发展的活力。除了栖霞区,南京各区已编制完成第一批"不见面审批"事项清单:打开微信就能审批地下管线规划;江宁区全面启动"预审代办制改革";溧水区、高淳区行政审批局同时挂牌;一枚印章管审批,办证实现立等可取;等等。

2017年10月1日,国务院办公厅发出通报,对第四次大督查发现的地方典型经验做法给予表扬,江苏"不见面审批(服务)"得到高度肯定。此次通报表扬的典型经验做法共22项,涉及实地督查的18个省(区、市)。在深化"放管服"改革方面,江苏省推行的"不见面"审批服务不断提升了行政审批效能,降低了企业和群众办事成本,有效激发了市场活力。2018年5月23日,中办、国办印发《关于深入推进审批服务便民化的指导意见》,向全国推广江苏"不见面审批"的经验做法,进一步激发了江苏人着力打造行政审批改革"江苏品牌",为高质量发展走在前列提供有力保障的热情。中办、国办肯定江苏省全面推进的"不见面审批"改革,形成了"网上办、集中批、联合审、区域评、代办制、不见面"的办事模式,构建了"不见面审批+强化监管服务+综合行政执法"新型管理体系,营商环境不断优化,企业和群众的改革获得感切实增强。

2018年11月30日,李克强总理考察"智慧南京"中心。该中心整合了近百个部门单位的数据和近300项服务事项,融合线上信息系统和线下服务窗口,使85%的事项可以全程网上办理,实现了"不见面审批"。总理称赞道,"不见面审批"已成为江苏的一张亮丽名片,是"放管服"改革的一大突破,推动了政务流程再造和信息资源共享,有力激发了市场活力和社会创造力,极大方便了群众和企业办事,切实做到了"数据多跑路、群众少跑腿",不仅提高了行政效率,也在更大领域里促进了公平。

各地各部门坚持问题导向，结合各自实际，形成了不少经验做法。南京市试点开展全国工程建设项目行政审批制度改革，打造高度整合的并联审批体系；无锡市以江阴集成改革试点为牵引，大力推进标准化集成，着力打造"一窗受理、一站服务、一章审批"服务模式；徐州市不断丰富 12345 热线服务内涵和功能，持续优化完善这一"听民情、解民困、分民忧"的为民服务平台；常州市深入开展"集中审批"，实行工业建设项目审批"一窗收、全程代、集中批"；苏州市以相城区、吴江区为试点，在全省率先实施"不见面审批"标准化，打造标准化示范模式；南通市积极构建四级联动政务服务体系，在全省率先推进"互联网＋政务服务"体系向基层延伸；连云港市推行不动产登记"马上办、网上办、就近办、集成办"的"四办"服务，为企业和群众铺设不动产登记的"快车道"；淮安市创新确立了"市县共管、以市为主"的市县一体化公共资源交易管理新体制，打造规范有序、公平守信、廉洁高效的公共资源交易环境；盐城市开展"一窗一网"改革，变"多窗受理"为"一窗受理"、"群众跑腿"为"数据跑路"、"分类集中"为"系统集成"；扬州市建立了投资项目"网格化"代办帮办服务体系，为企业投资项目、重大建设项目提供全流程保姆式服务；镇江市持续推进"智慧镇江"建设，在破解政府数据碎片化、应用条块化、服务割裂化难题上进行了很好的探索；泰州市在全省率先设立"一站式"企业开办专区，完成国家取消银行开户核准试点，实现开办企业"只进一门、只对一窗、只跑一次"；宿迁市深化工业类产品生产许可制度改革，生产许可实行"先证后核"。

省级各部门也拿出了实招硬招深化"放管服"改革，加快政府职能深刻转变。省发改委聚焦企业关切，制定优化营商环境行动方案，切实减轻企业负担，解决企业反映突出问题；省公安厅明确牵头处室，专门印发系列文件，系统推进公安领域"放管服"改革；省民政厅大力推进政务服务向移动端延伸，推出 19 类高频刚需便民服务应用；省司法厅率先推动全省司法行政系统取消不必要证明事项，进一步方便群众办事；省人社厅大力推进"一网通办"，建成全省统一的社保卡在线服务平台；省自然资源厅通过优化业务流程，有序压缩办结时限，基本实现不动产登记 3 个工作日办结；省住建厅深化工程建设项目审批制度改革，打造"建筑工程一站式申报系统"，实现施工许可前置环节区域全覆盖、项目全覆盖并联审批；省商务厅着力优化外商投资营商环境，在全国率先实现外资“一口办理”改革；省市场监管局大力推进“证照分离”“多证合一”等改革，在全国率先做到全程电子化登记区域、主体和业务三个“全覆盖”；省税务局深入开展全国优化税收营商环境试点，在全国首创“套餐式”办税、线上线下结合开展发票服务、税银互动“金融街”等做法。

总的来看，各设区市都有走在全国前列、有影响力的改革品牌，各个部门也都有相应的改革抓手和特色做法。江苏“放管服”工作走在了全国前列，也把政府服务改革的战线推到了最前沿。

第二节　群众获得感不断增强

改革依靠人民，改革为了人民，改革的成果应由人民共享。一项改革成败的标准在于是否维护、促进了广大人民群众的根本利益。“不见面审批”以群众的需求为出发点，设计和推动政府机构的自我改革，方便人民群众的生产生活，极大地提高了人民群众的改革获得感。

（一）打造出不动产登记“江苏模式”

近年来，全省自然资源系统深入贯彻落实“放管服”改革要求，全力推进“3550”改革等重大决策部署，优化业务流程，压缩办理时限，创新服务举措，提高办事企业和群众的满意度和获得感，形成“一证首发、一面旗帜、一窗受理、一城通办、一周办结、一键申请、一网共享、一号咨询、一指评价、一部法规”的“十个一”不动产登记“江苏模式”。在国务院第五次大督查营商环境评价中，抽查的江苏省不动产交易登记案例，时间最短、环节最少、材料最简，位列全国第一。

一是推行“一窗受理”，不断优化服务模式。2017 年 9 月，江苏省全面实现不动产登记、房产交易、缴税“一窗受理、集成服务”办理模式。南京、无锡、徐州、镇江等地 54 个独立发证地区建立了不动产登记与房产交易、缴税全业务一体化平台，实现一人收件、数据共享、业务协同、全程监管。全省基本实现不动产登记与水、电、气、网络、有线电视等关联业务的集中联动办理，有效提升了政务“一站式”服务水平。

二是压缩办理时限，推动实现三日办结。2017年底，江苏在全国率先实现一般不动产登记5个工作日内办结，提前三年完成《国务院办公厅关于压缩不动产登记办理时间的通知》(国办发〔2019〕8号)规定的任务。在此基础上，全省已基本实现新建商品房首次转移登记、统一登记后办理过不动产登记的房屋再次办理转移登记、实体企业不动产登记3个工作日内办结，极大地便利了群众办事。

三是增设服务网点，积极服务实体经济。各地按照窗口布局科学、服务半径合理的要求增设网点，常态化满足当地业务办理及企业和群众办事需求。首创银行不动产抵押登记便民服务点，企业、群众申请贷款时可一并办理抵押登记，实现群众办事更加方便快捷、企业融资成本降低、金融机构从源头防控风险的多方共赢。

四是强化作风建设，接受群众监督评价。公布了不动产登记五项社会承诺，聘请省级不动产登记行风监督员。在全国率先启用全省统一的不动产登记服务热线“96510”；建立健全不动产登记窗口明察暗访机制；在全国率先开展不动产登记窗口服务评价工作，累计接受群众评价56万条，满意率为99%以上。

五是各地因地制宜、先行先试，创造了许多富有成效的工作方法。如南京的商品房交易登记实现全程“不见面”。南京市从2016年6月28日开始实施不动产统一登记制度。2017年以来，全面深化不动产登记改革，持续提升不动产登记质量，打造了不动产登记“南京模式”。南京市不动产登记中心依托“我的南京”App中的“E办证”模块，以“外网申请、内网审核、线上缴费、快递送证”模式，向南京市民提供预购商品房首次转移登记“不见面”服务，也就是说，南京市民从开发商处认购商品房后，再也无须到服务大厅上门办理登记，足不出户就能领到产权证，这在全国尚属首家。

（二）创新了便民惠民的“移动式”服务

全新打造指尖上的政务大厅。2018年6月28日，“江苏政务服务”App4.0成功上线，全国首家发布支付宝小程序，同步上线微信小程序，升级发布微信服务号，以此四大核心产品集中上线为标识，建立了较完善的江苏政务服务平台生态体系。持续推出热门服务应用，适时推出中高考成绩查询应用,查询量达 61.3 万人次。社保、公积金查询等与人民群众密切相关的服务实现全省覆盖。省直及 12 市已实现公积金提取“掌上办”。南京上线人才落户、六年免检标志申请、购房证明等 141 项服务;徐州上线不动产办证预约、中小学教师资格认定等 79 项服务;宿迁上线不动产登记在线预约、城乡居民医保缴费等 133 项服务。省公安部门上线驾驶证记分查询、市内户口迁移、新生儿出生申报等 44 项服务;省市场监管、税务部门上线企业名称自主申报、个体户开业、个税 12 万元申报等 27 项服务;省民政厅上线社会组织查询、婚姻登记预约等 18 项服务。支付宝小程序试点上线电子婚姻登记证,得到新华社等央媒专访报道,单日访问量突破 2000 万人次,一度登上微博和百度搜索热点榜首。

2014 年,南京市以“智慧南京”为基础,在全国率先建成城市智能移动应用“我的南京”。这是一款以广大居民能够足不出户、随时随地享受优质服务和生活便利为目标,整合政府相关部门和公共事业单位的相关服务资源和权威信息,为南京居民精心打造的一款本地化生活服务手机软件,为市民个性提供本人密切相关信息,以及医疗、交通、旅游、便民、政务等方面的信息服务。像这样由政府打造的全方位信息服务类软件,此前在国内同类城市中尚无先例。“我的南京”是一款纯实名认证的手机 App 应用,用户无须输入繁复冗长的个人信息,公民的身份证号码是唯一识别标志,手机号码为动态联系标识。通过实名认证,就能享受政府和公共服务单位提供的个人公积金、社保、违章、驾照、水、电、气等的查询、缴费、提醒等个性化服务。注册后,用户可在“我的家园”版块中轻松便捷地查看公积金、社保、驾照及车辆违章等个人信息,也可实时查询家庭水电气使用情况等生活类信息,充分体现了以人为本的服务理念。“城市频道”版块不需要注册就可以使用,提供了与城市相关的服务信息,主要包括交通出行服务、旅游服务、医疗服务、便民提示、本地天气预报、实时空气质量指数等。

2018 年 9 月 30 日起,南京市不动产登记中心依托“我的南京”App 中的“E 办证”模块,实现了市民足不出户就能领到商品房产权证。通过“E 办证”,全天 24 小时、全年 365 天随时可以在线申请办理相关不动产登记业务。除了商品房交易登记实现全程“不见面”外,南京市民最常办理的不动产登记信息查询、一二套房查询、房产抵押权注销登记、开具电子购房证明等不动产登记事项，均已于 2017 年实现“不见面”，“数据跑路”代替“群众跑腿”正成为南京市不动产登记工作的常态。

（三）推行了全科式政务“帮办代办”

南京市栖霞区在全省率先推行“全科政务、联网联办”便民模式，一名“全科社工”就能帮办进驻区街服务中心的所有业务，窗口办事效能同比提高 120%，办件时限压缩了 90%以上。全科政务就是“一门受理，一站办结，一网联办”。为提高办事效率，由以前各个职能部门各自受理、审批，改为由前台“全科社工”集中受理，后台同步审批。具体而言，就是各部门将收件权让渡给区政务服务中心，打通行政审批服务“最后一里路”。全科政务扭转了业务、权责部门分割的局面，通过推进审批项目、审批人员、审批权限“三进驻”，简化审批环节，缩减办事时间。同时针对需要上级部门审核的事项，受理后由中心人员全程代办。进驻街道便民服务中心的 119 项政务服务中，审核权限在街道的共 57 项，称为“即办件”；需要上级部门审核的共 62 项，受理后由中心人员全程代办。全科窗口“一窗”的背后是“一网”。栖霞区不但将受理权和审批权分离，还将受理权下放，使“区街同权”，赋予辖区内街道便民服务中心更多受理权限。以市场监管事项为例，过去的办理模式是在各市场监督分局受理、核准，如个体工商营业执照办理平均需一周时间；自 2015 年 11 月该事项下放到街道办理，以就近受理、联网审核、同步运行的方式，实现一平台、一站式办理，30 分钟即可办结。栖霞区还成立了投资建设代办服务中心，并在区政务服务中心设立综合代办窗口，为投资者提供全方位服务。同时，通过推行“店小二”服务，把企业上项目的过程变为政府内部为企业服务的过程，最大限度地压缩了审批流程。政府办事效率提高了，办事成本降低了，企业的活力由此被不断激发。

第三节　营商环境显著优化

过去各地推动发展，往往是比硬件条件、拼税收优惠，现在更多的是在营商环境上竞争。事实也证明，人才往哪走、资金往哪流、项目在哪建，很大程度上取决于哪里的营商环境好。近年来，江苏出台一系列优化营商环境的举措，取得了显著成效。如今，全省13个设区市、96个县(市、区)全部出台了“不见面审批”改革方案和“不见面审批”清单，“不见面审批”覆盖面不断扩大、便利度不断提高。

为了让企业和群众办事更方便，江苏提出“3550”改革目标，目前，全省“3550”改革基本实现。江苏全面实现不动产登记、房屋交易、缴税“一窗受理、集成服务”，是全国唯一实现常规不动产登记5个工作日内办结的省份，70%以上地区已经实现3个工作日内办结。全省不动产登记网点共1111个，数量位居全国第一。群众办证同城通办，离最近网点平均不到20分钟。省税务部门优化网上办税平台，累计推出740项办税服务功能，“不见面”办税服务业务量已达90%以上。全省企业开办发票领用平均办理时间从15个工作日缩减为2个多小时。江苏的改革成效得到各方肯定。2018年7月，国务院第五次大督查对全国进行了营商环境七项指标调查，江苏省综合排名位居前列。

为进一步优化营商环境，江苏研究制定了《加快推进“不见面审批(服务)”进一步优化营商环境的实施意见》(苏审改办〔2018〕29号)，《实施意见》包含了10大行动方案(以下简称优化营商环境“1＋10”文件)，并于2018年12月18日正式印发。“1＋10”文件形成了具有江苏特色的优化营商环境政策体系，囊括了1个主文件、10个子文件。主文件重点围绕“加快推进‘不见面审批(服务)’进一步优化营商环境”提出了11大项25小项改革任务。而10个子文件就是10大行动方案，涉及经济社会发展的方方面面，包括：省市场监管局制定的《关于进一步压缩企业开办时间的行动方案》、省自然资源厅制定的《关于进一步优化不动产登记的行动方案》、省住建厅制定的《关于进一步优化工业建设项目施工许可的行动方案》《关于进一步优化用水接入的行动方案》《关于进一步优化燃气接入的行动方案》、省电力公司制定的《关于进一步优化电力接入的行动方案》、省税务局制定的《关于进一步推进纳税便利化的行动方案》、南京海关制定的《关于进一步优化报关通关的行动方案》、省地方金融监管局制定的《关于改善中小微企业融资服务的行动方案》、省大数据管理中心制定的《关于加快推进信息共享应用的行动方案》。

江苏各地在优化营商环境上也不断创新举措。2019年7月,苏州工业园区发布了《苏州工业园区优化营商环境行动方案》,从优化企业对外投资服务、精简企业办事环节、降低企业运营成本、优化公共服务供给、优化人才服务举措五个方面对现有政策环境和服务水平作出新的升级。其中精简企业办事环节,按照“能减则减、能免则免、能合则合、能快则快”的原则,优化“一网通办”服务模式,减少审批环节,压缩办事时限。为提高服务质量,苏州工业园区“一网通办”系统于7月26日上线。作为江苏省首家“一网通办”平台,苏州工业园区出台了公共数据和一网通办管理办法,在保证数据交换共享安全的前提下,确定数据无条件共享原则,打通不同部门、条线间的“数据壁垒”,实现“数据一次采集,资源多方共享”。苏州工业园区将451项事项同步接入,辖区内81.3万常住人口和12.7万市场主体实现“数据共享、一网(窗)提交、一网通办、一次办成”。针对不同业务,通过数据共享和标准统一确保“办事一口入”,未来只建一个网上政务大厅、一套综合受理系统,各单位业务系统通过接口对接、系统跳转或二次录入等方式与“一网通办”网上大厅和综合受理系统对接融合。“一网通办”系统具有统一用户身份认证体系、多终端支持的网上政务大厅,具备综合受理、数据共享交换、统一政务数据库等功能。该平台的运用,使得苏州工业园区成为江苏首家实现“互联网+”政务服务平台的开发区,提升了政务服务管理智能化水平,向市场化、法治化、国际化的国际一流营商环境更进一大步。南京市2018年以来,制定出台了《南京市优化营商环境100条》,聚焦企业发展的全生命周期、全流程环节,下大力气解决好企业在发展过程中遇到的一些共性的、迫切需要解决的堵点、痛点、难点。同时南京不断深化“3550”改革,积极拓展“不见面审批”服务,获选全国“企业开办全程网上办”改革试点。2018年南京入选国家营商环境试评价城市,不动产登记效率在国务院第五次大督查营商环境评级中位居全国第一,工程建设项目审批制度“864”改革处于全国第一方阵,“不见面审批”“预审代办制”等“南京经验”在全国推广。在《2019中国城市营商环境指数评价报告》中，南京城市营商环境指数总分位居全国第五。

第四节　政务服务效能得到提升

2015 年 7 月，随着“互联网＋”战略的提出，国内不少城市都在探索新型政务服务模式，着力打造“数字政府”，提供智慧政务，在“互联网＋政务服务”上持续出实招、求实效，大大简化了群众的办事流程，有效提高了政府行政服务的能力和效率。江苏打造以“不见面审批”为核心的“放管服”改革升级版，在审批流程再造、线上线下一体化、创新公共服务供给等方面形成了一套成熟的实践模式，取得了积极的成效。

（一）流程再造：政府职能整合新突破

审批业务流程调整和再造是政务服务线下模式建设的核心内容，同时也直接影响线上政务服务的效率和效果。从 1999 年浙江金华政务服务中心成立至今，地方政务服务实践者积累了大量与审批业务流程调整相关的优秀实践。从内容上看，主要包括“两集中、两到位”、容缺受理、模拟审批、区域联评、联审联办与联合踏勘等。这些创新主要集中在两个领域。一是与审批权限再分配和权力监管相关的管理创新，突出的案例是首创于四川眉山的“两集中、两到位”的实践。该实践在创新传播的过程中不断演变发展，有“三集中、三到位”或“四集中、四到位”等不同提法。其本质都是将原先分散的审批权限集中到一个科室，然后将其纳入服务中心和网络平台的监管范围。另一个领域则针对具体审批过程中的要件和流程。比如，“容缺受理”和“模拟审批”是在完成审批所要求的材料不完全具备的情形下，为提高审批效率进行的创新。不同的是，“容缺受理”针对的是“次要审批材料不全”的情形，而模拟审批则是针对建设项目领域，土地出让许可等核心审批要件缺乏情形下的管理创新。江苏的“区域联评”“联审联办”“联合踏勘”等创新则主要是将原先若干串行或分散进行的审批和评估环节改为一次性并行，从而提高审批效率。

（二）政务服务 O2O：线上与线下融合发展

在政务服务建设和发展的过程中，线上和线下两种模式的侧重点有所不同，其服务人群也有差异。“线上模式”建设的侧重点是渠道、内容以及支撑平台，其目的在于“在线化”。这种具有很强技术特色的服务提供模式，在实际应用中会面临“数字鸿沟”等方面的制约，比如老年人和贫困人群要接受线上服务模式可能会面临较大困难。“线下模式”建设的侧重点在于实体大厅的布局、管理以及审批流程的变革和再造，在一定程度上可以突破“数字鸿沟”带来的困局。但如果过度强调线下，则与“互联网＋”的发展趋势以及年轻人的生活习惯又不完全相符。因此，在实践中，从满足顾客需求和提升用户体验的角度出发，线上和线下的建设模式往往是相互融合的。实现政府服务 O2O，建设线上和线下融为一体的政务服务体系是政务服务的发展趋势。

政务服务“线上”服务模式，对于实体大厅“线下”服务来说，不是取代关系，而是迭代关系；不是此消彼长，而是融合发展。在推进线上“一网通办”的同时，仍然要重视并持续加强五级政务服务实体大厅建设，不断提升政务服务能力，让企业和群众不受城乡、地域的限制，都能够“就近”享受到优质的政务服务。江苏以标准化、规范化建设为抓手，推动政务服务向基层延伸，实现了省市县（市、区）三级“政务服务中心”、1249个乡镇“为民服务中心”、19711 个村（社区）“便民服务中心”全覆盖。为适应“互联网＋政务服务”发展需要，进一步提升实体政务大厅服务能力，加快与网上服务平台融合，形成线上线下功能互补、相辅相成的政务服务新模式。江苏各级政务部门加快推进实体政务大厅向网上延伸，整合业务系统，统筹服务资源，统一服务标准，做到无缝衔接、合一通办。

（三）多方参与：创新公共服务供给模式

目前，与人民群众日益增长的公共服务需求相比，政府服务存在质量效率不高、规模不足和发展不平衡等突出问题，迫切需要政府进一步强化公共服务职能，创新公共服务供给模式，有效动员社会力量，构建多层次、多方式的公共服务供给体系，提供更加方便、快捷、优质、高效的公共服务。“不见面审批”提出建立公众参与机制，鼓励引导群众分享办事经验，开展满意度评价；提出引入社会力量，积极利用第三方平台，开展预约查询、证照寄送，以及在线支付等服务。共同参与，推进了政府政务服务理念的现代化。现代国家治理的核心要素是民主和法治。民主意味着政府对民众负责、决策向普通大众开放、公民享有更多的参与机会。“不见面审批”提出要构建政府、公众、企业共同参与、优势互补的政务服务新格局，建立公众参与机制，鼓励引导群众分享办事经验，开展满意度评价。“不见面审批”还要求各级政府及其部门都要畅通互联网沟通渠道，充分了解社情民意，针对涉及公共利益的热点问题，积极有效应对，深入解读政策，及时回应关切，提升政府公信力和治理能力。政府倡导政务服务的共同参与，实际上是协调了政府、社会、市场多种力量及其关系，有利于推进国家治理现代化的进程。

江苏 12345 在线平台是江苏省委省政府重点打造的民生创新工程，惠及广大群众和企业。在全国首创建立覆盖省市县三级的 12345 在线平台，为政务服务网提供 24 小时全媒体咨询服务，为老百姓提供一个“好差评”的平台。江苏“政务服务总客服咨询投诉‘一号答’”是促进“放管服”改革的有力支撑。2017 年 11 月，江苏 12345 在线全面启动政务服务“一号答”工作，实行标准统一的全省电话“一号答”语音导航、数据标识和服务口径。在江苏政务服务网等各渠道中，统一设置“一号答”专项入口，提供行政权力事项、公共服务事项咨询和协同办理，解答政务服务特别是“不见面”审批(服务)事项的办事流程、所需材料等，接受企业和群众对“不见面”审批(服务)和江苏政务服务网的建言评价。企业、群众在办理政务服务事项遇有疑问时，可通过电话、网站、App、微信公众号等渠道咨询投诉。江苏政务服务“一号答”为国家平台建设提供了江苏样板，同时不断探索创新，建立政务服务全过程评价机制，用户上江苏政务服务网办事可以像逛淘宝一样，可以评价也可以吐槽。这样的评价机制，对于改进江苏政务服务方式、提升政务服务水平有很大帮助。

第五章 “不见面审批”改革的深化展望

经过江苏全省上下共同努力,“不见面审批”改革取得了良好的成效,充分发挥了利企便民的作用,提升了行政效率,加快了政府职能转变,优化了营商环境,人民群众得到了实惠。面向新时代新要求,江苏要拿出更大勇气、更大智慧、更大力度来攻坚克难,把“不见面审批”改革进行到底,确保这项改革取得更大成效。

第一节 加强数字政府顶层设计与转型升级

数字政府建设是各级政府主动适应大数据时代趋势,推动数字化转型的战略举措和系统性工程,涵盖改革创新、部门协调、业务协同、流程再造、数据共享、资源整合、技术应用等。江苏亟须借鉴先进地区的经验做法,从战略层面加强数字政府建设的顶层设计。

一是统筹政务信息化建设。按照整体性、系统性和协调性发展的思路,抓紧编制出台加快推进数字政府建设指导性文件,明确发展目标、总体框架、主要任务、重点工程和实施保障,统一规划建设基础设施体系、数据资源体系、应用支撑体系、业务应用体系和法规制度体系、标准规范体系、安全保护体系、组织保障体系、运行管理体系等“四横五纵”的数字政府体系。重点是:建立整体推进、政事企合作、“管建运”分工的政务信息化建设管理体系,构建整体运行、共享协同、服务集成的业务应用体系,建设统一安全的政务云、政务网,建设共享开放的一体化大数据中心、一体化在线政务服务平台,注重“制度创新+技术创新”,加强安全保护、标准规范、人才队伍等建设,为推进政府职能转变、“放管服”改革和政府治理能力现代化提供有力支撑。

二是统筹全省一体化大数据中心建设。坚持目标导向、需求导向和问题导向，科学制定实施路径图，分目标、分阶段持续推进一体化大数据中心建设。按照统分结合原则和“1＋N＋13”模式，加快构建省级大数据主中心，引导并促进公安、税务等N个省级重点系统和13个市级大数据分中心建设，形成全省共用共享、一体化融合的大数据中心，以指导各地各部门制定具体工作方案和相关规划，有序推进和完善大平台、大数据、大系统建设，为实现“三融五跨”（技术融合、业务融合、数据融合，跨层级、跨地域、跨系统、跨部门、跨业务）的协同管理和服务提供有力支撑。

三是探索政务大数据“管建运”新模式。按照“政府主导、社会参与、事业支撑、企业运营、人民受益”的思路，充分发挥政府的引导和管理作用、公共事业的建设和桥梁作用、社会化服务与市场活力，探索多元化投入机制，加大政府信息基础设施投入力度，建立政事企合作模式，打造持久、敏捷、健康的“管建运”生态环境。一是强化管理指导。省政务办加大政务大数据发展纵向指导、横向协调力度，组织协调建设管理工作，指导各地各部门制定具体工作方案，形成省级统筹建设管理体制和省市县协同联动机制。探索多元化投入机制，论证组建国企控股、民企参与的混合所有制企业，负责政务大数据项目的投资建设和运营管理的可行性。二是强化建设实施。省大数据管理中心具体负责政务大数据建设实施，研究提出重大工程的建设方案和实施计划，承担公共信息基础设施、政务大数据归集、共享、开发、应用等相关建设任务，负责省政务外网、政务云、大数据中心、一体化政务服务平台、监管数据中心等运行管理工作。三是强化社会参与。按照“社会参与，多元投入”的思路，吸引相关企业共同参与政务大数据建设，充分发挥省属国有企业、三大运营商和本省互联网企业的优势，在咨询规划、基础设施建设、应用开发、运营维护等方面积极发挥企业的作用。

第二节　推进政务服务平台一体化和智能化建设

“互联网＋政务服务”是“不见面审批”改革的重要抓手和支撑，但目前还存在各地各部门政务服务平台与江苏政务服务网深度对接和共建力度不足、网上办事系统水平不一、移动端服务能力有待提升等问题。国务院印发《关于加快推进全国一体化在线政务服务平台建设的指导意见》(国发〔2018〕27 号),从全局高度对我国在线政务服务进行体系化设计,提出了政务服务一体化、公共支撑一体化和综合保障一体化的目标,明确了未来五年全国一体化在线政务服务建设的具体工作任务部署,具有很强的针对性和现实意义,是我国“互联网+政务服务”建设迭代升级的必然要求。

目前江苏在江苏政务服务建设运营现有基础上,加快落实全国一体化在线政务服务平台建设的任务,进一步提高“互联网+政务服务”水平,印发《省政府关于加快推进一体化在线政务服务平台建设的实施意见》(苏政发〔2019〕20 号),成立“一体化在线政务服务平台专项工作组”,加快推进平台建设,夯实“一网通办”基础。主要从四个方面入手:一是规范政务服务事项,实现与国家基本事项目录“四级四同”。推进以依申请办理的行政权力事项为重点,同时梳理教育、医疗、住房、社保、民政、扶贫、公共法律服务等与群众日常生产生活密切相关的公共服务事项。推动省级部门加强对政务服务事项内容维护的指导,健全政务服务事项动态调整机制,实现全省政务服务事项数据同源、同步更新,同一事项全省无差别受理、办理流程和评价标准统一。二是强化统一公共支撑。依托统一网络支持、身份认证、电子印章、电子证照等基础支撑,推动电子证照、申请材料、数据资源等共享互认,开通“不见面审批(服务)”事项电子缴款服务,整合优化跨地区、跨部门、跨层级的事项办理流程,减材料、减环节、减时限、减跑动。三是推进政务服务线上线下融合。推进实体政务大厅向网上延伸,整合业务系统,统筹服务资源,统一服务标准,做到无缝衔接、合一通办。依托一体化在线政务服务平台,推动企业和群众办事线上“一网通办”,线下“只进一扇门”、“一窗”分类受理,充分发挥行政审批局相对集中行政许可权的优势,加快实现“前台综合受理、后台分类审批、综合窗口出件”。提升江苏政务服务网旗舰店服务能力,实现省市县全覆盖。四是深化移动政务服务。持续推动政务服务事项在移动端办理,实现更多“不见面审批(服务)”“指尖办”、“掌上办”,提升“江苏政务服务”移动端品牌影响力。强化移动端旗舰店建设,以移动端旗舰店为载体,整合各地各部门移动端政务服务,按统一规范“应进必进”接入“江苏政务”移动端。五是健全标准规范,加强安全保障和运维保障。按照国家相关要求,以《江苏省一体化在线政务服务平台建设白皮书》为基础,不断完善全省一体化在线政务服务平台数据、应用、运营、安全、管理等标准规范,形成更加完善的标准规范体系,加快构建全方位、多层次、一致性的防护体系和上下联动的运维体系,构建分级管理、责任明确、保障有力的运营管理体系,建立健全运营服务社会化机制。六是强化咨询投诉。推进"一号答"服务体系建设,依托全省12345在线服务平台,建设智能知识库,采用人工接办与智能客服相结合的方式,提供统一的政务咨询、投诉、建议全媒体服务。依托平台大数据,分析用户诉求,发现热点问题,提供主动精准服务。七是加强评估评价。进一步提升网上政务服务能力常态化监测评估工作,对照国家平台服务能力评估指标体系持续整改优化,不断提高服务方式完备度、服务事项覆盖度、办事指南准确度、在线办理成熟度、在线服务成效度。

在实现一体化在线的基础上,探索打造"智能化"平台。基于大数据平台,构建各类智能算法模型:一是提供用户搜索智能化服务,让用户搜索更精准;二是根据用户画像和行为数据,主动向用户智能推送相关办事事项,实现政务服务"一键触达";三是通过智能算法模型的修正、迭代和驯化,使政务服务的智能化水平越来越高。

第三节　推动审管衔接,加快"互联网+ 监管"改革

"放管服"改革,难点在审管并重、闭环推进。江苏坚持放管结合,初步建立了以"双随机、一公开"为基本手段,以重点监管为补充,以信用监管为基础的新型监管机制。但从调研反馈来看,监管不到位和监管乱作为的现象在一些地方和部门仍然存在。2018年10月22日,国务院常务会议决定依托国家政务服务平台建设"互联网+监管"系统,强化对地方和部门监管工作的监督,实现对监管的"监管",并通过归集共享各类相关数据,及早发现防范苗头性和跨行业、跨区域风险。

根据《国务院办公厅关于加快"互联网+监管"系统建设和对接工作的通知》(国办函〔2018〕73号)、《江苏省"互联网+监管"系统建设方案》(苏政

办发〔2019〕21号)的相关要求,依托全省一体化在线政务服务平台,江苏省集约化、规范化推进省"互联网+监管"系统建设,形成了全省联网、全面对接、依法监管、多方联动的监管"一张网"。省政务办组织有关省级部门和设区市政务服务系统业务骨干成立专项工作组,启动"互联网+监管"系统建设项目。组织开展全省监管事项清单编制工作,及时对接国家"互联网+监管"系统相关标准规范,全面调研掌握各地各部门监管信息系统情况。为使"互联网+监管"工作高质量走在全国前列,结合江苏实际,下一阶段重点推进四项工作。一是继续加快监管事项目录清单和检查实施清单编制工作。完成全省监管事项目录清单和检查实施清单编制工作,并做好清单动态管理。建设省监管事项目录清单动态管理系统,对接国家系统,形成江苏省监管事项库,并与省政务服务事项库对接。二是加快建设省"互联网+监管"系统。完成系统主要功能建设,实现与国家系统联通。选择基础条件较好的南京、苏州、南通作为试点城市,同步开展监管数据汇聚、信用监管、风险预警及监管方式创新等试点任务。加快推进行业监管系统升级改造,与省"互联网+监管"系统无缝对接。三是建设省监管数据中心。建设执法人员库、监管对象库、监管行为库、投诉举报库、知识库、法律法规库、信用信息库等数据库。四是推进省"互联网+监管"系统的应用。重点推进在公安、司法、自然资源、生态环境、住房城乡、交通运输、农业农村、文化和旅游、卫生健康、应急管理、市场监管、医疗保障等领域的应用。依托省市场监管信息平台,在全省范围开展"双随机、一公开"监管、跨地区跨部门跨行业联合监管,以及移动监管和非现场监管,承接好国家和省内发起的协同监管任务和风险预警线索,不断提升监管效能。充分利用省12345在线服务平台,建设全省统一的监管投诉举报系统,并与省"互联网+监管"系统对接、数据联通。推动各地各部门业务系统与监管投诉举报系统和市场监管信息平台对接,做好协同监管任务、风险预警线索和投诉举报处理。五是建设监管效能评估系统。通过数据实时汇聚、大数据分析,及时、全面评估各地各部门"互联网+监管"系统建设工作开展情况,包括监管事项维护、监管系统联通、数据共享等;评估各地各部门执法工作质量和效能情况,包括双随机抽查、投诉举报处理、协同监管等。

第四节　攻克数据共享开放的难点堵点

“不见面审批”改革实践中反映最多的问题是数据共享问题，政务信息系统的“信息孤岛”问题已经成为制约“不见面审批”改革深化的突出瓶颈。形成信息孤岛的原因是多方面的：部门条块分割、碎片化的管理体制，导致各部门自建系统林立；信息化建设中“重硬件、轻软件”的倾向明显；对数据共享的理解和认知存在差异，一些部门将自己采集的数据视为私有财产，不愿分享；缺少统一的数据标准，各部门各自开发的数据系统标准、编码规则差异成为共享的一大障碍。

江苏以尽快实现“数据通、业务通、应用通”为目标，加快推进政务信息系统整合、数据共享。一要深化“清理”“整合”工作，形成“大系统”。各地各有关部门继续推动“僵尸”系统的清理，继续推动分散隔离的政务信息系统的整合，除有特殊保密要求的部门外，原则上不再批准单个部门建设信息系统。二要加快建设全省数据共享交换体系，形成“大平台”。2018 年 7 月省大数据共享交换平台上线运行，依托电子政务外网初步构建了国家、省、市三级共享交换平台体系，已具备跨地区、跨层级、跨部门的数据共享交换的基础支撑能力。持续推进整合后的“大系统”接入省大数据共享交换平台，形成全省一体化的数据共享交换体系。三要加快推进省内政务信息资源归集共享，形成“大数据”。各地各有关部门要强化数据意识，主动采集各类政务数据，建立政务数据库，构建全省集中统一、动态更新、共享校核、权威发布的政务信息资源目录体系，全力配合按照目录归集、共享、挂接数据等相关工作，特别要推进是“一网通办”“信息共享责任清单”等重点工作所需数据的归集共享，加快形成政务“大数据”。四要加大政务信息资源共享利用力度，形成“大应用”。各级各部门认真梳理业务、提出数据需求，利用好数据共享交换体系，解决跨地区、跨层级群众办事堵点问题。通过建设全省一体化的政务信息资源共享网站和公共数据开放网站，实现数据的统一共享开放，不断扩大数据共享应用的广度和深度。

第五节　协调推进机构改革和法治保障等配套措施

“不见面审批”改革是通过取消不必要的审批事项、优化审批流程、推动信息共享等举措来实现改革的目标。但是从深层次的改革诉求，特别是从推动政府治理现代化的要求来看，需要进一步合并和简化机构，使政府的职能部门由分立模式转变为综合模式，使传统的垂直职能组织模式转变为以流程为导向的水平组织模式，突破组织内的壁垒，超越传统组织的框架限制，真正建立起“扁平化—适应型”的政府组织结构。江苏要以机构改革为契机，对相关部门的职能职责等参照“不见面审批”改革的成效和举措重新核定，对相对集中行政许可权改革试点、行政审批局的运行情况开展“回头看”，通过机构改革固化改革成果。同时要在中央确定的改革框架内，结合实际，在机构改革中注重功能的优化完善，推进权责关系的重塑、管理模式的再造、工作方式的转型，解决好“九龙治水”、多重管理、低效服务等问题，让新的构架一成立就能顺畅运转起来。

“行政审批局”改革要积极稳妥推进。行政审批局是行政审批制度改革的产物，是改革在机构层面的体现，也可以说是改革的“组织保障”。目前，江苏省辖市和大多数的县、市、区都成立了行政审批局。行政审批局的设立，对于集中开展行政审批、提高审批效能发挥了积极作用，但现实中也面临着不少困境。一是法律地位不明确。行政审批局实施的很多审批行为，没有明确的法律依据。有些是以地方性法规或地方政府“授权”为依据，一旦发生行政复议或行政诉讼将很难应对。二是上下不对应。中央和省级层面并不存在“行政审批局”这样的机构，基层在开展工作遇到难题时，无法寻求业务条线的指导和支持。三是人才困境。行政审批是专业性很强的工作，需要有专业背景和长期的工作经验积累。行政审批局成立之初，往往很难物色到方方面面的专业人才，有的甚至采用到原承担审批职能的部门“挖墙脚”的方式解决人才不足问题。四是信息不对称。原承担审批职能的“条线”开展业务培训等，行政审批局很少参加，导致信息上的滞后。这些问题，都需要在今后的工作中加以解决。

随着"不见面审批"改革的推进和不断深化,现行法律、法规、规章制度的部分条款已经不能适应改革的要求。以简政放权为例,大多数行政审批事项都有规范性文件依据,行政审批事项的清理调整必须以规范性文件的清理修订为前提。而现实中法律法规和规范性文件往往是将既有的社会经验固化成法,缺乏社会前瞻性,修订的滞后不仅制约了改革进程,还使改革面临合法性危机。必须要加快立法进程,使重大改革"于法有据",通过法律层面的顶层设计,使改革的效率进一步提升,推动成功的改革经验"可复制""可推广"。

实践篇

江苏政务服务全国首创“不见面审批（服务）”模式

2017 年 6 月 28 日，江苏政务服务网正式开通上线，标志着江苏深化“放管服”改革、提高政府服务效能取得了重要突破，实现了“五个全国第一”，即：第一个按照国家“互联网＋政务服务”技术建设标准建成的政务服务网；第一个实现政府权力清单“三级四同”全覆盖的政务服务网；第一个引入“淘宝”概念开设综合服务旗舰店的政务服务网；第一个开展审批服务、公共资源交易、12345 在线同网服务的政务服务网；第一个实现省市县近 9000 家单位集中公开预决算信息的政务服务网。

为建成江苏政务服务总门户，扎实打造“不见面审批(服务)”品牌，江苏政务服务网对政务服务事项清单中的每个事项实行集中统一管理，做到“三级四同”，即同一事项省市县三级名称、编码、类型、依据相同，为实现信息共享和业务协同，提供无差异、均等化政务服务奠定了良好基础。江苏政务服务网共汇集省市县三级权力事项 68 万项，便民服务事项 10 万项，提供各类办事指南 71 万多个。

为了全面推进“不见面审批(服务)”各项改革，江苏全面推行“网上办、集中批、联合审、区域评、代办制、不见面”，把“不见面审批(服务)”作为深化“放管服”改革的重要抓手，努力使“不见面审批(服务)”成为全省普遍的制度安排，做到“‘不见面审批’是原则，见面审批是例外”，进一步增强企业和群众对改革的获得感，为创业创新营造良好的政务环境。一是推动“网上办”。开展政务服务“一张网”建设，编制出台“三级四同”标准化权力清单，为推进权力事项全程网上办理打下基础。二是推动“集中批”。加快推进第二批相对集中行政许可权改革试点，成立行政审批局。三是推动“联合审”。落实省政府办公厅关于推行企业投资建设项目多评合一、多图联审的意见，指导各地进一步优化审批流程，提高审批效率。四是推动“区域评”。落实省政府办公厅区域评估试点方案，各地积极开展区域评估，实行政府购买服务。五是推行“代办制”。全省 13 个设区市全部建立了代办制度，各市、县(市、区)普遍建立了代办员队伍。六是推行“快递送”。江苏邮政 EMS 快递服务已进驻全省 121 个政务服务中心，实现省市县三级政务服务中心全覆盖。

2017 年 7 月 13 日，江苏省首批 11458 项“不见面审批(服务)”事项清单在江苏政务服务网正式公布。这些覆盖教育医疗、农业生产、企业登记、税费征收等与群众和企业生活、生产密切相关的审批(服务)事项，今后可以上网查询，通过网上申请审批、快递收寄服务轻松快速办结，不再需要专门跑政府部门了。首批“不见面审批(服务)”事项清单，涵盖了省发改委、教育厅、国税局等 65 个省级部门和 13 个设区市县梳理出的 11458项审批服务事项。设区市中南通市公布的事项清单最多，达 2123 项，徐州、南京、淮安、宿迁等均超过 1000 项。按照省委、省政府要求的“应上尽上、全程在线”，省市县各部门不断攻坚，截至 2017 年底，52 个省级部门、13 个设区市、96 个县(市、区)已全部达标。全省公布的“不见面审批(服务)”业务已经达到 11 万多项，占“应上尽上、全程在线”政务服务事项比重超过 90%。

2018 年，江苏持续打造“不见面审批(服务)”品牌。6 月 28 日，上线全国首家政务服务支付宝小程序，同步上线微信小程序，升级发布 App4. 0、微信服务号，创新打造集群式服务、全过程评价、个性化订阅、智能化搜索四大功能，发布《市级移动服务接入标准功能参考清单第一季》，推出一批热门重点应用，打造“指尖上的政务大厅”。不断丰富“不见面审批(服务)”场景。省直及连云港等 6 市实现公积金提取“掌上办”，南京上线人才落户、购房证明等 125 项服务，徐州上线中小学教师资格认定等 66 项服务，宿迁上线医保缴费、异地就医等 120 项服务，协调省公安厅上线 41 项服务，协调省工商局、税务局上线企业登记、个税申报等方面 14 项服务，协调省民政厅上线婚姻登记预约等 18 项服务。不断提升“一网通办”公共支撑能力。完善权力清单制度，梳理确定全省基本目录清单 10 大类 11503 项，各级各部门认领权力事项 678491 项，编制办事指南 708367 个，所有权力清单、办事指南在江苏政务服务网上统一管理。截至 2018 年底，网站累计访问量近 6 亿次，年增 3. 34 亿次；App 下载量 2650 多万次，年增 895 万；用户 650 多万人，年增 195 万；各级政务服务中心寄送审批结果 629 万件，较上年增长 1.4 倍;江苏政务服务网旗舰店 185 个,年增 100 个;移动端应用 1055 个,年增 738 个。

"不见面审批(服务)"作为江苏省"放管服"改革的重点任务和重要抓手,省委、省政府高度重视。时任江苏省委书记李强提出,要把"不见面审批"办事模式作为全省一个普遍的制度安排,成为江苏释放市场活力、优化营商环境的一个品牌和亮点。吴政隆省长强调,要坚持问题导向,把推进"不见面审批(服务)"作为我省"放管服"改革的重点任务,切实抓紧抓好。各地各部门按照省委、省政府部署要求,主动作为、大胆探索,"不见面审批(服务)"改革取得明显成效。在各地各部门的共同努力下,"不见面审批(服务)"改革得到了国务院领导的充分肯定。2017 年 10 月 8 日,李克强总理在中央改革办《改革情况交流》第 101 期《江苏全省推进"不见面审批"》上批示:"请审改小组阅。江苏结合实际大力推进'放管服'改革,有关经验应予总结,更好发挥示范作用。"国务院第四次大督查对江苏"不见面审批(服务)"进行通报表扬,在督查期间开展的营商环境三项重要指标调查中,江苏名列第一。《人民日报》2017 年 7 月 21 日头版头条以《江苏办事可以"不见面"》报道了江苏"不见面审批"模式。2017 年 10 月 1 日,《新闻联播》报道国务院第四次大督查发现的二十二项典型经验,介绍江苏省推行"不见面审批(服务)"最大程度利企便民的做法。2018 年 11 月 30 日,李克强总理在江苏视察时指出,"不见面审批"已成为江苏的一张亮丽名片,是"放管服"改革的一大突破。

(江苏省政务服务管理办公室)

江苏发展改革委打造"3698"不见面审批服务平台

一、基本情况

为营造良好的营商环境,按照"不推一扇门,不找一个人,办成所有事"的改革目标,江苏省发展改革委深入推进"放管服"改革,建设政务服务"一张网",刀刃向内、自我改革,将权力置于阳光下运行,推进不见面审批。贯彻"店小二"的服务精神,推出"3698"不见面审批(服务)服务平台,并在省政务服务网开设了旗舰店。"3698"服务平台,"3"即3个"全覆盖",实现服务事项"全覆盖"、不见面审批(服务)事项"全覆盖"、省市县三级联网服务事项"全覆盖";"6"即6类办事事项,包括投资项目、资金申报、资格认定、年度计划、基金债券、其他事项等;"98"即98个服务办事事项,包括20个权力事项、78个办事事项,其中,直接服务企业的60项,服务机关事业单位的16项,既服务企业、又服务机关事业单位的22项,做到了真正意义上的服务事项"应上尽上"。除涉密事项、敏感事项之外,98项事项已涵盖全委所有对社会公众的服务事项,在所有省级部门中率先实现服务事项"清单之外无事项"。

二、平台特点

(一)突出"全覆盖",打造综合性网上审批服务平台

依托省政务服务"一张网",打造了涵盖全省发改系统所有行政服务事项、整合所有现有办事服务平台的"3698"综合性网上审批服务平台。在全省统一要求网上办理的20项行政权力事项基础上,自加压力将委内除涉密、敏感事项之外的78项办事事项实行网上办理,在所有省级部门中率先实现服务事项"应上尽上"、"清单之外无事项"。目前,省、市、县发改部门实现三级联网、全面贯通,所有审批事项实现网上一体化申报、受理、办理、监督。

(二)突出"不见面",提供线上线下全方位服务

采用线上线下相结合的方式,创新技术手段、优化审批流程、提升服务效能。在线上,优化设计了"网上看""网上报""网上取""网上评"的全流程网上审批服务,即:办事条件"网上看",在"3698"平台详细列明所有服务事项的办理依据、受理范围、申请材料、材料样本、来源渠道等要素,做到"让初次办事者一目了然、一看就会";办理事项"网上报",服务对象可登录省政务服务网,按申报材料目录上传申报电子件,平台查收后将自动发送电子回执并短信告知服务对象;办理结果"网上取",事项办理完成后,在通过EMS寄送发文书面件的同时,网上同步推送文本扫描件,让服务对象第一时间掌握办理结果;服务质量"网上评",事项办理结束后,服务对象可对服务质量和办理情况进行匿名评价。在线下,针对没条件或不愿进行网上办

理的服务对象，建立了省、市、县、乡镇四级代办员制度，在各级政务服务大厅设立代办服务窗口，全省 1630 名发改系统代办员持统一制作的工作牌挂牌上岗，为办事者现场提供咨询、指导、协调、代办“一条龙”服务，推动网上平台线上线下融合、基层服务网点与网上服务平台无缝对接。此外，针对内容复杂、涉及面广、需要会商的问题，省发改委设立“视频会客厅”，下一步将在市、县层面推广，让企业、群众可以预约开展视频面对面交流，及时、便捷解决办理难题。

（三）突出“标准化”，确保审批权力在阳光下运行

依托“3698”平台建立健全电子监察系统，对所有办理事项进行全程监控，确保办理事项规范、高效。重点聚焦三个“标准化”：一是办理时限的标准化。全面实施“5123”工程，即：所有项目审批事项 5 个工作日内受理，12 个工作日内办理，3 个工作日内办结。电子监察系统严格按照时限要求进行实时管理、动态监控，超时系统将自动报警、及时提醒，做到全流程动态可查、全过程事后可追溯。二是办理流程的标准化。所有事项的办理流程全部在网上公布，具体到服务事项承办、审核的各个环节和承办处室，所有承办处室的联系人及联系方式也在网上公布，主动接受群众监督。三是办理系统的标准化。省、市、县三级采用同一服务系统，避免了重复建设带来的资源浪费、标准不一等问题，仅支出了百万元左右的软件开发费用，实现了省、市、县三级系统全面贯通。

（四）突出“见实效”，建立健全督查督办机制

按照“改革推进到哪里，督查就跟进到哪里”的要求，以强有力的督查评价考核机制推动改革措施落实到位。一方面，强化委内督查督办，明确专人对在线咨询答复情况、办件满意度开展回访调查，由委机关纪委督查各处室办件情况、咨询回复情况及评价情况，并按月进行通报，落实情况列入处室年度考核。另一方面，引入第三方评价机制，委托权威第三方评测机构对服务的便捷度和办事的满意度进行调查测评，广泛征求改进意见，不断根据用户反馈意见完善功能、优化服务。

（五）突出“组织力”，保障平台建设顺利推进

建设“3698”服务平台是群众之盼、改革之要、发展之需。省发展改革

委科学谋划,认真组织,扎实推进平台各项工作,把“不见面审批”改革不断推向深入。一是强化工作组织。委主要领导亲自挂帅,委分管领导具体牵头抓落实,成立了由办公室综合协调,省信息中心技术保障,相关处室共同推进的专项工作组,保质保量推进实施。同时加强上下贯通,选择部分市县发改部门作为工作试点,先行先试、积累经验,为“不见面审批”省市县全覆盖奠定扎实的基础。二是强化制度保障。相继出台《关于省发展改革委“3698”服务平台上线运行的通知》《省发展改革委关于在全省发改系统推行不见面审批(服务)的通知》《省发改委“3698”服务平台管理细则(试行)》《关于在全省发展改革委系统推进代办制服务的通知》等文件,为平台正常运转提供了有力的工作保障。三是强化宣传推广。加强宣传力度,平台上线后立即在知名新闻媒体介绍“3698”服务平台情况,《中国改革报》刊发题为《不推一扇门 不找一个人 办成所有事》的报道,《新华日报》《扬子晚报》分别刊发《不推一扇门 办成所有事》《省发改委“3698”服务平台上线》等新闻,被新华网、交汇点、中国江苏网等多家媒体转发报道,引起强烈社会反响,为平台顺利推广营造了良好的舆论氛围。

三、改革成效

平台上线以来,“不见面审批”取得积极成效,群众普遍反映,办事时间明显缩短,服务质量效率明显提升。与前一年相比,省发改委办事事项平均申报时间由原来的 7.2 天缩减到 3.5 天,压缩 51.4%;平均办理时间由原来的 23.7 天缩减到 9.2 天,压缩 61.2%。据第三方测评机构——国家软件产品质量监督检验中心(江苏)测评显示,“3698”服务平台系统具有良好的辨识性、易学和易操作性,98%的受访者认为办事指南很清晰,93%认为申报流程较简便,98%对办事效率很满意。平台获得了 2017 年度江苏政务服务改革创新成果奖和数字江苏优秀实践成果奖,并被列入 2018 年智慧江苏重点工程。2017 年 11 月 20 日,省委书记娄勤俭专门听取了“3698”服务平台情况汇报,予以充分肯定。

（江苏省发展和改革委员会）

江苏公安建设“微警务”集群，打造便民服务“掌上公安”

一、总体介绍

为深化公安“放管服”改革，深入推进“互联网＋公安政务服务”工作，更好满足移动互联网时代广大群众对警务服务的新期待，2016 年 4 月，江苏省公安厅在先期开展试点、广泛调研论证的基础上，在全国公安机关创新推出“互联网＋公安政务服务”服务新模式，省公安厅、13 个设区市公安局、134 个县级公安机关“微警务”平台全部上线运行，打造了全国首个省级全面覆盖、上下一体、界面统一、资源共享、安全高效的“1＋13＋N”的江苏公安“微警务”集群，统一上线户政、交管、出入境、消防等 5 类 68 项高频次服务事项，最大限度地做到“让数据多跑路，让群众少跑腿、不跑腿”。

二、主要做法

(一) 在目标任务上，实现“三个突破”

一是在“全覆盖”上有突破。通过建设，把“微警务”由部分警种覆盖到绝大多数警种；坚持“能上尽上”的原则，最大限度地把各类服务项目纳入进来、上线运行，努力实现主要业务警种部门和办事项目“一网打尽”。二是在“全网办”上有突破。依托省厅“中控平台”、各市局“用户中心”，实现用户身份实名认证，打通全流程办理的关键节点，实现用户“一端认证、多端多业务”通用。三是在“全流程”上有突破。对内，整合警种数据资源与业务应用系统；对外，主动与有关单位进行沟通协商，争取支持与配合，有效解决内外部数据壁垒、行政缴费在线支付、跨市业务办理等难题，努力使更多的“微警务”服务项目实现网上“全流程”办理。

(二) 在项目开发上，做到“四个结合”

一是省厅必建项目与各地创新项目相结合。在完成必建项目的基础上，立足各地实际，探索推出能够体现本地特色、具有借鉴价值的创新项目。二是公安“给什么”与群众“要什么”相结合。遵循“群众需要什么服务，我们就开发什么项目”的原则，将群众需求量多、业务办理频次高的项目进行优先开发、重点建设，确保推出的项目有用、管用、实用、好用。三是方便群众使用与便于民警操作相结合。从“用户体验”的角度出发，进一步优化关注、使用的界面，做到办事流程简单便捷；从“方便民警”的角度出发，科学设计后台流程，优化内部流转环节，努力做到对外便于群众使用，对内便于民警操作。四是做到宣传群众与服务群众相结合。在做好服务项目的同时，要切实改进和提高“微警务”信息推送的质量，适应现代人“轻、浅、快”的阅读习惯，让群众对推送的信息愿意看、盼着看。

（三）强化数据共享，打造全省一体化的“掌上公安”

以江苏公安“微警务”集群为依托，建设成体系、全覆盖、高效率的“掌上公安”。第一，全省一体化规划建设。按照省公安厅统一规划、省市县三级公安机关分级建设，省公安厅通过建立“中控平台”打通对接通道，实现整体关联集成的建设路径，形成了全省一体化运作的整体平台集群，用户一点注册登录、身份全网通认、数据全网共享、请求全网响应。第二，强化数据共享。对内，和公安大数据中心、专业系统打通；对外，积极协调住建、人社、教育、卫健委、金融、保险等多个部门提供数据验证服务，保障跨部门服务项目的全程在线办理。第三，强化新技术应用。将互联网人工智能、可视化电子证件、人脸识别、热力地图等新技术运用到“微警务”建设，努力使“微警务”技术不仅领先于当前，也能随着科技发展进步，不断更新升级；同时依托最新的数据加密和内外网安全交换技术，在公安内网运行数据，只向用户推送结果信息，保证用户个人信息、警务数据安全。

三、取得的成效

江苏公安“微警务”平台获得全国公安、政务领域多个奖项，并在国务院“互联网＋政务服务”现场会上作经验介绍，赢得了人民群众的广泛好评和各级领导的高度评价，已经成为公安机关审批（服务）的一个载体、联系群众的一座桥梁、“互联网＋公安政务服务”的一张崭新名片。目前，江苏“微警务”集群统一上线户政、交管、出入境、监管等 5 类 68 项高频次服务事项，关注量达 3100 万，累计服务群众 1 亿人次。

（一）惠民、利企。遵循“群众需要什么服务，就开发什么功能”的原则，推出了一大批群众需求量大、办事频次高的项目。全流程项目实现“不见面、不跑腿”,共有27个,占39.7%。预受理项目实现“少排队、少跑腿”,共有30个,占44.1%。查询项目实现“早提醒、早知道、早准备”。此外,“微警务”还推出户口办理审批结果查询、身份证办理进度查询、驾驶证记分查询、出入境办证进度、网点查询以及交通实时路况查询等查询服务,免去了群众“跑”和“问”的烦恼,给群众工作、生活带来更多便利。

(二) 惠警、便警。江苏公安“微警务”集群整合了警务资源,减轻了基层民警负担。以“自助移车”为例,2017年,全省接报移车警情404万件,占总接报警数量的23%。“微警务”上线以来,自助移车请求服务已达120多万次,成功率超过90%,110移车警情环比下降21.4%,极大地分担了“110”报警台的压力;“交通违法曝光处理”和“出入境预约查询”功能上线后,办理机动车违法曝光80万起、出入境业务15万起,群众到窗口(现场)排队分别减少了30%和20%,极大地缓解了窗口民警的压力。

(三) 促进内外监督。“微警务”服务项目从受理、办理到反馈都在网上运行,群众的外部监督、公安的内部监管公开透明,减少了“人情”干扰,遏制了权力“寻租”空间,也强化了民警的自律意识,转变了工作作风,有效促进了公安队伍纪律作风建设,提升了公安机关形象。

(江苏省公安厅)

江苏卫生健康委推出集约式预约诊疗服务平台

一、总体介绍

“以病人为中心”一直是医疗卫生系统的服务宗旨,为进一步方便百姓就医,让百姓不用走出家门、不用走进医院也可以根据自己的需求提前预约省内各医院的专家号,节约在看病路上、排队挂号、缴费等方面的时间,尽可能地为百姓提供更加方便、便捷的医疗服务,2012年原省卫生厅下发了《关于建设江苏省集约式预约诊疗服务平台 推进预约诊疗服务工作的意见》(苏卫医〔2012〕13号),部署、谋划并启动了“省集约式预约诊疗服务平台”(以下简称“省预约平台”)建设工作。省预约平台统一了全省预约诊疗服务的组织实施方式,进一步整合了优质预约资源,规范了预约流程,拓宽了预约途径，让百姓不用走出家门，只要动动嘴、动动手就可以解决挂号难、选专家难、等候时间长的问题，让医疗服务真正走近老百姓的身边。

二、主要做法

（一）提供优质预约资源

省预约平台建设完成后，即分批分步骤地对接省内各地优质医疗资源，目前，全省已有 330 家医疗机构（三级医疗机构 146 家）接入省预约平台，老百姓可通过江苏政务服务网、电话（12320、95169）、挂号网（http://js. guahao. com/）预约省预约平台上所有医疗机构的专家号源，预约周期一般为 7 天。对接省预约平台的医疗机构投放在省预约平台上的平均号源率≥50%，部分医疗机构实现专家号源 100%投放。

（二）拓宽预约渠道

为合理利用大医院的优质医疗资源，引导并指导百姓合理选择医疗机构、合理选择专家就诊，进一步提升优质医疗资源的利用效率，2016 年原省卫生计生委下发《关于开展基层转诊预约服务 进一步推进分级诊疗工作的通知》（苏卫医政〔2016〕53 号），依托省预约平台开始建设全省统一的基层转诊预约通道，将城市大医院不少于 20%的专家号源提前向基层医疗机构开放预约。百姓经过签约家庭医生初诊后，可由家庭医生根据病情确定是否需要至上级医疗机构就诊，由签约家庭医生通过省统一的转诊预约通道选取合适的上级医疗机构医师进行预约，让预约服务更精准、更契合百姓实际需求。随着智能化手机的普遍应用，为满足群众不同层次的需求，2018 年上半年原省卫生计生委与省政务服务网进行了对接，入驻江苏政务服务 App，百姓可以在手机上预约省预约平台上的专家号源，进一步提升了预约服务效率。

（三）拓展省预约平台应用

省预约平台为省内 13 个设区市都建立了虚拟子平台，老百姓登录省预约平台即可通过选择拟预约的医疗机构所在地区虚拟子平台进行预约，进一步缩短了预约选择时间。南京、苏州、南通、连云港、淮安等地还自建了本地市级预约平台，并均与省预约平台进行了对接。南京市卫生信息中心携手江苏健康无忧网络科技有限公司建立的“健康南京”App，覆盖了南京地区各大三甲医院，用户可通过手机客户端完成挂号、候诊、查看报告等一系列就诊环节。常州市 8 家市属医疗机构依托省预约平台建设了地市级集约式移动医疗 App,具备医院介绍、医院导航、医院挂号、健康自诊等功能,大大减少患者在院排队等待时间,极大地方便了患者。

(四) 用制度保障百姓权益

为了避免预约资源被不法之人作为牟取利益的渠道,让真正有需要的百姓受益,省预约平台在系统内设定了一系列预约规则,包括预约流程、就诊取号、就诊顺序、改号退号、违约管理等方面,具体为:一是实名制预约。二是坚持“预约优先”。三是可退号不可改号。已成功预约的订单不可更改,如更改需重新预约。如无法按时就诊,患者需要在预约的门诊开诊前通过网络、电话等途径取消预约,否则视为违约。四是有效遏制“炒号”行为。如:同一身份证件在同一地区(市、县)当天预约的医疗机构数原则上不能超过 2 个,同一身份证件在同一医疗机构当天预约次数原则上不能超过 3 次,等等。五是加强违约管理。成功预约的患者在未办理预约退订的情况下,未按约定时间至相应的医疗机构取号就诊,自动视为违约。3 个月内累计违约 3 次将被列入违约名单,此后 3 个月内,无法享受省预约平台或市级子平台及自建平台提供的预约挂号服务。

三、取得的成效

省预约平台集中了省内 330 家医疗机构专家号源,既有综合实力省内排名前列的省级、市级大医院,也有靠近老百姓身边、最方便看病就医的县(市、区)级医院;针对不同年龄、不同文化水平的服务对象,省预约平台有最简单的电话预约渠道,也有用智能手机即可操作的网络渠道,还有通过身边家庭医生的预约渠道,极大地方便了老百姓预约就诊;省预约平台整合了西医、中医、中西结合、妇幼保健院、肿瘤及口腔、眼科、精神、儿童等专科医疗机构资源,能够满足不同需求人群的看病需求。截至 2018 年 12 月底,省预约平台注册用户总量达 493.58 万,较上年同期增长 24.30%;总预约量为 632.99 万,较上年同期增长 37.50%;预约成功率为 85.55%;好评率达 94.34%。省预约平台节约了患者1000多万小时的时间,方便了老百姓的同时,也提高了医疗资源的利用效率,体现了以人民为中心的服务宗旨,进一步提升了群众的获得感。

(江苏省卫生健康委员会)

南京海关首创"掌上物流"通关新模式

一、总体介绍

近年来,随着海关系列通关改革的深入推进,江苏地区整体报关单证审核放行时间大幅缩短后,解决货物流转耗时问题成为通关全程提速的关键。尤其以南京海关下属苏州工业园区综合保税区、苏州高新区综合保税区(南区)、昆山综合保税区最为典型。以苏州工业园区综合保税区为例,每日进出卡口近2000车次,进场后司机还需要进场站办理车卡关联等相关手续,平均完成通关时间约40分钟,业务高峰时期车辆卡口放行积压,场站大面积拥堵,企业、场站反映强烈,也给海关现场物流管理带来很大的压力与考验。

经过南京海关技术处的认真分析研究,技术部门与业务部门、现场海关有关业务技术专家骨干商讨,认为上述需求可以通过创新思路,引入新的技术、应用新的设备、构建新的流程、建设适应时代需求的新型物流信息化管理系统予以解决。为此,由南京海关技术处牵头主办,监管处、加贸处、数据分中心协办,园区、苏州、无锡等海关积极参与,筹划建设"基于物联网和移动互联网的海关智能化管理"项目,并纳入南京海关重点改革项目推进实施。2017年,南京海关在全国首创以手机二维码为载体的"掌上物流"新模式,以最方便群众的方式解决了"通关最后一公里"的难题。

二、主要做法

(一)建设推广应用"南京海关通关信息公共服务平台"及"宁关e通"微信公众号,及时、准确地发布通关物流信息

南京海关整合现有海关信息资源,打通海关内外网物流信息快速传递发布通道,开发建设了"南京海关通关信息公共服务平台"及"宁关e通"微信公众号,打造具有江苏特色的海关通关物流信息移动发布平台,向社会公众提供准确、及时的海关通关信息、物流信息。对于实时性要求高的货车司机,提供放行信息的微信手机推送,最大程度地方便物流从业人士获取海关通关信息。

（二）建设应用手机二维码验放系统及高清车牌识别系统，打造新型海关智能卡口验放系统，优化海关通关现场物流作业流程

取消沿用多年的IC卡介质，在海关卡口加装手机二维码识别仪，司机凭借手机在“宁关e通”微信服务平台上获取的二维码图片，过卡口时自动验放。加装高清智能光学识别系统，对进出车辆严格比对，防范卡口执法风险。新模式下，司机全程不用下车，物流企业车辆在场停留时间缩短85%以上，货车通关时间提速4—10倍，大大提高了货车的周转效率和监管场所的吞吐能力，同时节约人力及IC卡成本约20%。

三、取得的成效

本项目一系列相关系统的开发及试点运行，取得了良好成果，得到了省、市、中央媒体和有关领导的关注。据统计，截至2019年8月底，南京海关通关信息公共服务平台累计用户访问次数突破5300万次，日均访问量超过5.5万次；“宁关e通”微信平台累计关注人数近16万人，日均推送司机车辆海关放行信息近1.4万条。南京海关通关信息公共服务平台和“宁关e通”微信公众号使得海关通关信息获取快捷方便，深受企业及相关人员的好评，成为南京关区海关物流通关从业人员的必备工具。这是海关系统响应李克强总理应用新技术推进“互联网+物流”发展的典型案例，也是应用新技术实现海关物流监控领域“供给侧改革”的一项重要成果。

（一）利用先进的科技手段优化重整业务流程，大幅压缩现场通关时间，提升通关时效。通过卡口手机二维码扫描识别系统、高清智能光学识别系统、“宁关e通”微信服务平台等多个移动信息系统及物联网系统的有机结合联动，将目前“在场关联、场站验放”的车辆通关模式，改为“提前关联、卡口自动验放”的新型物流通关模式。企业、监管场所普遍反映新模式下的物流速度明显加快，原来十分拥堵的现场变得顺畅，卡口拥堵的现象基本消失。

（二）强化实际监管。通过卡口高清智能识别系统的校验比对，做到每车过卡口均有图像及数据的严格验证，杜绝现场司机恶意换卡、布控货物逃脱等海关监管场所管理风险。无关车辆不能取得二维码作为进场凭

证，无法随意驶入监管区域，监管货物与非监管货物得到有效隔离。苏州工业园区等海关利用系统提示准确发现多次车队驾驶员换车运输的违规情况并予以处罚，给违法企业极大震慑，海关监管场所货物进出卡口秩序明显规范，现场海关监管人员对科技改革带来监管能力的提升十分认可。

（三）提升用户体验，带动提升海关监管场所（特殊监管区域）整体智能化信息化水平。司机可通过平台信息推送方式，第一时间获取车辆放行查验信息，扫描手机二维码完成卡口车辆货物识别验放，查询手机二维码即时了解货物放行、装卸情况，实现“司机不下车、车辆快速放行”。苏州高新区综保区监管场所还把手机二维码应用拓宽到场站出入库作业、关联操作、理货等场站内物流作业各领域，提高了物流作业效率，提升了海关监管场所作业综合管理信息化管理水平。

（四）积极推动“掌上物流”重点改革项目在省内推广，取得重大进展。截至 2019 年 8 月，省内有特殊监管区域现场的 12 个地级市海关 32 个特殊监管区域（含陆运直通式监管点）现场全面切换“掌上物流”通关模式，现场覆盖率达 100%。系统每日验放通行车辆 2.3 万车次，累计验放近 1700 万车次。项目运行显著提高了江苏地区海关物流通关效率，压缩了通关时间。据统计，海关通关时间从原来的平均约 40 分钟缩短到现在的 3—5 分钟，物流企业车辆在场停留时间缩短 85%以上，海关卡口车辆验放通行时间从原来的 20 秒缩短为 4 秒，实现了“不停车过卡放行”，堵车成历史，通关验放进入“读秒时代”。“掌上物流”通关模式取得了良好的经济效益和社会效益，深受广大进出口企业和物流从业者的欢迎，有力地促进了江苏外贸提速增效。

（南京海关）

江苏住房公积金提取实现“不见面”

一、基本情况

为全面贯彻落实党的十九大精神，牢固树立以人民为中心的发展思想,深化"放管服"改革实践探索,进一步提升住房公积金的管理水平和服务效能,江苏省省级机关住房资金管理中心(以下简称中心)积极推进住房公积金信息化建设。目前,中心已建成公积金提取不见面审批(服务)平台(以下简称平台),该平台集公积金提取业务申请和中心提取业务审批为一体,始终以缴存职工为中心,遵循服务缴存职工的设计理念。中心积极与江苏政务服务网等政务部门合作,搭乘"互联网+"的时代快车,搭建了一个以手机端办理为主要渠道,以柜台办理和网上办理为辅助手段的多渠道、全天候的公积金业务办理平台。

平台通过合理拓宽业务办理渠道、大胆采用新颖的技术手段,为缴存职工提供公积金业务线上快捷办理服务,满足缴存职工足不出户享受政府服务的需求,方便广大缴存职工。平台为更好地服务住房公积金缴存职工,简化中心工作流程,采取了拓宽缴存职工业务办理渠道、业务审批自动推送的设计思路。平台包含三个子系统:手机 App 系统、个人网厅系统、中心审批系统。三个系统协调运行,共同完成住房公积金缴存职工公积金业务办理服务。

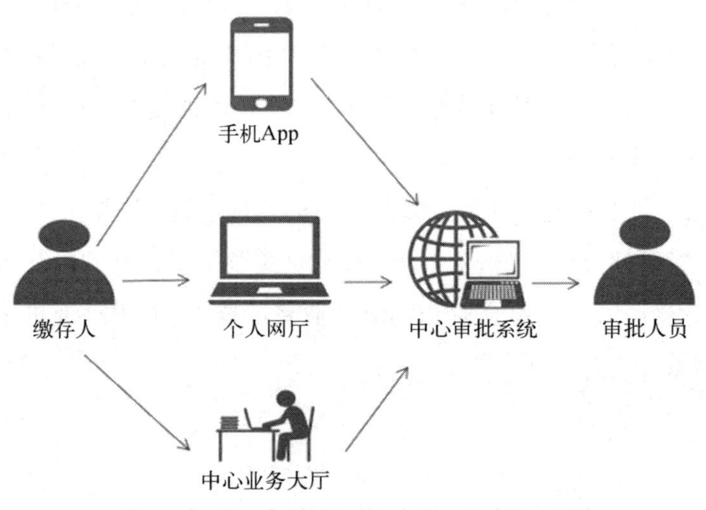

平台运行流程

如上图所示,平台提供三种业务办理渠道,缴存职工可使用手机 App 客户端、WEB 端或者直接前往中心业务网点办理业务。

平台对于简化中心工作流程、提升中心服务效率有显著效果,实现了审批工作流程自动化。缴存职工提交的公积金业务办理申请将自动推送至对应的中心审批人员;中心审批人员完成审批工作后,公积金业务办理结果也将自动推送给缴存职工。审批工作流程自动化的实现,规范了中心办公流程,提高了中心服务效率,实现服务质量双提升。

平台于2017年4月立项,同年7月进行平台安全建设专家讨论会确认建设方案,10月开始施工,11月内部测试,2018年1月10日中心业务大厅正式上线运行,2018年5月1日个人网厅正式上线运行,2018年11月26日手机App正式上线运行。

平台入口搭建至第三方云平台,入口安全防护、入侵检测等安全防护交由第三方云平台负责,提高了平台抵御网络攻击的能力。平台服务端及审批系统部署于中心内部,并通过VPN加密通道进行数据交互。中心相关业务数据及文件数据均存储于中心内网,保证数据安全。线上入口安全交由第三方云平台负责,平台采用高安全、高可用的部署方案,关键节点部署双机负载服务,自动负载均衡,中心只专注于住房公积金业务审批办理。

二、成果创新性

平台的建设使用,是深化"放管服"改革的具体举措。中心深入贯彻省委省政府关于深入推进"不见面审批(服务)"改革精神,结合中心职能定位,以建立"服务型"住房公积金、提升广大缴存群众的体验为目标,着眼于广大缴存群众的热点、难点、堵点问题,大胆创新,在平台的建造过程中融入了一系列创新型思路,为"放管服"改革落地迈出了坚实的一步。

首先,中心积极响应政务信息整合共享政策,与江苏政务服务部门合作,为江苏政务服务网和江苏政务服务App提供了住房公积金业务办理入口,使住房公积金缴存职工可以通过江苏政务服务网和江苏政务服务App办理住房公积金业务。其次,为了更好地服务缴存职工,让更多缴存职工享受便捷服务,平台紧跟互联网潮流,引入支付宝人脸识别功能,并在全省范围内设置公积金业务办理网点,让缴存职工少跑路,甚至一次都不跑。最后,工作流程审批自动化的实现,提升了中心服务效率,树立了服务型政府的良好形象。

三、改革成效

平台自建成以来成效显著，截至 2018 年底，共有近 21 万用户使用量，累计为 2 万余住房公积金缴存职工提供了公积金业务服务。其中，通过手机 App 端办理公积金业务的用户达到 11000 人(两个月的办理量)。下图分别显示了平台投入使用以来各个渠道用户住房公积金业务办理情况和 App 系统上线之后各个渠道用户住房公积金业务办理情况。

业务办理量

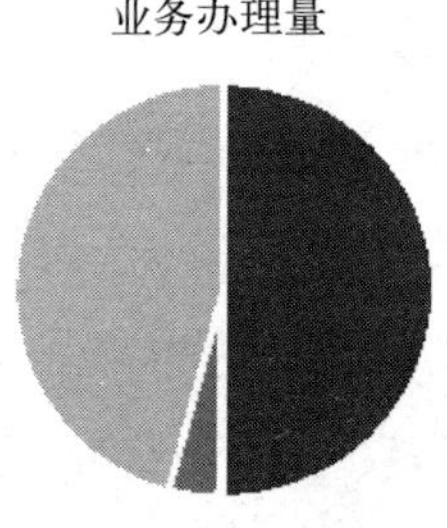

■中心大厅办理 ■个人网厅办理 ■App办理

平台投入使用后业务办理情况

App上线后业务办理量

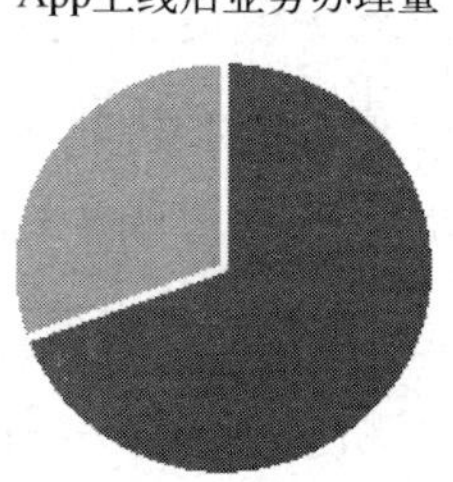

■App办理 ■其他方式办理

App 上线后业务办理情况

公积金提取不见面审批(服务)平台切实践行“放管服”改革，拓宽服务渠道，让“数据多跑路，群众少跑腿”，实现了住房公积金业务网上受理与移动审批，为缴存职工提供 24 小时不间断服务，探索出了一套较为完备的互联网渠道建设及便民服务经验，具有可推广性。

(江苏省省级机关住房资金管理中心)

江苏税务推广“发票区域集中配送”服务

一、建设背景

为深入贯彻落实“不见面审批(服务)”改革精神，推进税务服务实现“网上批、快递送、不见面”，近年来，江苏税务围绕打造“线上江苏税务”，力争将线上业务办理比例提升至 90%的总体工作目标，形成以线上办税渠道为主、自助和社会协作为补充、新型实体办税厅兜底的纳税服务新业态，制定了“七大任务，四大保障”的工作任务，在全省范围内推广发票区域集中配送业务是其中的重要举措之一。

国家税务总局于2016年11月30日下发了《国家税务总局关于全面推行增值税发票网上申领有关问题的通知》（税总函〔2016〕638号），明确了推进发票网上申领业务的工作要求，为推广发票区域集中配送业务提供了政策支持。

据统计，江苏省发票发放、代开、验旧等业务年累计发生数均在5000万户次左右，发票领用、代开、认证、报税等发票类业务的业务总量占据了大部分实体办税服务厅业务量。实现发票业务“离厅办理”已成为缓解实体办税厅压力、实现征纳“双减负”的关键任务，只有牵住了发票业务的“牛鼻子”，才能实现最简、最快、最优的现代化纳税服务格局。

目前，通过增值税发票新系统和发票勾选确认平台已基本实现了发票认证和报税的非接触式办理，优化发票领用、代开业务办理渠道成为当前工作的着力点。基于与省邮政公司之间的战略合作框架协议，引入O2O、“新零售”等新兴商业模式，国家税务总局江苏省税务局全面构建了发票区域集中配送这一创新服务产品。

二、业务框架

在省局统一业务指导下，原则上以设区市为单位，依据税邮合作框架协议，与具备发票配送能力的邮政部门（速递物流有限公司）合作建立发票区域集中配送中心，为符合条件的纳税人提供发票领用、发票代开等业务事项的“线上快捷申请、订单式智能处理、自动发放打印、集中物流配送”，逐步实现发票业务“离厅办理”。通过搭建纳税人端、税务端和邮政端“三点一线”的全程自动化业务体系和仓储、分拣、发包、配送一体化的高效物流体系，实现纳税人发票验旧、申领及代开全程在线办理，配送中心当日审批处理，当日（或次日）物流送达。

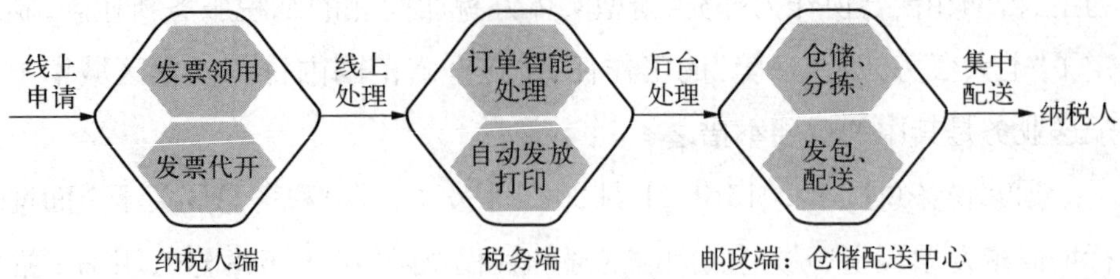

通过搭建纳税人端、税务端和邮政端“三点一线”的全程自动化在线处理及流转体系，组建集仓储、分拣、发包、配送于一体的高效集中物流体系

“发票区域集中配送”业务框架图

三、遵循原则

（一）安全性原则。税务机关与合作单位须签署协议，明确在发票存储、分拣、派送等过程中的双方职责，共同加强所涉发票的安全管理，保证系统的平稳运行及操作安全。

（二）信息化原则。依托电子税务局，整合核心征管、防伪税控、自助终端和物流管理等系统，实现发票领用及代开业务批量自动处理、全程在线办理、实时物流跟踪。

（三）集约化原则。原则上以地市为单位，集中建立发票区域集中配送中心，集中处理区域范围内的线上发票邮寄业务，同时负责对接合作单位日常发票配送业务。

（四）稳妥性原则。按照“先行试点、后全面推开”的原则，积极稳妥、分批实施，确保有序推进。

四、发票配送中心建设

原则上以设区市或经省局备案的区县局为单位，利用税务机关的场地建立区域发票仓储配送中心。由合作方（邮政 EMS 速递物流公司）负责建立发票配送流水线，派驻专人处理发票配送相关业务；税务机关负责发票计划、调拨、特殊业务处理，以及相关系统的日常运维和业务的监督管理。配送中心人员主要岗位包括：发票管理岗，负责发票计划、调拨、特殊业务处理，以及相关系统运维和业务监管；信息处理岗，负责处理纳税人网上订单；发票分拣岗，负责根据配送单将实物发票分拣出库；打包发送岗，负责打包封装发票及配送单据；发票投递岗，负责投递发票。

五、业务流程

（一）网上申请

符合条件的纳税人完成实名制信息采集后，通过电子税务局纳税人端签署《江苏省国家税务局“发票专递”使用协议》，即可进行网上发票验旧，并可在线提交发票领用或代开的邮寄申请。

（二）订单处理

电子税务局将纳税人端信息推送至税务端，经信息处理岗位人员审核后，由系统自动完成发票发放或代开的业务处理，生成发票配送清单，并将订单信息反馈至纳税人端。

（三）物流配送

合作方负责根据配送清单信息分拣、（打印）封装发票，根据生成的运单号打印运单信息，并指派专人负责相关发票业务的投递配送。

（四）送达签收

纳税人凭在电子税务局中打印的“邮递配送发票收票单”（需加盖公章或发票专用章）领取发票，并现场核实签收后支付邮资。合作方负责对回收的纳税人收票单进行影像采集和上传操作，如未能完成签收，则原件返回配送中心。

（五）发票数据下载

采用邮递配送方式领用发票的纳税人，需登录增值税发票新系统，下载发票电子数据，并在电子税务局纳税人端确认签收并对服务进行评价，完成申领发票整体流程操作。

六、改革成效

发票区域集中配送业务自2017年初启动项目开发，5月中旬在苏州、盐城等地试点推广，7月起在全省范围内全面推广上线。截至目前，已完成业务办理688万户次，日均邮递配送发票1万户次以上，累计成功配送发票1.7亿份，全省40%以上的发票领用业务实现了邮递配送渠道办理。

江苏税务全面推进深化改革，“不见面审批（服务）”相关做法得到了国务院通报表扬，在全国税务系统率先提出区域集中物流配送服务理念，累计完成发票邮递服务和各类涉税文书邮递服务共计800余万户次,邮递服务量全国领先。

发票区域集中配送的推广实现了全省发票业务“四个转变”:一是实现了窗口排队办理到线上全天候办理的转变,全省实体办税服务厅从320个精简到227个,办税服务窗口从3500个下降到2300个,实体办税厅日均叫号量从9万户次缩减到4万户次;二是实现了人工验旧到线上远程自动验旧的转变;三是实现了人工逐笔审核到线上智能化处理的转变;四是实现了传统的办税厅现场办税模式向基于互联网的离厅办税服务模式转变。预计未来全省60%以上的纳税人将通过配送方式用票,每年纳税人将减少800万户次的往返,节省办税成本数亿元,节约办税时间近亿小时。

(国家税务总局江苏省税务局)

江苏农业农村厅打造智慧动监信息系统

为了进一步推进全省动物卫生监督信息化建设,提升全省从养殖到屠宰的动物卫生全链条风险控制水平,努力保障全省畜牧生产安全、畜产品质量安全、社会安全和生态安全,2017年4月19日,江苏省农委印发了《关于加快推进全省动物卫生监督信息化建设工作的意见》(苏农牧〔2017〕11号),明确要求加快建设智慧动监“一体两翼”三大系统。经过江苏省动物卫生监督所、中国电信江苏分公司、铭农(上海)信息科技有限公司及盐城市农委等的通力合作,江苏智慧动监信息系统于2017年6月正式上线运行。该系统的上线,标志着江苏动物卫生监督执法工作迈上了一个新台阶,意味着江苏传统畜牧产业与“互联网+”的深度融合发展,也翻开了江苏“互联网+”现代农业发展的新篇章。

一、工作成效

江苏智慧动监信息系统2017年5月在盐城市本级和响水县、盐都区进行了试点测试,2017年10月在泰州等6个市、16个县(市、区)进行扩大试点应用,取得了明显成效,于2018年7月1日在全省全面应用。通过该系统的运用,江苏省实现了手机移动检疫电子出证、无害化运输车辆远程监控和GPS定位、兽药二维码全程追溯、检查站车牌自动识别等，有效提升了基层监督执法工作效能，延长执法半径，规范执法行为，初步构建了“来源可查、去向可追、监督留痕、责任可究”的动物卫生监督信息化体系。江苏智慧动监信息系统建设处于全国领先水平，具备先进性与实用性、标准性与开放性、可靠性与安全性等特点，有助于合理资源配置，提高工作效率；规范工作流程，实现全过程可追溯监管；实现信息共享，助力政府决策。

目前，通过动物卫生监督管理应用系统PC端和“苏动e通”App端共注册动物卫生监督机构1156家，养殖场(户)、屠宰企业、兽药生产经营企业、饲料生产企业、生鲜乳生产收购加工企业、动物诊疗机构、无害化处理企业等监管对象共计15万余家。检疫移动电子出证在全省实现全覆盖，系统开出动物产地检疫证明72.6万余张、产品检疫证明400万余张、屠宰检疫证明410万余张；系统无害化处理模块使用率高，通过系统申报24.6万余次，处理的病死动物总数166万余头；兽药经营环节二维码追溯工作注册率较好，全省有2719家兽药经营企业进入系统开展追溯工作。在全省范围内培训业务人员1万余人，有力提高了动物卫生监督工作效能，促进了动物和动物产品质量安全的溯源管理。

二、主要做法

江苏在全国探索创立智慧动监“一体两翼”三大信息系统，实现动物卫生监督业务工作全覆盖。“一体”指动物卫生监督管理应用系统，包含检疫移动电子出证、动物卫生监督检查站快速通关系统、无害化处理、兽药二维码追溯等11个功能模块。“两翼”指远程视频监控系统，在全省126家生猪屠宰企业、34家病死动物无害化处理场及其运输车辆、15家省际运输检查站等重点场所及关键环节安装高清监控摄像头869个；“苏动e通”手机App系统，开发运行检疫、动物卫生检查站、无害化处理、监督检查、兽药二维码追溯等7个监督管理工作模块。

通过智慧动监“一体两翼”三大系统建设，形成覆盖畜牧生产、动物防疫、流通经营、屠宰加工、畜产品质量安全等全过程的可追溯体系。

（一）动物卫生监督管理应用系统

动物卫生监督管理应用系统是一个综合性管理应用软件，通过对畜牧兽医管理数据的采集、传输、汇总、分析，实现数据相通、资源共享。该系统建设涉及畜牧兽医管理的多个方面，各管理服务模块既自成体系又内在关联。2017 年率先完成检疫、检查站、无害化处理、兽药、饲料、监督检查、行政执法、GIS 地理信息、基础数据、大数据分析等功能模块的开发与应用。

1. 检疫管理。主要实现动物及动物产品检疫证章标志管理、检疫电子出证管理以及检疫文书管理等功能。建设时，既考虑到与原有检疫出证系统的有效衔接，又实现了功能的优化与提升。

2. 检查站管理。主要实现查证验物、检查消毒、检查结果处理等环节的数据采集、查询、统计功能。通过在 17 个动物卫生监督检查站增设车牌自动识别信息采集设备，快速读取车牌信息，自动连接农业部检疫数据库，获取检疫证关联信息，并将检查信息传送到动物或产品目的地，实现车辆便捷快速通过、基础信息共享。

3. 无害化管理。通过对病死动物无害化处理“申报、核查、收集、转运、处理”全流程监管，实现数据采集、逐级汇总等痕迹化管理功能。

4. 兽药、饲料管理。主要实现对全省兽药生产经营、饲料生产的信息数据管理和许可审批管理，以及兽药二维码追溯管理等功能。

5. 监督检查。主要通过对养殖、屠宰、无害化处理、生鲜乳、兽药、饲料的日常检查、专项检查和“双随机”检查等，实现监督检查工作痕迹化。

6. 行政执法。主要通过在执法程序中执法文书的在线填写、证据收集（照片、影像、录音）、上传打印等，实现执法办案、典型案卷查阅、法律法规查询等功能。

7. GIS 地理信息。通过建立各级动物卫生监督机构、检查站、规模养殖企业、屠宰加工企业等单位 GIS 地图坐标，关联运输车辆实时位置、轨迹信息，实现监督执法过程实时监控。通过数据筛选过滤，在 GIS 地图上展示相关的检疫开证数和开具检疫证的动物或动物产品的数量等信息。

8. 基础信息。通过基础数据的采集录入，建立各级动物卫生监督机构、各类监管场所、各类人员与车辆的信息档案，有利于动物卫生监督部门掌握准确信息,为科学分析与决策提供支撑。

9. 大数据分析。通过终端数据采集、数据对接、信息系统整合,对养殖、检疫、流通、屠宰、无害化处理、投入品监管、机构与人员等信息数据进行系统、完整的采集,对各类监管数据进行有效挖掘、准确分析和科学运用,利用大数据分析对畜牧业发展和动物卫生风险等作出科学预测预警。

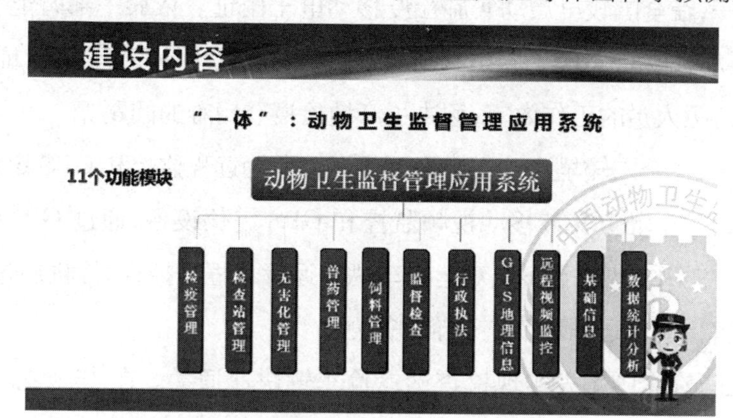

动物卫生监督管理应用系统功能模块

(二)远程视频监控系统

与中国电信江苏分公司合作,借助"天翼看店"远程视频监控技术,建设远程视频监控系统,实现可视化、全覆盖、实时监管、证据可保存可追溯。远程视频监控系统规划覆盖全省生猪屠宰企业、病死动物无害化处理场、省际动物卫生监督检查站、大型畜禽养殖场和其他有关动物卫生监管重点场所。2017 年全面完成全省生猪屠宰企业、病死动物无害化处理场、省际动物卫生监督检查站等三类重点场所远程视频监控的安装,并确保系统正常有效运行;在全省无害化运输车辆上安装移动视频监控和 GPS 定位设备,在 GIS 地图上实现对运输车辆的运行轨迹查看,对时间异常、轨迹异常情况可报警、可回放,实现对无害化运输车辆、运输过程的全程监管。

(三)"苏动 e 通"App 系统

通过移动终端 App 的开发运用,实现动物卫生监督信息化管理从电脑 PC 端向移动终端的转换,在一部能登录网络的智能终端上实现动物检疫、流通监管、监督检查、执法办案、无害化处理监管、证章标志管理等工作的全程监管、数据上传、实时查询和痕迹化可追溯管理。

三、开展三大创新，形成动物卫生监督管理工作新品牌

近年来，全省动物卫生监督管理工作面临新情况，工作内容增加、工作责任增强，但基层监管力量不足、设施装备不适应发展需要。全省动物卫生监管系统紧紧抓住信息化发展历史机遇，创新手段，积极应对。

第一，在全国较早启动实施检疫移动电子出证。依靠一部智能手机和一台移动打印机，实现了养殖户申报、官方兽医现场检疫、现场出证，提高了一线兽医人员的工作效率，解决了产地检疫登门难的问题。

第二，在全国较早启动实施无害化运输车辆远程监控和 GPS 定位。在无害化运输车辆上安装移动视频监控和 GPS 定位设备，通过 GIS 地理信息模块，在 GIS 地图上实现对运输车辆的运行过程监控、运行轨迹查看，解决了无害化处理运输环节监管难的问题。

第三，在全国率先实现检查站运输车辆快速通关。在 15 个监督检查站安装车辆车牌自动识别信息采集设备，实现外埠动物及产品快速通行，车牌识别获取全部产地信息，解决了流通监管"一张网"的问题。

目前，各级动物卫生监督机构，既负责法律授权的动物、动物产品的检疫和动物防疫监督管理等工作，又承担了主管部门委托的兽药、饲料、生鲜乳等行政许可、监督检查等工作。通过智慧动监信息系统建设，让监管更有序，养殖场、生猪屠宰场、动物诊疗机构等监管对象基础信息全部一次性采集录入，实行动态管理，通过大数据统计分析功能实时掌握生产、加工、流通信息，有效提升监管的时效性、精准性、全面性；让执法更有力，通过梳理 20 多种常见违法案件，建立了动物卫生监督执法模板，让案件的简易程序、一般程序模式化，并借助执法终端对执法人员实行痕迹化管理，有效解决基层部分人员不想办案、不会办案、不能办案的问题；让服务更有效，生产、经营、加工者可通过信息系统实时查询各类行情，以及检疫、无害化处理申报、受理情况等，并可通过网上办理各类生产经营许可项目，真正实现让信息多跑路、让企业少跑路，有效融洽监管人与监管对象之间的关系。

（江苏省农业农村厅）

江苏财政预决算公开率先实现“三级五统一”

一、总体介绍

李克强总理提出,“涉及到公众利益的措施、财政预算收支情况等,都应该加大公开力度,让群众像扫二维码一样清清楚楚、一览无余”。2017年以来,按照李克强总理讲话精神和财政部推进预决算公开工作的部署,江苏省财政厅自加压力,开拓创新,不断完善预决算公开制度,依托江苏政务服务网,正式建成全国首家省市县“三级五统一”一体化预决算公开平台,全省13个市、96个县(市、区),8000余家单位统一在平台上“亮相”,接受公众查询和监督。这标志着江苏省预决算公开标准化、规范化取得了重大进展,为建立全面规范透明、标准科学、约束有力的预算制度,推进透明政府建设提供了坚实支撑。

二、主要做法和成效

通过“五统一”、实施五种“晒”,全面、规范、及时发布政府和部门预决算信息,在更大平台、更广范围接受人民群众的评价监督。

(一)统一平台“集中晒”

近年来,江苏省在全国率先对外公开了会议费、培训费情况,预算透明度进一步提高,但还存在公开平台不统一、公开渠道分散等问题,给群众查询监督带来不便。针对这个问题,江苏省统筹规划、一步到位,建成全省一体化预决算公开平台,省市县三级政府预决算、部门预决算在一个平台集中公开,形成了横向连通、纵向贯通的预决算公开网络。平台专设综合搜索栏,可实现准确定位、一键搜索、菜单式查询,公众可以从各地区、各部门的对比中看出孰优孰劣,这也促进政府部门进一步提升预决算公开的深度、广度和实效。

(二)统一标准“规范晒”

江苏省认真贯彻落实国务院办公厅关于开展基层政务公开标准化规范化试点部署要求,着力提升预决算公开的标准化规范化水平。在标准化上，严格按照财政部《地方预决算公开操作规程》，设计了预决算公开标准化格式，细化了公开标准，规定了必须公开的表格和相关要求，将预决算公开纳入标准的"笼子"，解决选择性公开和随意公开问题。在规范化上，强化主体责任，财政部门负责公开政府预决算信息，各部门负责公开部门预决算信息；严格公开内容，政府预决算应涵盖"四本预算"，部门预决算公开应涵盖专项资金分配信息，做到应公开尽公开。

（三）统一板块"完整晒"

注重系统性、完整性，确保在一个平台上构建预决算公开框架体系，让公众"点开一扇窗，遍览全本账"。在预决算管理制度板块中，公开年度预决算公开方案、预决算公开工作考核文件以及其他预决算公开管理文件。在政府预决算公开板块中，各级政府除公开本级政府预算、调整预算、决算外，还及时"晒出"政府部门专项资金管理清单、行政事业性收费项目目录清单、政府性基金项目目录清单。在部门预决算公开板块中，各部门既按预算法要求公开本部门预算和决算，还公开专项资金分配信息、资产信息和绩效信息。

（四）统一时点"齐步晒"

全省集中统一的预决算公开平台建成后，为强化预决算公开管理、提高公开时效增添了一大"利器"，便于各级财政部门第一时间掌握政府预决算和部门预决算公开情况，及时督促各地各部门按照规定时点公开，部门预决算尽可能做到在同一天发布。强化预决算公开督查，建立健全预决算公开考核制度，将预决算公开情况纳入财政重点工作考核体系，对未按规定公开的部门和单位加大问责力度，确保预决算公开的公信力、执行力。

（五）统一数据库"深度晒"

着力实现数据分析、在线预警、多维监督等功能。在查询功能上，实现对省市县各类政府预决算和部门预决算信息准确定位、快捷查询。在分析功能上，可以对全省预决算信息进行大数据比对分析，通过运用多种图表展示分析结果，使数据可视化。在预警功能上，设置预警指标，对预决算信息公开不及时、公开内容缺失、公开数据异常等问题进行在线预警。在监督功能上，实现适时监控，汇总统计预决算公开情况，促进日常监督与专项监督相结合。

三、下一步工作设想

预决算公开是预算管理制度改革的核心要求，是实现国家治理体系和治理能力现代化的重要抓手。江苏省虽然在推进预决算公开方面取得了积极进展，但建设全面规范透明、标准科学、约束有力的预算制度正在路上。下一步，将认真贯彻党的十九大精神，坚持以人民为中心的发展思想，围绕全面深化财税体制改革、建立现代财政制度的目标，积极运用互联网技术和信息化手段，推进预决算公开，提高预决算透明度，强化社会监督。一是坚持标准引领。以基层政务公开标准化规范化试点为抓手，制定财政预决算公开事项目录及政务公开工作规则，进一步强化公开职责，细化公开标准，优化公开流程。二是实施规范管理。不断完善预决算公开模板，进一步明确公开主体、内容、时限等要素。三是强化社会监督。不断提高预决算信息发布的及时性、准确性、有效性，在预决算公开上实现各级政府、各部门与社会的良性互动，努力让人民群众在每一个数据中感受到政府的公开透明。

（江苏省财政厅）

江苏住建领域率先开展从业人员证书电子化

一、基本情况

针对江苏建筑业从业人员多、资格证书多、管理难度大等现状，为深化“放管服”改革，进一步提高政府服务效能，2017 年，江苏省住建厅在全国率先开展从业人员资格证书电子化试点，取得积极成效。在此基础上，2018 年 7 月 2 日起，对二级建造师（含临时）、二级结构工程师、二级建筑师注册证书启用电子证书。所有负责考核、核准的从业人员和执业资格注册全部实现证书电子化，全面实现了省管个人资格许可事项“不见面审批”。

二、“江苏省住建领域从业人员电子证照系统”核心功能

“江苏省住建领域从业人员电子证照系统”将“互联网＋政务服务”思

维同先进的信息技术手段相结合，创新了证书管理模式，在全国住建系统首创标准统一、理念创新、功能完备、技术先进的证书管理模式，系统实现了以下核心功能：

1. 电子证照目录配置

为各类电子证照数据交换对接提供基础配置，以通用性为基础进行相关信息的配置。电子证照目录建立完成后，一方面需要对电子证照目录的相关信息进行维护，如电子证照查询地址、电子证照电子签章方式、电子签章所需要的 key 文件密钥地址等信息的配置，另一方面需要对电子证照目录除基本信息之外，补充信息对应的表结构进行配置，生成标准的对接文档。

2. 数据交换平台

通过各类电子证照数据对接接口维护，以及各类电子证照数据对接标准文档，建立数据交换平台，实现数据互联互通。

3. 电子签章功能

实现电子签章驱动封装、电子签章手动签章功能、电子签章服务自动签章等功能。电子签章采用江苏 CA 和金格签章的模式，对电子证书 PDF 文件进行电子签章和数字签名，PDF 文件中的签章信息无法修改。

4. 电子签章防伪验证

完成电子签章的 PDF 打开后，可以点击电子印章，查看电子印章的详细信息，查询真伪，如果电子签章造假或者文件信息修改过，电子印章即为失效状态。

5. 电子证照监控管理

系统接收到电子证照结构化数据后，对数据信息进行检测，生成证照 PDF 文件、电子签章。建立电子证照监控管理，实现对证照 PDF 文件的预览，对签章状态、证照数据推送结果等进行实时监控。

三、取得的成效

江苏省住建领域从业人员电子证照系统运行以来，取得了很好的成效。到目前为止，已生成 180 万余条个人电子证书信息。

（一）服务水平提高

与纸质证书相比，电子证书采用全程电子化，省去了复杂的制证环节，证书获取周期由30天缩短至1天，既节省了办证成本，又提高了办事效率。系统全天候在线，可随时办理相关业务。系统提供高效查询核验，可通过网站、微信公众号或扫描证书二维码等方式随时随地对证书进行查询、核验。

（二）群众获得感提高

考试合格立即取证，变更办理立即生效，随时打印解决了保管难、补办烦的问题，遗失无须补办；随时随机取用遏制了企业扣证的行为，企业和持证人员真正实现"零跑腿"，切实感受到电子证书的方便、高效、快捷，获得感大大提高。

（三）安全性能提高

电子证照库已通过江苏信息安全测评中心的信息系统安全检测，电子签章由依法设立的电子认证服务提供者提供认证服务，双重安全保障可有效杜绝假证伪证，同时，证书采用数字防伪技术，证书查验更加方便、安全、可靠。

（四）监管效能提高

电子证书通过江苏政务服务网共享数据，集实名制管理、信用管理、学分管理于一体，实现对证书数据动态管理和各部门间信息的互联互通、联动响应，有利于形成沟通顺畅、齐抓共管的监管格局，可切实增强监管合力，提升监管效能。

（五）社会效益提高

实施电子证书后，大大减轻了企业的经济负担和政府的行政成本，预计每年可为施工企业和个人节约往返办理各种证书费用近亿元，光快递邮费和证书印制费，每年就可节约行政成本近亿元。

（六）数据共享水平提升

纵向上做好电子证书信息与住建厅"四库一平台"和江苏政务服务网的对接，实现厅内相关业务处室间数据共享，探索建立与其他部门数据共享，通过在市场运行的各个环节管理工作中实现电子证书全覆盖使用。

（七）实现政务工作模式创新

证照是重要的办事材料，推行应用电子证照，实现证照提交、流转和送达等办事各环节电子化，可促进全流程网上办事的政务工作模式，减少办事过程中纸张打印和人员往返。另外，证照既是部门业务办理的依据，也是业务办理的结果，证照电子化应用起到衔接不同部门业务流程的纽带作用，以电子证照共享服务平台为基础，可有效推进部门业务协调，简化办事流程，提升政府办事效率。

（江苏省住房和城乡建设厅）

江苏企业开办搭建“全链通”一站式服务平台

一、基本情况

为贯彻落实党中央、国务院关于深化“放管服”改革、优化营商环境的决策部署，按照国务院召开全国深化“放管服”改革转变政府职能电视电话会议关于五年内将企业开办时间压缩到5个工作日内的要求，结合江苏省委省政府“3550”改革目标，江苏省市场监督管理局牵头搭建了江苏企业开办“全链通”一站式服务平台（以下简称“全链通”平台），将单部门“企业登记全程电子化”进一步拓展为跨部门“企业开办全程电子化”，最大程度简化申办环节、压缩开办时间，提升企业开办全程“网上办、零见面”的便利度。

“全链通”平台是一个涉企事项的网上集成办理平台，实现了工商登记、刻制公章、银行预约开户、涉税事项办理等企业开办事项的一网通、全链通、即时通。企业申请人通过“全链通”平台，完成全程电子化登记后，凭电子营业执照可同步申请刻制公章、银行预约开户，并使用实时生成的银行账号在线办理涉税事项。各部门、各机构同步受理申请事项并进行审核，打通了企业开办线下服务流程的断点，实现了开办企业综合事项的一网通、全链通、即时通，有效提高了办理涉企“政务＋金融＋公共服务”事项综合服务的效率。

二、主要做法

“全链通”平台解决的主要问题及采用的方式方法有：

一是解决了业务办理需要企业申请人登录不同部门、机构的多个办事系统,需要重复提交企业信息、营业执照复印件等材料的堵点问题。

“全链通”平台为一站式综合服务平台,整合了工商登记注册、公章刻制备案、银行预约开户、办理涉税业务等企业开办流程和环节。企业在线登记注册完成后,通过电子营业执照进行身份认证,即可实现公章刻制备案、办理涉税业务、银行预约开户等业务的网上同步办理;同时,企业信息、营业执照等可为相关部门共享,企业免填表单。“全链通”平台打通了企业开办线下服务流程的断点,从而实现“一点接入、一次认证、全网通行”的“一条龙”办理。

二是解决了企业开办效率低、时间长等问题。

“全链通”平台基于“同步申请,并联审批”的服务原则,改变原先企业开办“工商注册—印章刻制—银行开户—涉税事项办理”的串联式业务流程,申请人在“全链通”平台完成电子化登记后,可同步申请刻制公章、银行预约开户,并使用实时生成的银行账号在线办理涉税事项。各部门、各机构同步受理申请事项并进行审核,最大程度地实现了各服务环节的整合和优化,大幅提高了企业开办的速度和效率。

三、实施情况和主要特点

(一)实施情况

“全链通”平台与网上注册登记系统、公章刻章系统、银行平台(8家)、税务系统、社保系统完成无缝对接,提供企业注册登记、刻制公章、银行预约开户、涉税事项办理、社保登记业务办理等服务。该平台于2018年8月8日在南京市江北新区、鼓楼区率先上线试点运行,12月1日开始在江苏省全省范围内推广使用。

(二)主要特点

“全链通”平台具有以下特点:

网上业务受理“多点”变“一点”。企业申请人不再需要登录不同部门、不同机构的多个办事系统,不再需要重复提交营业执照等材料,不再需要反复填写企业信息,仅需登陆“全链通”平台填报信息,即可实现“一点接入、一次认证、全网通行”的“一条龙”办理。

业务审核“面对面”变“不见面”。申请人以往要跑多个部门办理的工商注册、刻制公章申请、涉税事项办理、银行预约开立单位结算账户等事项,均可通过“全链通”平台在线申办。相关部门之间数据共享、系统无缝对接。可通过互联网端的“全链通”平台反馈办件信息,从而使各部门的办件效率、办件时间、办件质量等信息可查询、可追溯。

业务流程“串联”变“并联”。企业申请人在“全链通”平台完成电子化登记后,同步开展印章刻制、银行开户、涉税事项办理等业务流程,极大提高了办事效率。

“全链通”平台用户为整个江苏省内的企业用户及自然人用户,平台自2018年8月8日上线以来,已有2000多家企业进行了银行预约开户、200多家企业进行了公安刻章备案业务。未来,“全链通”平台将为更多的企业以及民众提供渠道多样、业务全面、简便易用的企业开办一网通办服务。

(江苏省市场监督管理局)

江苏不动产登记打造“一窗受理、集成服务”

江苏省不动产登记工作一直走在全国前列。2015年3月1日,原国土资源部姜大明部长在江苏徐州颁发全国第一本不动产权证书,开拓了不动产统一登记新局面。不动产统一登记制度在全省落地后,江苏国土资源系统按照国家“放管服”改革要求,将工作重点转向规范完善与深化服务。2017年6月,省政府办公厅出台《关于全省推行不动产登记一窗受理集成服务工作的指导意见》(苏政办发〔2017〕86号)和《全省推行“3550”改革意见的通知》(苏政办发〔2017〕92号),全力打造“一窗受理、集成服务”的“四全”服务窗口。

一、基本情况

不动产登记“一窗受理、集成服务”是指,在各地不动产登记服务网点设立由房管、税务、不动产登记三家单位工作人员组成的“三合一”集成窗口,在一个窗口一人接件,统一受理不动产登记以及相关的房屋交易、缴税所需全部材料。通过部门之间信息共享和业务协同,实现不动产登记等相关业务集成办理,取得不动产权证书,让企业和群众不重复提交材料、不反复排队。

二、具体做法

(一) 全面部署推行

2017 年 7 月,原江苏省国土资源厅在宿迁召开了全省不动产登记“一窗受理、集成服务”暨存量数据整合现场推进会,部署推动全省面上工作。各地按照省政府要求,认真制定实施方案,克服人员场地困难,调整优化窗口设置,加强部门协作,优化业务流程,实现不动产登记、房屋交易、税收等相关业务集成办理,为企业和群众提供了更加便捷高效的服务。

(二) 优化网点布局

各地以全流程优化审批、全区域便民服务、全业务网上办理、全节点效能监管的不动产登记“四全”理念为指导,按照窗口布局科学、服务半径合理的要求,增设不动产登记“一窗受理、集成服务”网点,实现异地办理、同城通办,常态化满足当地业务办理和企业群众办事需求。推广宿迁市做法,在银行、公积金网点增设不动产抵押登记便民服务点。

(三) 服务实体企业

不动产登记机构积极为实体经济企业做好不动产登记服务,主动获取企业投资建设信息,提前上门指导企业做好登记材料准备,预先开展权籍调查,妥善解决历史遗留问题;在不动产登记窗口张贴绿色通道醒目标识,实行首问负责,全程提供业务指导、跟踪协办;企业申请登记时材料不完整的,经不动产登记中心负责同志批准后,启动容缺机制、先行受理,由申请人在领证前补交到位;加班加点压缩办理时限,凡是申请材料齐全、符合要求的,基本能在 3 个工作日内办结,有的甚至当天办结;及时开展回访,对办理质量和效率不高、服务态度不好及其他违规违纪行为,启动追责机制。原江苏省国土资源厅与省金融办、人民银行南京分行、江苏银监局联合印发了《关于提升不动产登记服务水平支持金融服务实体经济的通知》,更好发挥不动产登记支持金融发展、服务实体经济的作用。

(四) 推动信息共享

省政府办公厅文件明确了不动产登记与房管、地税、民政、公安、法院等部门的信息共享清单。各地深入推进提高不动产登记存量数据整合质量,并与日常登记业务有效衔接,为信息共享创造条件。2017 年 9 月底,不动产登记“一窗受理、集成服务”需要的信息全面实现互联互通、部门共享。在全省范围开展了与房产、地税、民政、海洋、法院、公安等部门的信息共享。

(五) 拓展“互联网+”服务

在统一登记部署平稳实施后,鼓励各地探索拓展互联网服务,进一步方便群众。各地基本开通了不动产登记网络预约办理、查询等功能,还配备了人脸识别仪、自助查询、缴费缴税、打证等机器设备。

三、工作成效

(一) 一窗受理

2017 年 9 月,全省 13 个设区市市本级、69 个独立发证的县(市、区)全部实现不动产登记与房屋交易、缴税三项业务“一窗受理、集成服务”,共设立 614 个集成服务窗口,群众只领一次号、排一次队、交一套材料就可以办理不动产登记等相关业务,平均受理时间压缩到 15 分钟左右。泰州市实现登记申请、税费缴纳“同见一面”,房屋交易“不再见面”,被群众赞誉为“泰顺畅”服务。东台市通过信息共享,实现不动产登记乡镇网点契税征收“网上审核、现场代收”。原国土资源部、住建部联合发文《关于房屋交易与不动产登记衔接有关问题的通知》(国土资发〔2017〕108 号),对江苏的“一窗受理、集成服务”模式加以推广,将其上升为全国标准。

(二) 一城通办

实现不动产登记“四全”网点城乡全覆盖。全省共设立不动产登记服务网点 788 个,其中“四全”全业务网点 618 个、银行(公积金)抵押登记便民服务点 170 个。全省所有市本级和县域范围内实现同城通办,原国土资源中心所所在的乡镇全部设立不动产登记“四全”网点。全省 80%以上的登记网点窗口建设达到“示范窗口”指标要求。涵盖城乡服务对象在内,全省不动产登记网点平均服务半径约 7.9 千米,群众到最近的网点平均用时约 28 分钟。其中,服务半径最短的无锡市区平均只有 2 千米,群众到服务网点只需用时 7 分钟。《国土资源报》《新华日报》《中国不动产》等媒体纷纷报道江苏省不动产登记“四全”服务窗口建设情况。

（三）一周办结

自2016年6月全省全面实施不动产统一登记以来，各地普遍开展了5轮以上不动产登记提速。省政府办公厅86号、92号文件印发后，原江苏省国土资源厅督促各地优化业务流程、精简申请材料、增加专业人员、安排加班加点、压缩办理时限。在保证质量的前提下，全省全面实现一般不动产登记(含房屋交易、缴税)5日内办结。各地均设立了实体企业绿色通道，共为实体企业办理不动产登记21万宗，其中抵押登记11万宗，涉及贷款金额10415亿元。无锡市65%以上的不动产登记业务可以当场办结。东台等地国有划拨土地补办出让与不动产登记统一由登记窗口受理，极大地方便了企业和群众。

（四）一键申请

各地通过网站、微信、手机App开通了预约受理、进度查询、权属查询、证书查验、线上登记等服务功能，并全部集群到江苏政务服务网省自然资源厅旗舰店。南京市在“我的南京”App上开通了不动产权属查询、线上缴税缴费、开具购房证明等业务。连云港推出了不动产登记“云证达”手机App服务，实现了进度查询、证书查验、线上登记等功能。徐州的“外网申请、内网审核、当面查验、即时领证”的“线上登记”已完成业务办理1.3万宗。徐州、泰州、盐城、连云港有序开展了“不见面”登记试点。全省各地共配备人脸识别仪400多台，自助查询、缴费缴税、打证等机器设备320多台。无锡、盐城等地设置了24小时自助服务区域。宿迁、徐州在全国率先启用银行不动产抵押登记电子证明。全省各地开展了EMS寄证服务，其中南京、宿迁等地免收邮寄费用。

（五）一网共享

省自然资源厅运用云计算、大数据、GIS可视化等新技术，逐步实现全省所有不动产登记窗口实时监管。各地全面开展与房产、地税、民政、法院、公安、教育等部门的信息共享，全省大部分地区实现由地税部门自行查询一、二套房情况。各地不动产登记机构主动将登记系统向银行、房地产企业和中介服务机构等延伸，提供必要的查询服务，及时获取信息，开展登记提前审核,减少企业和群众现场等待时间。

四、地方优秀实践

徐州市将不动产登记服务过程中困扰办证群众的各相关环节进行深度分析、提炼,着力解决影响不动产登记服务的“四重复”问题,即“取号重复、排队重复、申请重复、要件重复”,借助徐州市政务办“一张网”建设契机,进一步梳理优化,打造“互联网+线上登记”,进一步提高登记服务的效能和水平。

截至2019年1月中旬,“线上登记”服务已正式开通,在徐州市主城区设立了全国首个线上登记服务大厅、24小时自助服务大厅和19个便民服务网点。“徐州不动产官微”微信公众号关注人数已累计超过7万余人次,不动产登记全流程业务均可在“网上服务大厅”办理,线上办证、预约取号等7大类常规业务均可线上办理,办理时间由最初的半个小时提升为现在的15分钟,累计业务办理量超过6.5万宗。

主要特点:

一是登记类型多种化。首期上线了商品房预告登记等2大类4种登记类型,经过一年多的发展,登记类型扩大成现在的涵盖抵押登记、预告登记、转移登记等7大类9种。

二是申请渠道多元化。通过手机微信端、政务网PC端、“江苏政务服务”App等多种渠道为群众提供“线上登记”服务,实现了“7×24”小时在线不间断服务。

三是服务事项多样化。打造了“网上办事大厅”,可提供线上办证、线上办税、办证进度、预约取号、住房信息查询、档案查询申请、住房信息验证、首次登记查询、业务评价、投诉与建议、登记费支付、税款预估等12项网上服务事项。

四是服务机构专业化。2017年在全国第一个成立了“线上登记分中心”,选取登记业务精湛的业务骨干和技术熟练的专业人员,组建了一个21人的“线上登记”工作团队,不断加强后备人才队伍的建设,推动“不动产登记徐州‘+服务’”,实现品牌化、专业化、规模化发展。

线上登记的推广应用,引起社会各界和人民群众的高度关注。2018年

3 月,登记局下属的登记中心在全国“百佳窗口”创建工作中,以“双百”佳绩通过省厅验收,排名全省第一,列入部示范窗口推荐名单。2018 年 8 月,登记中心党支部荣获江苏省首批不动产登记窗口“党员先锋岗”称号,得到了部、省、市领导的高度肯定。自然资源部副部长王广华先后三次莅临徐州调研考察,高度评价“徐州模式”,肯定徐州为推进全国不动产登记工作作出的突出贡献。

(江苏省自然资源厅)

江苏质监构建一站式智慧许可监管平台

“互联网+政务服务”是党中央、国务院提出的重要决策部署,“网上办、不见面、快递送”是江苏省政府推进行政审批制度改革的新举措。江苏省市场监管局紧贴江苏经济发展实际,着眼简政放权、放管结合、优化服务的改革大局,本着“让数据多跑路,让企业少跑腿”的服务理念,通过智慧许可监管平台构建起了一条生产许可证审批全程“不见面”快速通道。

一、基本情况及创新

智慧许可监管平台充分运用互联网手段,以更彻底的放权、更严格的监管、更精准的服务为出发点,以内部管理和企业需求“两侧”清单来设计功能,以无缝隙、无等待、无差错来畅通流程,打通工业产品许可证服务企业“最后一公里”,将“放管服”的工作要求以信息化的管理方式落实到位。

智慧许可监管平台包含七个功能模块:

1. 评审专家管理。这是一个按专业分类的评审专家数据库,可实现随机、异地抽取评审专家等管理功能,并汇聚专家工作质量评价结果,形成累积淘汰机制。

2. 评审计划管理。系统依据审检分离、审查员专业匹配、审查组成员不得来自同一单位等原则,自动分派计划,通过短信和 App 现场核查系统通知审查人员及相关市局。

3. 现场核查管理。依据工业产品生产许可通则、细则,模拟还原法律法规所规定的许可现场工作流程,通过规范统一实地核查工作标准,防范核查工作中的漏洞,为行政许可判定提供有力的可视化的数据档案。

4. 许可判定监管(含各市局)。企业申报信息、实地核查结论、检验结论等信息无缝对接,实时推送,第一时间提供给许可办理人员作出判定。后期自动生成完整、规范的电子数据档案,为质监大数据分析提供保障。

5. 许可证书管理。通过对许可事项名称、许可目录产品、许可证书格式、许可证书编号随机产生等统一路径,规避可能出现的非人为错误事项,确保申报产品、单元及许可明细数据无误,把好行政许可事项最后一道“出门关”。同时,提供证书业务报表统计、证书打印痕迹比对、操作账号和时间的信息留存等管理倒查功能。

6. 许可质量评价管理。让企业对许可过程中的廉政行为、服务态度、业务能力等事项作出星级评价,系统获取满意度反映。

7. 监督考核与辅助决策管理。对许可事项全流程监控,形成许可数据可视化统计分析及报表,辅助市局做好许可相关委托工作,统一全省许可电子档案的归档,为事中事后监管提供基础台账,并支持对全省许可工作实行量化考核。

同时,运用移动互联网技术,配套发布了“质监许可系统”App(一期),系统包括以下内容:

1. 现场核查系统(审查员)。审查人员依据系统中的标准化流程开展核查工作并采集现场数据,将必需的文字、语音、照片等及时上传,系统会自动标注上传时间、地点,行政人员可在办公室实时查看许可过程数据,实现核查数据互联互通。

2. 全省许可数据查询分析(省局领导)。依据全省(国发、省发)有效许可证书,通过许可类型、行业、年度、区域等维度,对行业分布、产业集群、合格率统计、获证企业信息定位等进行可视化数据分析,为全省质监服务顶层设计提供大数据支撑和参考。

3. 省局微信许可数据查询。通过证书管理系统与省局微信平台的数据实时对接,达到企业许可办理结果的即批即查,既是权威发布,也是快捷查询渠道。

二、实施情况

智慧许可监管平台上线运行，方便了企业的申请取证，优化了后置审查计划自动生成，规范了现场核查行为过程，汇集了许可信息类别要素。根据《国务院关于调整工业产品生产许可证管理目录和试行简化审批程序的决定》和质检总局实施意见，自2018年8月1日起，江苏省对其省级行使许可的工业产品全面实施“先证后核”。

（一）企业申请受理、发证

申请企业按照“一单、一书、一照”制试行材料申报，即全国工业产品生产许可证申请单、企业保证质量安全承诺书和工商营业执照复印件。发证机关对申报材料符合性、完备性进行形式审查，合格后即审批发证。审批系统立即推送出带有防伪条形码的工业产品生产许可证电子证书，该证书具备纸质证书同等效力，同时也有效解决了以往企业在招标活动时须提供证书原件的困扰。

（二）后置审查计划自动生成

江苏省建立了500多人的工业产品审查专家库，审查人员按专业分类。系统会依据审检分离、专业匹配、审查组成员不得来自同一单位等原则，根据企业产品审查类别，自动生成计划，并通过手机短信和App现场核查系统通知审查人员和所属市局。审查组织按计划安排，将审查时间、审查地点和审查对象通过手机App系统提示审查组成员。

（三）现场审查规范有序

审查组成员到达审查地点后，须上传图片留证。对首次会议、任务分工、现场审核过程、产品封样、结论报告、末次会议、问题解读等，以图片、视频、录音形式进行证据留痕。充分运用信息化手段，以电子数据还原法律法规所规定的现场工作情景，对有效统一实地核查工作标准，防范核查工作漏洞，减少企业核查工作负担，以及为行政许可判定提供有效的可视化数据档案提供了强有力的技术支撑。

现场核查是确保许可质量重之又重的一环，做到企业申报信息、核查结论、检验结果等信息之间不脱节、不滞留，在第一时间让许可办理人员进行判定,从而得出公正科学的结果,是保证许可质量的关键。同时,智慧许可监管平台也为企业对许可过程实施链条式监督提供了一条顺畅通道,通过平台可随时对学科工作人员的办事效能、服务质量、廉洁行为等进行星级评价。

(四)信息共享便监管

江苏省工业产品生产许可证有效获证企业共8086家,获证企业数居全国第一,证书数量占全国工业产品发证总数的19.2%。为使这些获证企业的生产条件、生产地址、生产状况等基本情况能随时被省、市、县三级监管部门所掌握,为证后监管获得先机,系统平台及时对相关数据进行采集生成,监管人员可坐在办公室随时点击查看,获取所需相关数据信息。质监系统各级领导可通过手机App对全省及市县获证企业总数、产品获证占比率、行业分布、产业集聚等进行可视化查询,平台可为领导工作决策提供准确科学的大数据信息参考。

“江苏市场监管”微信公众号的推出,使微信查询许可各类数据更加便捷高效。各市局许可资料电子档案的建立有源可溯,企业了解获证过程有门可进,证后监管有据可用,社会监督有网可访。

三、运行实效及推广

2016年6月,智慧许可监管平台正式上线运行。2017年1月1日,将工业产品省级发证全部委托设区的市质监局办理,并且依据新版实施细则对平台进行升级,对接江苏政务服务网,企业办理工业产品许可证从此有一条全程“不见面”的快速通道。2017年8月1日,全国首张具有唯一身份识别条形码的“先证后核”工业产品生产许可证在无锡发出。

智慧许可监管平台“7+3”,是一个利企的平台,企业足不出户,轻点鼠标,信息瞬间可到,网上办,快速送,全程“不见面”,平均办结时间比原来缩短三分之二,大幅度节约成本;是一个阳光的平台,把规则变成流程,把规范变成机制,把规定变成权限,压缩自由裁量,杜绝弄虚作假,汇集多方评价;是一个创新的平台,大数据、云计算,打破信息孤岛,提供精准服务,连接全省质监,为后续监管和全省重点工业产品质量安全提供了有力支撑。智慧许可监管平台的运行,把审批全程变得更加透明,把审批时效变得更加快捷,把审批行为变得更加规范,把信息汇集变得更加全面。

该监管平台荣获中华人民共和国版权局计算机软件著作权登记证书,同时入选2017年智慧江苏建设重点示范工程。以此为起点,江苏质监局将全面建设智慧许可监管平台,形成全项目、全流程、全覆盖、全天候的智慧服务与监管网络,为深入推进“放管服”改革和促进全省经济社会发展作出新贡献。

(江苏省市场监督管理局)

江苏交通运输推行安检、综检、环检“三检合一”

一、总体介绍

2017年以来,江苏省贯彻落实国务院关于降本增效有关要求,在国家提出的“两检合一”的基础上,结合江苏实际,在全国率先提出推进货车年检(安全技术检验)、年审(综合性能检测)和尾气检验“三检合一”,实行“一次上线、一次检测、一次收费”,同时出具安全技术检验、综合性能检测和尾气排放检验报告,不重复检验检测、不重复收费,有效减轻了车主的负担。同时推行普通货车异地检测和异地年审,让货运经营者人员少跑腿、让数据多跑路,服务更加高效便民,减少经营者检测来回往返的时间成本。

二、主要做法

(一)制定下发贯彻实施文件

认真贯彻执行《交通运输部 公安部 质检总局关于加快推进道路货运车辆检验检测改革工作的通知》(交运发〔2017〕207号)等文件精神,加强与省公安厅、质监局、环保厅沟通协作,5月24日四部门联合印发《关于加快推进道路货运车辆检验检测改革工作的通知》(苏交运〔2018〕53号),8月21日印发《关于进一步明确道路货运车辆检验检测改革工作有关事项的通知》(苏运车〔2018〕91号),在国家要求的货车年检(安全技术检验)、年审(综合性能检测)“两检合一”基础上,增加尾气排放检验,实现“三检合一”,

减少重复检验,减轻道路货运经营者负担。

(二)加快信息化升级改造

按照交通运输部《道路运输车辆综合性能检测联网技术要求(暂行)》,引导省营运车辆综合性能检测行业协会建设全省综合性能检测联网平台。同时制订"江苏运政在线"系统升级改造计划,推动检测联网平台与"江苏运政在线"完成数据对接,实现对本辖区内综检机构全覆盖,为营运车辆"三检合一"、异地检测、异地年审和探索网上年审提供有力的信息化支撑。

(三)推进安检、综检和尾气排放检验"三检合一"

扎实推进"三站合一",鼓励机动车检验机构同时申请开展安全技术检验、综合性能检测和环保排放检验。推进安检、综检和尾气排放检验"三检合一",实行"一次上线、一次检测、一次收费",不得重复检验检测、不得重复收费。货车一次上线检测后同时出具三份报告,分别通过信息平台报送公安交管部门、环保部门和交通运管机构,实现检验检测结果互认。

(四)推进普通货车异地检测和异地年审

督促各地交通部门进一步简化车辆年审办事流程和手续,"江苏运政在线"系统实现省内普通货运车辆异地年审功能。进一步简化异地检测程序,明确无须办理委托检测手续便可在省内任何一家综检机构办理综检业务。

三、取得的成效

目前,全省142家综检机构已经全部实现"三检合一"。据统计,每辆货车每年减少检测费用120元左右,全省合计每年减少货车检测费用1亿元左右;同时大幅度减少货运经营者往返误工成本和经营成本。据测算,全省每年可节省4亿元左右。2017年全省异地检测货车1.8万辆次,2018年全省异地检测2.5万辆次。通过推进货车"三检合一",不重复检验,真正让货运经营者降低了经营成本,得到了实惠,让货车检验检测省钱省时省事省心,让货运从业人员将更多精力投入到经营服务中,提升货运物流效率水平,增强货运经营者获得感。在2018年9月13日国务院第六督查组督查三部局推进"两检合一"座谈会上,江苏省交通运输厅作为唯一参会的省级交通运输主管部门就江苏省经验做法进行介绍,得到了督查组领导的表扬肯定。目前，交通运输部、公安部、市场监管总局等三部局已经在全国推广“三检合一”制度。

（江苏省交通运输厅）

江苏 12345 在线打造全省一体化智慧民生服务平台

一、总体介绍

通过建设江苏 12345 在线服务平台，江苏积极探索“12345”这一民生服务品牌从热线向在线跨越、从咨询向协同办事跨越。2017 年 1 月 24 日正式上线以来，江苏 12345 在线平台联手 90 家省级部门单位、13 个设区市和 54 个县区 12345，积极推进全省一体化建设，完成省市县三级数据对接，实现了一个号码对外、线上线下联动。平台创新性地开启大数据分析应用，不断拓展政务服务、民生服务功能，努力打造全省一体化智慧民生服务平台，形成全国 12345 服务体系的“江苏模式”。上线以来，全省 12345 在线平台运行稳定，服务质量不断提升，得到了领导和社会各界的充分肯定与广泛赞誉。

二、主要做法

（一）加强制度建设，持续稳定发展

明确总体建设目标。印发了《关于推进全省 12345 在线平台一体化建设的指导意见》，按照“统一、简化、协调、优化”的工作原则，稳步推进全省 12345 在线平台标准体系建设。

制定数据交换标准。印发了《江苏省 12345 在线服务平台数据交换标准》，明确了业务目录 11 类 94 个，基础数据指标 96 项。积极构建全省 12345 在线平台全媒体服务、联动办理和大数据分析应用体系，致力于打造服务平台、监督平台、分析平台、创新平台，为优化政府公共服务、提升现代化治理能力提供支撑。

建立管理服务标准。制定了《江苏省 12345 在线平台运行管理办法》《江苏省 12345 在线平台绩效评估体系》，并将两个意见稿发至各成员单位征求意见。统一规范全省服务标准,优化完善服务团队管理规范、业务流程规范、服务质量考评制度,做好服务工单和业务归口类型的标准化,规范全省联动管理,强化在线服务体系培训。

(二)聚焦民生服务,聚力创新应用

提供全媒体渠道保畅服务。江苏12345在线平台运用"互联网+"思维,变革热线电话服务模式,构建了电话、微信、微博、App、网站等多个联动服务渠道,为社会公众提供24小时"不打烊"的服务。

全面开展"不见面审批(服务)"和江苏政务服务网"一号答"。探索推进政务服务"一号答"电话服务专席,加强对政务服务网运行特别是"不见面审批(服务)"的配套咨询服务,解决群众不熟悉政务服务网、线上线下办理不同步等问题,实现政务服务"一号答",进一步增强政务服务的协调性和协同性。下一步将以"互联网+政务服务"为引领,积极融入全省政务服务网建设,形成高效便捷的咨询服务平台和效能监督平台,为优化全省政府公共服务、提升现代化治理能力提供支撑。

继续加强"江苏大走访"微信诉求办理。按照省委办公厅、省政府办公厅《关于做好"江苏大走访"微信诉求办理工作的通知》要求,扩展利用现有的网络流程办理机制,专门开通"江苏大走访"微信诉求办理渠道,实行标签式办理,强化"当事人评价"和服务回访。各地各部门联动服务、协同办理,群众反响较好,整体服务满意率达95.91%。

积极开展"人民建议"征集活动。利用江苏12345在线平台优势,围绕政务服务和民生实事,联合《新华日报》、《扬子晚报》、江苏卫视等媒体,省市县三级共同发力,在全省范围内开展常态化"人民建议"有奖征集活动,鼓励群众和企业提出政务服务好建议、民生实事金点子,为广大企业和群众在建设"强富美高"新江苏的道路上广开言路。各设区市积极配合,联动开展活动,建立"人民建议"清单库,对征集到的建议进行逐一登记、分类梳理,转交至相关部门进行认证认定。省级部门对群众提出的建议进行可行性研究,提出切实可行的落实措施。

提升平台协同服务功能。积极与公安部门、省机关事务管理局和省机关纪工委协同配合,将12345非紧急类事项与110紧急类事项进行处置衔接，协同实施精细化社会治理。全省统一实施党政机关公务用车标识化管理，并将12345作为全省公务用车的监督平台，进一步畅通了社会监督渠道，加大了公车监督的力度和广度，开创了公车监督新模式。

（三）强化数据汇聚，推进数据分析

加强数据汇聚。按照《江苏省12345在线服务平台数据交换标准》，完成实时服务信息接口、业务汇聚信息接口和业务协同信息接口的开发上线，全省已经实现省市县12345在线平台贯通，完成三级数据对接，省平台可以实时监控各地服务情况，解决了省市县数据流转“最后一公里”问题。

推进智能分析。以平台实时归集的全省服务数据为基础，积极推进建立全省大数据政情民意分析系统。对12345大数据政情民意分析项目进行试点推进，对政治生态情况进行常态化监测，形成有效的监察预警和预测，生成社情民意的情况报告，强化对全省服务数据的关联分析、深度开发和综合应用，为全省决策施政提供数据服务。

强化大数据分析应用。省12345在线实时归集、全量汇聚全省数据，适时开展大数据分析，辅助领导决策，实现了8类专题32个主题分析。坚持实事求是原则，把群众关心关注的问题情况及时、客观地向省委、省政府报告，目前共报了183期情况专报。省委、省政府主要领导在情况专报中38次作出批示，推动了相关改革措施迅速落实，提升了服务群众的能力水平，收到了很好的效果。南京、无锡、徐州、苏州、南通、连云港、淮安、盐城、扬州、泰州、宿迁12345报送的专报多次得到市委、市政府领导的批示。省12345平台还密切监控诉求数据变化情况，联动各设区市、部分省级部门，对突发情况和苗头性事件第一时间上报，形成了43期信息快报，努力使突发事件得到有效处置，进一步凸显平台价值。

三、取得的成效

截至2019年9月4日，平台共汇集全省群众和企业诉求3551.1万件，其中，江苏12345在线平台受理服务诉求610126件，现场答复246641件，总体服务满意率93.89%。从诉求来源渠道看，省平台诉求服务量微信占比15.65%，电话占比49.85%，政务服务网占比21.55%。从办理情况看，转交省级部门和设区市办理363659件，其中省级部门办理86430件，设区市12345办理277229件，省平台累计电话和短信回访405996次。江苏12345在线服务平台2018年共收到企业群众表扬827件，涉及全省12345在线各平台和各部门。李强、娄勤俭、吴政隆、黄莉新等领导多次到省平台视察指导工作，国务院办公厅多个督察组现场指导，对江苏省的整合创新做法予以肯定。北京、上海等十多个省市先后来现场考察交流，表示这样的“江苏模式”值得借鉴。《人民日报》、新华社、江苏卫视、《新华日报》等主要媒体和省委宣传部对平台运行成效予以报道。

（江苏省政务服务网运管中心）

南京市商品房交易登记全程“不见面服务”

一、基本情况

为全面贯彻落实“放管服”改革，南京以承接国家“互联网＋政务服务”试点为契机，在全国首创房产交易与不动产登记一体化办理平台（以下简称“一体化平台”），交易备案、税收和不动产登记实行一体化办理，打造了“一次取号、一窗申请、一套材料、一人受理、一网办结、一键缴费、一并快递”的“七个一”集成服务新模式。

2018年，为深化“放管服”改革，扎实推进“不见面审批”改革和“3550”改革，推动营商环境持续优化，南京市依托一体化平台和“我的南京”App，在全国首家推行商品房交易登记全程“不见面服务”。2018年11月30日，国务院总理李克强考察“智慧南京”中心，听取有关汇报时提出表扬：“有了你们默默无闻的工作，企业主才更活跃，百姓生活才更顺心！更重要的是，你们的工作关系到政府简政，推动了政府工作流程再造，大大提高了政府运行效率，充分体现了社会公平。你们的工作是值得称道的！希望你们鼓足干劲，加油干！”

本项改革由南京市不动产登记中心、南京市政务服务管理办公室、南京市国土资源信息中心和南京市信息中心等部门共同实施。南京市不动产登记中心、南京市政务服务管理办公室负责牵头组织实施，具体承担业务和流程设计;南京市国土资源信息中心具体负责相关信息系统功能的设计与实现;南京市信息中心具体负责信息共享的实现;房产、税务、南京银行、南京邮政物流公司等配合实施。

从 2018 年 9 月 30 日起,在南京市主城六区(玄武、秦淮、建邺、鼓楼、栖霞和雨花台区)购买新建商品房且已办理过预告登记的个人,实名注册“我的南京”App 后,可通过手机线上申请办理新建商品房首次转移登记,以及相关的交易备案和纳税。

二、主要做法

为切实达到“让信息跑路代替人跑腿”,保障交易登记安全,显著提升办事群众的服务体验,本次改革在充分实现信息共享的条件下,采用“外网申请、内网办理、在线缴费、快递送证”的方案。

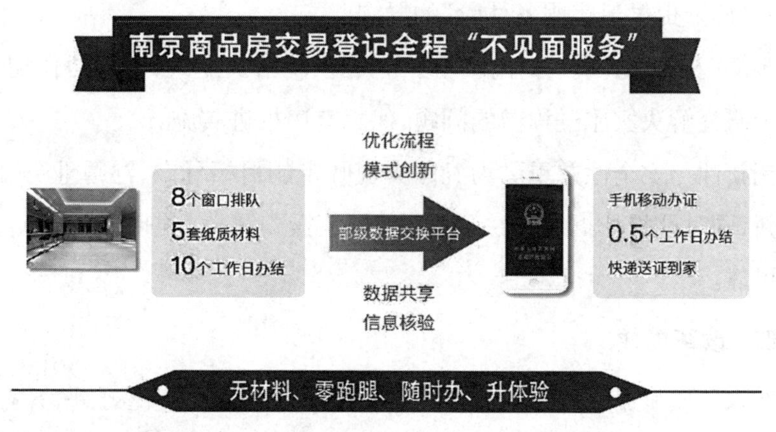

商品房交易登记全程“不见面服务”改革情况展示图

信息共享:一体化平台与“我的南京”App 互联互通,并打通共享公安部个人身份信息,全省民政、司法部门的婚姻登记和公证信息,以及南京市国土、房产、税务等部门的不动产登记、网签备案、房屋测绘、物业维修资金、核价核税和纳税等信息,强化信息核验。

外网申请:通过“我的南京”App“E 办证”模块,当事人网上提出申请,系统对当事人进行人脸识别验证。

内网办理:不动产登记机构在内网业务系统中进行受理和审核,审核通过后短信通知当事人在线缴纳税费、登记费和物业维修基金。

在线缴费:通过“我的南京”App“大额专用账户”,当事人一次性支付应缴税费、登记费和物业维修基金。

快递送证:确认当事人缴清税费后,不动产登记机构登簿、制证,并移交 EMS 快递人员,免费将不动产权证书和缴费票据一并送达。

商品房交易登记全程“不见面服务”0.5 个工作日办结(从内网受理通过时起算,至完成制证)。

三、实施情况和主要特点

本改革于 2018 年 4 月启动,至 2018 年 9 月顺利完成并投入实际应用。南京市在全国首家实现商品房交易登记全程“不见面服务”,在业务和流程方面具有很强的创新性和鲜明特点:

目标导向明确。整个实施过程,始终贯穿“全程不见面服务”的目标和“为办事群众提供最优服务体验”的导向。

多部门高度协同。多个部门参与实施,均落实专人,密切协作配合,及时组织研究解决实施过程中的问题,保障有序推进实施。

创新性与安全性并重。为确保实现既定的目标导向,注重业务和流程的创新,同时严格依据有关法律法规,规范操作程序,强化信息核验,确保安全可靠。

四、改革成效

本改革成果已在南京市主城六区全面应用,受到广泛好评,并在行业内产生积极影响。实施单位实时监测日常运行情况,配备专门技术力量做好运维工作,保障商品房交易登记“不见面服务”顺畅实施。与传统的实体大厅线下办理模式相比,在商品房交易登记全程“不见面服务”模式下,办事群众可完全免除跑腿、排队、提交纸质材料等负担,不受实体大厅服务时间的限制,办事成本显著降低,获得感和满意度显著提升。同时,商品房交易登记全程“不见面服务”也为深化不动产登记“不见面服务”、实现更多类别不动产登记全程“不见面服务”提供了有益的借鉴,为“不见面审批”改革增添了新的实例样本。因此,该项成果产生了显著的经济社会效益。

下一步,南京市将在全市域范围推广应用该项成果。同时,南京市正在建设法人或非法人组织信息库,待该信息库建成后,企事业单位可实名注册“我的南京”App,该项成果的应用可拓展至企事业单位。

(南京市不动产登记中心)

南京市铸造工程建设项目“并联审批、代办服务”特色名片

一、基本情况

开展工程建设项目审批制度改革是党中央、国务院推进“放管服”改革、加快转变政府职能的重大决策部署。2018 年 5 月,国务院办公厅印发《关于开展工程建设项目审批制度改革试点的通知》(国办发〔2018〕33 号),决定在包括南京以内的全国 16 个地区开展试点工作。试点工作启动以来,南京市政务办围绕市委市政府提出的“受理前服务指导最优,受理后审批时间最短,审批后监督管理到位”的目标要求,遵循“互联网+政务服务”理念,坚持以用户体验为中心,构建了独具南京特色的工程建设项目审批管理系统。

(一) 受理前服务指导最优

受理前,系统提供申报审批事项和要件材料“一单清”,通过“一份办事指南、一张申请表单、一套申报材料”,全景式呈现审批全过程,精准指导建设单位开展申报工作。同时,推出全程代办、提前协同、“一号答”等一批创新举措,提前介入、协同服务,变被动受理为主动服务,最大限度地提高审批效率。按照“提前介入、平行推进、垂直衔接、及时转换、全程代办”的原则,在未供地前为项目单位进行实质性预审批,并建立健全“二级机构、三级功能”的代办服务体系,为投资者提供精准、高效、专业的“保姆式”服务。

(二) 受理后审批时间最短

受理后,按照“一网通办、适时代办、一窗进出、并联审批、全程考核”的工作思路,系统归集共享协同办理、并联审批、申报材料等信息,进一步提升审批工作效率。同时,还通过系统互联破除信息孤岛、结果快递避免企业跑动等多项措施并行,在工程建设领域大力推行“不见面审批”,最大限

度地提升企业在项目申报中的获得感和满意度。

（三）审批后监督管理到位

系统强化数据监督，助力审批后监管到位。在企业申报后，审批结果可实时上传数据至共享平台，同步推送至各项目监管部门，及时启动事中事后监管。2019年1月1日起，该系统在南京市全市范围内正式上线运行。

二、创新做法

（一）总体架构

工程建设项目审批管理系统构建了高度整合的工程建设项目并联审批体系架构，可以归纳为“1＋4＋1＋N”，包括建设1个“多规合一”协同平台，完善现有的全市政务服务网、政务服务综合管理平台、数据共享平台、服务协同平台等4个“互联网＋政务服务”基础平台，改造提升1个工程建设项目并联审批系统，对接N个部门业务审批系统。

（二）用户空间

基于南京政务服务网开设的用户空间，架起了企业、群众与政府部门的网上沟通桥梁。用户空间具备电子证照存储管理、事项在线办理、过程结果查询、建议诉求评价等功能，为用户开辟专属空间，提供工程建设项目审批申报的精准高效服务。

（三）代办服务

目前，南京已建立全市“二级机构、三级功能”投资建设项目代办服务网络，全市、区（园区）设立专门代办服务中心15个，配有专（兼）职代办员328余人，服务覆盖全市域范围。截至2018年底，全市代办项目2662项，总投资额约1万亿元，服务区级以上重点项目850项。

（四）事项“一单清”

本次系统建设，改变了过去企业自行查阅申报指南的模式，改由牵头审批部门根据申报项目的实际情况，联合阶段审批部门共同为项目配置审批事项，通过系统自动汇聚生成项目申报事项和要件“一单清”，企业可第一时间通过系统获取“一单清”，从而有针对性地准备材料，提高申报效率。

（五）一张表单

对各部门原有工程建设项目审批事项涉及的申请表单，系统全面进行数据信息整合，将原有的27个申请表单整合为四个阶段相对统一的“一张表单”。同时，对于前期在系统中已生成的信息，系统将自动归集，无须重复填报，解决填表多、重复报、申报繁的问题。

（六）一窗收发

系统解决了跨市、区（园区）两级流转的问题，在政务大厅设置工程建设项目审批综合窗口，将原先多个部门多个窗口整合汇聚为一个综合窗口，实现一窗受理发件和综合咨询，解决企业“多窗申报”反复跑的难题。

（七）并联审批

改革后的工程建设项目审批四阶段流程，做到了各阶段要件同步申报、事项同步审批、结果同步发出，实现政府投资项目80个工作日内、社会投资项目60个工作日内、小型建设项目40个工作日内完成项目审批的“864”目标。

（八）证照共享

各部门在审批过程中产生的证照和批复意见，系统将自动留存至该项目的证照“共享池”，后续审批部门在需要时可自行调用，不再需要企业重新提交，实现各部门证照共享共用，大幅减少企业申报要件，节约申报时间，提高审批效率。

（九）全方位服务提供

坚持以企业为中心，系统提供了“我要帮助”功能，为企业提供政策咨询、申报指导、协办帮办、预先协同、中介超市等全方位贴心服务，代办员免费代办，部门超前协调解决审批中可能出现的问题，最大限度地帮助企业完成各环节的申报准备，真正实现“受理前服务指导最优”。

三、系统实效性

2018年9月，系统在南京市江北新区、江宁区、栖霞区、浦口区、溧水区、高淳区等6个地区试运行，取得企业较好评价。2018年10月，住建部主要领导来宁调研工程建设项目审批制度改革试点工作，对南京试点工作、系统建设和特色创新服务等给予了充分肯定。2018年10月31日，通过南京市工程建设项目审批管理系统申报审批的首张“用地规划许可证”在南京高淳区行政审批局发出。2018年12月10日，通过南京市工程建设项目审批管理系统申报审批的首张“工程规划许可证”在南京浦口区政务办发出。2018年12月17日，通过南京市工程建设项目审批管理系统申报审批的首张新版“工程竣工验收备案表”在南京溧水市民之家发出，标志着南京市工程建设项目审批管理系统建设取得新进展。2019年1月1日起，该系统在全市范围内正式上线运行，房屋建筑和市政基础设施工程建设项目原则上均须通过该系统进行申报、受理、审批。

根据《国务院办公厅关于开展工程建设项目审批制度改革试点通知》(国办发〔2018〕33号)要求，2019年总结推广试点经验，在全国范围开展工程建设项目审批制度改革。南京市作为江苏省工程建设项目审批制度改革唯一试点城市，肩负着先行先试的重要使命，南京市投资建设代办服务中心在试点改革中充分认识工程建设项目审批管理系统的重要性、特殊性和复杂性，攻坚克难，积极实践，旨在打造以用户体验为中心的“傻瓜式”审批系统，同时形成可复制、可推广的试点成果，为全省推广提供经验和示范。

（南京市投资建设代办服务中心）

南京市打造“多规合一”业务协同平台

一、总体情况

为进一步深化“放管服”改革，推进城市治理能力现代化，切实优化营商环境、优化项目服务，根据国家推进工程建设项目审批制度改革试点要求和南京市工程建设项目审批制度改革试点实施方案部署，南京市“多规合一”业务协同平台建设目标定位于打造工程建设项目审批“受理前服务最优、受理后时间最短、审批后监管到位”。2018年11月，南京市工程建设项目审批制度改革工作领导小组印发《南京市工程建设项目“多规合一”业务协同平台运行规则暨业务协同管理办法(试行)》,明确了项目分类、办理流程和各部门职责、协同意见时限要求、协同意见效力,为平台运用建立了制度保障。平台建立空间协同机制,统筹协调各部门提出的项目建设条件,落实建设条件要求,加速项目前期策划生成。在空间协同基础上,拓展服务协同功能,政府部门提前介入,提供超前服务,提升项目单位获得感。平台以“一张蓝图”为基础,以政务服务为窗口,以业务协同优服务,以信用信息为保障,各业务系统信息充分共享,变逐一协商为同步协同,变被动协调为主动服务,为南京市工程建设项目审批制度改革“864”目标提供强有力支撑。

二、平台功能与特点

平台功能包括项目储备、空间协同、服务协同、项目监管等模块,以项目代码为主线,通过与“多规合一”空间信息管理平台“一张蓝图”对接,为项目储备与空间协同提供规划支撑;通过与政务服务网及工程建设项目审批管理系统对接,实现项目服务协同,辅导项目单位准备材料,为审批提速创造条件。同时,平台开发项目监管模块,进行项目全生命周期管理,项目策划储备、部门协同、报建审批、开工建设、投产运行全过程纳入平台监测。

平台主要特点包括:一是项目储备类型全覆盖。平台覆盖企业和政府投资项目,由市发改委牵头,会同市建委、规划局、国土局、各行业主管部门和江北新区、各区(园区)重大项目推进部门、招商部门等建立项目储备库。项目发起单位可通过平台自动获取项目的合理合规性检测报告,为项目储备提供依据。二是空间协同多部门联动。依托“多规合一”空间规划数据,由规划部门牵头征求发改、国土、环保、文物等单位意见,形成项目在空间布局上是否可行的综合意见。空间协同形成项目意向用地红线图和各部门空间协同汇总意见等成果,反馈给项目发起单位,同时推送各部门和各系统共享。三是服务协同提升获得感。针对立项、文物保护、设计方案等关键环节,项目单位可按需提请代办人员或自行发起服务协同,仅需提交核心要件电子材料,相关单位根据服务协同事项对要件材料进行指导服务,出具服务协同意见,意见通过平台推送给工程建设项目审批管理系统,在审批阶段直接可转为审批意见。

三、创新特点

（一）业务创新

空间协同。平台依托“多规合一”“一张蓝图”，以国民经济和社会发展规划、城乡规划、土地利用总体规划、生态环境保护规划等各类规划为支撑，在自检测基础上征求相关职能部门在产业规划、城乡规划、土地利用规划、生态保护规划等空间方面意见，明确项目能否落地，同步告知水、电、气等公用事业单位，促进项目精准落地，破解项目落地中经常出现的建设用地需求与各类规划冲突、土地资源利用率不高等难题，建立以发改、规划、国土和环保等部门为主，多部门协同的项目生成机制，形成以规划统筹引导推进项目落地落实的空间开发模式。

超前服务。针对企业反映的项目审批过程中的关键堵点，如规划设计方案审查、文物保护审查、水电气报装等环节，平台在“空间协同”基础上增加了“服务协同”。围绕“企业自愿、部门协同、平行服务”目标，相关部门通过平台为项目单位提供超前指导服务，解决关键堵点环节程序繁琐、体外循环时间长等问题，部门通过平台提前介入，辅导项目单位准备材料，提升材料申报质量。特别是将水、电、气、通信等公用事业单位纳入服务协同内容，提升市政设施接入效率。通过信息共享，实现部门系统之间协同意见互通，真正做到“让企业少跑腿、让数据多跑路”。

线上并联。针对项目审批的权力事项分散在各职能部门，项目单位要线下多部门或多窗口沟通，项目单位难以对专业的技术审查环节和报审要求熟练掌握，报审过程中易出现对材料的反复修正等现状，平台打破传统线下沟通模式，各部门根据职能分工，通过平台进行线上并联服务，打破部门各自为政的局面，使项目的落地实施更高效、更透明。

信息共享。通过平台与相关系统的数据推送，在反馈给项目单位协同意见的同时，实现部门之间协同意见充分共享以及协同意见与审批意见充分共享。代办人员或项目单位在服务协同阶段提交的材料，在正式报建审批时如无修改，无需重复提交，减轻项目单位负担。

信用监管。平台以信用信息共享，实现联合惩戒和差异服务。以信用信息记录，保障承诺兑现和容缺服务。平台与南京市公共信用信息平台对接,已实现 130 万家企业 300 万条信用信息充分共享,各部门在协同中及时获取建设单位信用状况,为其提供差异化服务。

(二) 技术创新

系统架构创新。跳出传统“多规合一”业务协同平台聚焦于空间规划统一、服务项目选址的功能局限性,从项目储备、服务协同、审批监管、信息服务等全流程拓展“多规合一”业务协同平台的系统架构。

协同模式创新。跳出单一平台对接的传统协同模式,在准确判断拟对接平台建设基础和系统特征的基础上,构建精准度高、操作性强的差异化、多元化平台系统协同模式。平台制定了多种系统协同模式,包括全互通的数据交换模式(与政务服务管理平台的数据及操作过程留痕全推送)、半互通的数据互访模式(与企业大数据平台)、相对隔离的人工摆渡模式(与规划局规管系统)等,确保跨部门、跨行业平台系统协同的安全高效。

空间数据转译。跳出空间数据与属性数据准确关联的传统模式,考虑现状空间与属性数据库建设基础和标准不一致的现实问题,探索模糊匹配、拓扑匹配加局部校核的数据关联新模式。

四、取得的成效

平台自 2018 年 8 月上线试运行以来,已在市本级、江北新区、江宁、栖霞、高淳、浦口、溧水区等使用一年,运行项目已超过 120 个,切实提升了项目审批效率。2018 年 12 月 28 日,南京市发改委在住建部组织的全国工程建设项目审批制度改革工作培训班上面向江苏、安徽、河南进行了平台培训。下一步将实现各区、园区全覆盖以及各级招商项目、重大项目、政府投资项目全覆盖。

(南京市发展和改革委员会　南京市信息中心)

无锡市全力提升 12345 政府热线工作水平

一、总体介绍

近年来,无锡市行政审批局以“互联网+政务服务”为引领,紧紧围绕省政务办关于建设全省12345政务服务一体化平台的工作部署，积极探索，锐意改革，全面建成大数据政情民意分析系统1.0版，不断提升无锡市12345在线平台大数据分析应用水平，为优化政府公共服务、提升现代化治理能力提供了有力支撑。

二、主要做法

按照“对照不足补齐短板，对照差距提升能力”的工作要求，牢固树立“微创新”理念，按照“响应速度快，处置质量高；诉求来源广，表达渠道多；分析能力强，服务决策好”的建设思路，加快推进大数据政情民意分析系统1.0版建设，推动从“热线”向“在线”、从“咨询”向“协同办事”跨越。

（一）捕捉社情民意，开通民生直通车

对全市非紧急类救助服务热线实行12345一号对外，全天候汇聚社情民意，为企业和群众广泛参与政府决策提供了有效途径。一是升级传统服务。实行“受理、管理、考核”三位一体的运行模式。“受理”，设置了60个前台话务员接听席，开通电话、传真、短信等服务渠道。“管理”，由市公共服务热线受理中心负责热线诉求件的交办、协办、督办及热线数据的统计、分析、汇总、反馈等工作。“考核”，将工单办复质量纳入年度绩效考核，督促地区（部门）有效解决群众诉求。在此基础上，升级平台功能，实现了微信公众号受理、移动视频勘查、移动终端App办理等网络服务功能，提高了政府热线服务的便捷性。二是开通在线服务。主动对接江苏政务服务网，开通互联网座席，为企业和群众提供全天候的在线服务；对标省12345在线平台数据交换标准，推动市、县（市）12345政府热线与省政府热线互联互通，实现“一个平台受理，三级联动办事”。三是实施定制服务。不断拓宽服务内容，梳理编制了群众提问频繁、普遍关注的民生热点问题，以“一问一答”的形式通过无锡市人民政府门户网站和市政务服务网同步公开，累计达906条。开通政务服务“一号答”，设置语音导航，编制业务清单，联动网络服务，为企业和群众提供了一个咨询、建言、评价政务服务工作的通道。

（二）解决诉求难题，架起行风监督仪

主动树立“一切为了群众，一切方便群众”的理念，全方位解决诉求难

题,不断提高政府热线工单的办复质量,有效提升了政府决策的执行力。一是咨询工单马上接办。为提高咨询诉求解答的准确性,建立了市 12345 政务信息知识库,将事关公民、法人和其他组织的依法应公开事项全部纳入知识库统一管理,并及时更新完善。二是诉求工单转交协办。对一些当时无法答复并需要有关部门办理的诉求,以派发电子工单的形式转交承办单位答复办理,在帮助群众解决实际难题上发挥了协调督办的作用。三是疑难工单跟踪督办。开展疑难工单现场踏勘,掌握实情,明确责任,解决难题。召开疑难工单协调会,对因政策空白、管理盲区、职能交叉而产生的复杂诉求,组织相关部门协调、沟通,进一步明确责任,并做好跟踪落实。通过对群众诉求的深度分析,12345 政府热线分别向市政府上报了“无主僵尸车”“高架音屏障”“商业预付卡”等影响大、涉及面广的疑难诉求专题,经市政府研究决定,有针对性地开展了“无主僵尸车”综合治理活动,将“高架音屏障”建设列为 2017 年为民办实事项目,“商业预付卡”按发放主体明确责任。

(三)开展精准分析,提供决策信息源

主动发挥政府热线大数据集成优势,通过数据归类、精准评价、研判服务、形成结果,为反映民生热点、维护社会稳定、推动改革创新、促进社会发展发挥了积极作用。一是设置大数据分类办理。对具体诉求实行分类办理,做到响应速度快、处置质量高,并做好满意度回访工作,切实维护好群众利益。按照全市大走访活动的统一部署,积极筹建大走访“一级数据库”,从民生改善、改革发展、产业发展、基层党建、社会治理等方面做好报送信息的分类梳理和交办反馈。“一级数据库”共协调解决大走访反馈问题 32153 个,有效推动了连心富民的大走访转变为解决问题的大落实。二是开展大数据分析办理。设置了“123 级工单归口分类功能区”(1 级 11 个分类,2 级 100 个分类,3 级 267 个分类),对热点诉求解答进行细化更新,帮助有类似诉求的群众第一时间解决实际难题;补充完善信息知识 40000 多条,确保群众诉求“事事有回音,件件有着落”。三是实施大数据预警办理。密切关注反映人员多、解决难度大、内容要求高的疑难诉求,进行归纳分析,发挥民生热线预警功能,协调有关部门第一时间解决问题,力争把社会不稳定因素解决在萌芽状态,对阶段性的热点诉求及时作出预警研判，有效解决了学区划分、拖欠农民工工资等一批群众关注的热点难点问题，一定程度上维护了社会的和谐稳定。四是组织大数据精准办理。对政府服务数据进行整理提纯、自动比对、科学研判、综合运算、分析预测，做到每周上报一篇典型案例和民生专报，每月上报一篇难点问题和创新做法，每季度上报一篇运行报告和热点词汇，获市委市政府主要领导多次批示，使政府热线成为市委市政府领导了解掌握社情民意的一个重要渠道。开展“人民建议”金点子征集活动，征集“政务服务”和“民生实事”方面的意见建议 104 条，其中城市道路建设、市政设施建设、公共交通建设、智慧城市建设等建议正式列入无锡市政府 2018 年度为民办实事具体内容。

三、工作成效

通过建设大数据政情民意分析系统，无锡深入挖掘了政府服务信息资源的“金山银山”，体现出三方面工作成效：

（一）信息捕捉更及时

信息是决策的依据。通过开通 12345 政府热线全媒体服务渠道，确保诉求信息第一时间、第一现场、第一发现，通过成员单位数据联动，做到了反应迅速、收集及时、整理充分、报告精准。

（二）数据管理更精准

通过推动实时服务信息、数据汇聚信息、业务协同信息的交换和汇总，形成了覆盖全市的全媒体全服务的基本信息、过程信息、结果信息等各类信息汇聚的民生服务事项信息库，为全市大数据分析应用提供了数据保障。

（三）智能应用更有效

通过加大对 12345 在线平台数据的分析研判，强化了数据关联分析、深度开发和综合运用，有效地跟踪监测全市社会动态。通过对数据信息还原，如实反映了服务对象的诉求内容和衍生价值，实现社会热点问题全流程全时段全方位的跟踪研判。通过及时向市委市政府提供分析成果，有效提升了大数据应用于治理社会、服务群众的能力水平，推动政府服务向智慧管理和精准治理转变。

（无锡市行政审批局）

徐州市政务服务与“市民卡”实现资源共享

一、总体介绍

为加快完善政务服务网建设，促进“互联网＋政务服务”升级，切实提高政府服务效能和质量，最大程度利企便民，徐州市政务办在强化政务服务网建设、推广、应用的基础上，在市交通局的配合下，针对“徐州市民卡”本地特色，实现政务服务网与“徐州市民卡”的强强联手、资源共享，将“徐州市民卡”已实现的功能及累积的服务资源融入政务服务网，打造一体化综合便民服务平台，让市民和企业办事更方便、更快捷，有更多的获得感。

二、主要做法

（一）推动用户数据资源共享，实现政务服务“统一认证”

“徐州市民卡”项目是徐州市委、市政府2012年为民办实事项目之一，也是数字城市、智慧城市建设的重要载体。该项目以“惠民、便民、利民”为服务宗旨，以提升公共服务职能、建设市民卡服务平台为目标，整合社会资源，全面提升数字城市服务保障能力和现代化管理水平。从项目实施至今，凭借优质的服务、便民的举措，已累计拥有320万用户，用户量大、稳定，而且覆盖面广，在徐州市具有良好的群众基础。而江苏政务服务网的建设，是顺应“互联网＋政务服务”的重要举措，是推动实现“不见面审批(服务)”改革的重要抓手，其目的是围绕企业和公众的实际需求，从解决群众办事难、办事慢、办事繁等问题出发，推进线上线下融合，提供渠道多样、简便易用的政务服务。两者建设宗旨不谋而合。徐州市政务办积极对接徐州市市民卡公司，通过技术手段，采用App内嵌技术，将“江苏政务服务”App与“徐州市民卡”App进行对接，根据政务平台数据格式进行信息交互，政务平台根据信息传递来源增加用户标识，对市民卡用户进行身份识别，实现了“徐州市民卡”信息与江苏政务服务网的资源共享。徐州市民无须二次注册就可以在江苏政务服务网进行业务办理，切实减少实名注册环节，实现方便、快捷登录。

江苏政务服务网与“徐州市民卡”实现资源共享，不仅能更好地扩大江苏政务服务网的影响，加快服务平台融合，形成线上线下功能互补、相辅相成的政务服务新模式，更推动了服务资源统筹，促进服务无缝衔接、业务协同办理。同时，该项目也成为数字城市、智慧城市建设的重要载体，全面提升了徐州市政府行政效能，以更加亲民的方式展示了徐州现代化服务管理水平。

（二）融合优势服务资源，打造综合服务平台

为了更好地扩大江苏政务服务网的影响，加快政务服务向基层延伸，提升便民服务功能，持续做好政务服务网的推广宣传工作，徐州市将与群众密切相关的市民卡办理、查询业务进驻政务服务网旗舰店，并通过政务服务网上服务和市民卡自助终端相结合，打造出全新的多功能便民自助服务终端，让政务服务网更贴近市民。

市民卡自助服务终端主要布设在大型商场、超市、学校、物业社区等地，共计500余台，功能以政务服务为主，市民卡充值、圈存、综合服务为辅，后期逐步增加其他刚性需求的公共服务功能。自助终端服务让政务服务随处可见、随时可办，尤其让不擅长使用智能手机的市民也能便捷地接触政务服务网，享受“互联网＋政务服务”的优质服务，进一步展现政务服务的标准化、精准化、便捷化、平台化、协同化，切实增强用户体验，真正做到便民、惠民。同时，还将“徐州市民卡”在线充值平台“云闪充”业务纳入江苏政务服务网中，徐州320万市民卡用户可通过江苏政务服务网进行市民卡在线充值。这一举措将“江苏政务服务”App推广到千家万户，进一步扩大了江苏政务服务网的影响。

三、取得的成效

江苏政务服务网和“徐州市民卡”强强联合、资源共享，通过紧紧围绕企业和群众的体验和感受，从服务方式完备度、服务事项覆盖度、在线服务深度、在线服务推广度等方面，有效体现了网上政务服务的可达性、可见性、可用性、可办性。结合用户的“痛点”和“兴奋点”，实现了便民服务应用汇聚到政务服务网PC端和移动端，有效整合了优势资源，推动以“大数据”

助力“微服务”,实现精准化、便捷化服务,为政务服务网持续迭代升级提供支撑。

(一)整合提升,共建共享

充分整合、利用存量信息化资源,以“大数据”助力“微服务”,实现政务服务数据与市民卡数据的汇聚和共享,为市民免去了重复注册的困扰,在一定程度上促进群众去接触、使用江苏政务服务网。

(二)有机融合,便民利民

将市民卡业务与江苏政务服务网功能有机融合,以政务服务为主,市民卡充值、圈存、综合服务为辅,构建线上线下一体化的综合便民服务平台。无论是从宣传推广上,还是服务功能完备性上,都实现了共赢,更让老百姓能随时随地办事,让政务服务触手可及。同时还精简优化办事流程,强化业务协同办理,切实实现了“进一张网、办所有事”。

(三)加快推进了全省统一的身份认证系统

利用市民卡固有的实名制特点,结合政务平台自身综合运用身份证实名认证、手机验证、第三方支付认证、企业数字证书验证、社会信用代码验证等技术手段,实现自然人和法人统一身份信息在线校验核对,逐步做到网上政务服务“一次认证、全网通行”,有效拓展了江苏政务服务网的统一身份认证渠道,在保证实名注册安全性的基础上,提高了用户注册的便捷性。

(四)增加公共支付平台渠道

徐州市民卡通过与江苏银行、淮海银行等金融机构的合作,为市民提供信息查询、业务办理、金融支付等“一卡通”服务,支持水、电、煤气等公共事业缴费功能,为缴款人提供市民卡缴费渠道,为逐步实现政府非税收入一网式缴纳奠定基础,必将为徐州统一公共支付平台建设提供重要支撑。

(五)提升用户体验

多功能政务便民自助终端的推行,方便了无智能手机群体进行市民卡注册和使用,同时也有效解决了因手机容量小、不会操作等原因导致的下载难、注册难等问题,让政务服务更贴近百姓生活,市民获得感不断提升。

（六）增强用户粘性

由于市民卡业务对于广大市民来说属于日常生活的刚性需求，因此，通过与“徐州市民卡”的融合，增加市民卡业务功能，使江苏政务服务平台内容更丰富、更充实，与市民的生活贴合得更紧密，有效地增强了用户粘性。

（七）实现政务服务“零距离”

多功能政务服务自助终端，具有操作简单、布设灵活的特点，通过在市、区各级政府、机关、企事业单位、政务服务大厅、居民社区、商业综合体等人流较大的重点区域进行布设，有效解决了政务服务“最后一公里”问题。同时可以在政务服务终端上设立曝光纠错栏目，公开群众反映的办事过程中遇到的困难和问题，及时反馈处理结果。

（徐州市政务服务管理办公室　徐州市交通运输管理局　徐州市市民卡有限公司）

南通市在省内率先实现“互联网+ 政务服务”向基层延伸

一、总体介绍

建立系统完善的五级政务服务体系是“放管服”改革的重要内容，是全省推进“不见面审批(服务)”改革的重要支撑。南通市在省内率先实现 “互联网＋政务服务”向基层延伸，打通了服务群众的“最后一公里”，为江苏省五级“互联网＋政务服务”体系建设提供了经验。全市统一部署，积极构建以市级平台为引领、县级平台为核心、镇级平台为骨干、村级平台为触角的“纵向到底、横向到边、网厅融合、覆盖全市”的四级联动政务服务体系。市级统一全市镇村级公共服务事项清单，各县(市)区公布本地镇村级事项清单，试点县(市)规范镇村事项服务指南，试点县(市)依托江苏政务服务网设立镇村服务站点，全市域借鉴试点经验全面推开，各县(市)建设镇村事项网上办件系统。

二、主要做法

（一）高点定位，构建系统推进新格局

坚持目标引领，下好“任务书”；加强组织领导，把好“导航仪”；实化考核考评，用好“指挥棒”。

（二）把握重点，实现关键环节新突破

理事项，确保权力清单再精准；编指南，促进服务流程最优化；建平台，实现线上网络全覆盖。

（三）多措并举，彰显惠民利企新成效

引入标准管理，提升服务质效；广泛宣传动员，营造良好氛围；完善配套举措，打造创新亮点。

三、取得的成效

目前全省已全面推广南通“互联网＋政务服务”向基层延伸工作经验，多家媒体进行了报道。全市共建设网上镇级服务站点 93 个，认领并维护政务服务事项指南 6098 条，建设村级站点 1795 个，认领并维护公共服务事项指南 67348 条。农村危房改造等高频政务服务事项可以在江苏政务服务网进行网上申请，全流程网上办结，基本实现了基层政务服务事项的“一网通办”“不见面”“就近办”。

（南通市政务服务管理办公室）

连云港市推行医疗保险业务办理“全程不见面”

一、总体介绍

为解决异地就医人员办理异地就医登记备案、定点变更、医保待遇申报等业务过程中仍须返回参保地经办机构窗口办理的现状，满足办事群众对更加高效便捷的经办服务的迫切需求，2018 年，连云港市医疗保险管理处积极贯彻落实国家深化“放管服”改革相关要求、人社部窗口作风建设视频会相关精神，以及市委、市政府“高质发展、后发先至”重大决策部署，深入推进医疗保险经办业务与“互联网＋”的深度融合，于 2018 年 7 月 1 日在政务服务网全面开通医疗保险网上办事平台，在全国率先实现医疗保险业务100%、全方位“不见面”服务。

二、主要做法

（一）创新思路，推进医保网办业务

经过深入的调研论证和紧张的系统开发，借助政务服务网成熟的技术和资源，将医疗保险所有经办业务整合到政务服务网，实现所有医疗保险业务网上通办。参保人员只需要通过电脑或手机登录网络，即可以在网上办理所有医疗保险业务；而经办机构将采取“线上受理、线下经办”的模式，在规定时间内完成业务的预审、受理、审核、办结工作，并将办理结果通过网络和短信及时反馈给申请人，将医疗保险业务经办由“只见一次面”全面升级为“不见面”服务。

（二）理清清单，规范网上经办流程

根据政务服务网的规范要求，将5大类28项医保业务归纳为14个网上办事模块，并结合网上办事的特点，对各项网办业务的受理条件、申报材料、办理流程等内容逐一明确，整理成规范的办事清单置于网上，使办事群众一目了然。同时按照“能简化的环节一律简化、能省略的资料一律省略、能缩短的时间一律缩短”的原则，最大限度精简程序、减少环节，坚决砍掉无谓证明和繁琐手续，使网办流程达到“最简化”。

（三）严谨细致，高质管控网办业务

研究制定了《连云港市医疗保险业务网上经办规程》，按照线上线下统一、电子证照同等效力、网办优先、信任在先等原则，从操作流程、权限分配、办结时限、经办监督、风险控制等方面对网办业务全程进行了规范，实现对网上经办的全程高质量管控。

（四）强化保障举措，确保工作落到实处

加强业务培训，要求相关人员熟练掌握网上办事的全部流程。加强宣传推广，设立医保网上办事服务引导台，印制生动活泼的操作指南，使更多群众能够了解和享受到这项便民措施。强化作风建设，确保在规定时限内完成业务审核、办理流程并及时向申请人进行反馈。

三、取得的成效

连云港市基本医疗保险参保人员共 459 万人，其中办理过异地就医备案的有 3.98 万人，均可通过政务服务网注册登录在网上申办医保业务，无须跑腿见面，节省时间和成本。自 2018 年 7 月平台启动以来，已完成办理网上申办的 834 件医疗保险业务，其中异地人员办件量达到 80%以上，网办业务增长速度越来越快。“政务服务网+医保”的应用，提升了群众的幸福感和获得感，同时也进一步提升了医保经办机构的工作效率。2018 年 7 月，在全省人社工作座谈会上，连云港市就医保业务网上经办内容作了经验交流发言。省委办公厅《快报》、《江苏政务服务动态》刊登了连云港市医保业务网上经办内容，《中国劳动保障报》、人民网、新华网等多家媒体也对此进行了专题报道，取得了良好的社会效益。

（连云港市医疗保险管理处）

淮安市打造“互联网+ 数字化联合审图”

一、总体介绍

以前企业报审施工图需要到住建、消防、规划、人防、气象等多个部门往返跑，要重复提交各种材料，如果一个部门有修改意见，那其他部门还要再跑一遍，审完一套图纸，少则三个月，长则半年以上，企业苦不堪言。响应企业呼声，2015 年开始，淮安市政务办坚持“互联网+”思维，率先破题，整合优化审图业务流程，建成淮安市建设项目网上数字化联合审图系统，积极探索数字化联合审图新途径，在实现政府高效服务和企业快速办事上迈出了坚实的一步。

二、主要做法

（一）坚持“互联网+”思维，强化试点的顶层设计

2015 年 8 月，淮安市政务办按照省审改办、省编办的改革试点要求，承担了投资建设项目“四联合”（联合踏勘、联合评估、联合图审和联合验收）改革试点任务。2015 年 9 月，淮安市政府制定出台了《市政府关于推进投

资建设项目“四联合”工作的意见》，对联合审图进行部署，明确要求将“联合图审”作为解决建设工程施工图审查中长期存在的环节多和相互掣肘问题的主攻点。2015 年 11 月，淮安市政务办以住建部“探索开展白图替代蓝图、数字化审图等工作”要求为契机，制定印发《关于推行“白图替代蓝图”和数字化联合审图工作的通知》，通过设置 2016 年 4 月 1 日之前为“白图”代替“蓝图”的过渡期，使数字化联合审图工作快速、平稳、全面地实施。

(二) 坚持线上线下融合，革新完善审图方式

建设工程施工图审查涉及建筑、消防、人防、气象等多个部门，建设单位要分别送审设计文件；不同部门之间又互为前置，极大地影响了施工图审查进度。实现各图审机构同步并联审查是缩短施工图审查时限的关键。首先，淮安市政务办将联合图审涉及的工作人员和专家全部入驻市政务服务中心，实行集中办公，让企业少跑腿。其次，在物理整合的基础上，遵循现有法律法规，将规划部门纳入施工图并联审查程序，与建筑、人防、气象、消防等图审机构同步审查施工图。应用云计算技术，搭建施工图设计数据库，完善“建设工程施工图审查管理软件”，新开发规划、消防、人防、气象等专项施工图数字化审查模块，建成“淮安市建设项目数字化联合审图系统”，实现住建、规划、人防、消防、气象等多个审图机构网上协同并联审查。2017 年 8 月，数字化联合审图系统升级为实时在线的网页版，设计单位无需安装客户端软件，即可实现在线远程申报、图纸在线上传和下载，图纸上传速度提高 5 倍。网页版数字化联合审图系统在数据传输、文件存储等环节进行了相应的技术处理，系统安全性比客户端版本更有保障。

(三) 坚持先行先试，培育可复制克隆典型

传统的纸质蓝图数字化是实现数字化联合图审的基础。设计部门进行施工图设计时通用 CAD 系统，但 CAD 系统兼容性差，在更换版本或操作环境下，CAD 图就会出现无法打开或打开不完整的现象。软件开发人员在经历长达六个月的摸索后，终于找到实现路径，将电子图纸转换为操作系统通用的 PDF 格式传送，解决了施工图网上审查的关键问题。淮安市政

务办将2015年12月1日至2016年3月31日设为数字化图审过渡期，过渡期内纸质蓝图和电子图审查双轨运行；结合实际情况选择淮安市5个勘察设计单位进行先行先试，同时引导、鼓励其他勘察设计单位报审电子图。市政务办与评勘中心、图审中心还适时开展了数字化联合图审业务技术培训，保证专家和工作人员都能上线审图。经过试点，数字化图审便捷高效、过程留痕、全程监管的特点明显体现，越来越多的勘察设计单位采用电子图报审，为数字化联合图审的全面实施打下基础。

三、创新特点

（一）技术创新

数字化联合审图不仅要解决联合审的问题，更重要的是实现在任何地点网上报审、全程网上在线并联审查。淮安市数字化联合审图系统在技术上实现了五个创新。一是创新提出基于SOA和私有云的数字化审图服务，提供丰富的接口，保证数据的接入与共享。二是创新应用电子签章、数字加密、数字水印等技术，将施工图审查相关信息生成二维条码，通过电子签章添加到数字化图纸中，实现数字化图纸的防伪识别。三是创新使用安全可靠、易于扩展、集成电子签章的数字化图纸阅读器，实现对自定义格式数字化图纸的读写、联动、比对等功能。四是创新提出对数字化图纸特征的处理方法，实现对施工图特征的提取与识别；研究数字化图纸的自动图元比对算法，将不同版本数字化图纸的图元进行抽取分析，通过对图元属性值的比较，实现数字化图纸的差异比对，减轻图纸复审的任务量。五是创新应用基于位置服务LBS与移动GIS相结合的应用模式，在此基础上设计实现基于LBS的数字化图纸查询系统。

（二）机制创新

为确保数字化联合审图工作顺利推进，淮安市编办批复成立了淮安市数字化联合审图中心，为市政务办下属正科级全额拨款事业单位，具体负责淮安市建设项目数字化联合审图工作的组织协调、整体推进和督促检查工作。

（三）管理创新

2017年8月，数字化联合审图系统升级为网页6.0版，网页版联合审图系统引入了电子监察系统，对数字化联合审图进行全流程实时监管。电子监察系统从审图人员接到任务就开始进行监督，第5个工作日进行黄灯预警，第6个工作日进行红灯预警，审图机构和工作人员接到预警后必须作出相应答复，确保实现省政府提出的工业生产建设项目7个工作日内完成初次审查的目标。

四、工作成效

截至2019年8月，数字化联合审图系统共受理、审查8675项勘察、设计项目，审查面积11032万平方米。项目涵盖居住、公建和厂房设计、岩土勘察等类型。网络化流程审查不仅提高了办事效率，而且节约了办事成本，为建设单位节约各类成本4771.25万元，极大地降低了投资主体的制度性交易成本和机会成本，提高了建设项目落地速度。

（一）报审“不见面”

建设单位、勘察设计单位在全球任何地点只要登录淮安市数字化联合审图系统平台即可实现在线报审、上传电子图，各审图机构在系统平台内共享一套申报材料和图纸。

（二）缩短审图时间

各审图机构实现异地多点同时并联审查，设计单位可随时在线回复修改意见，首次审查时限由原来的至少85个工作日缩短为平均5个工作日，最长不超过7个工作日。

（三）降低企业成本

企业无需提供纸质图纸、计算书，平均每个项目节约晒图经费5500元，企业因审图时间长而丧失市场的概率大大降低，同时节省了图纸保存费用。

（四）提高监管水平

审查记录永久保存在数据库，审查过程、结果对相关各方公开，行业主管部门和监管部门可随时从数据库调阅审图结果，杜绝了人为干预、“阴阳图纸”等现象，有效避免了审批和监管中的腐败行为。

（五）打通消防审批系统

网页版数字化联合审图系统提供了更为丰富的数据接口，不仅实现了与淮安市并联审批平台的对接，更率先在全省实现了数字化联合审图系统与省消防总队行政许可系统的互通共享，提高了消防设计文件审核效率。针对电子图纸可调取、易查找的特点，研发基于地理位置的图纸查询系统，可随时随地、定位查询所在单位的电子图纸，为火灾风险评估、灭火救援现场指挥、消防业务可视化分析研判、单位结构立体化建模等方面提供基础数据支持。目前，全市 993 家一、二级重点单位和所有新建项目图纸全部实现实时查询调阅。

（淮安市政务服务管理办公室）

淮安市强化标后监督，打造廉洁工程

一、总体介绍

2018 年以来，淮安市针对政府投资项目在建设过程中存在的监理监督不到位、建设单位现场管理松散、行业管理部门监管缺失等问题，强化对政府投资项目的标后监督，建立健全标后监督体制机制，构建综合管理部门、行政主管部门、建设单位、财政、审计、纪委监委等六位一体的综合监管体系，成立了淮安市政府投资工程建设项目标后监督联席会议（办公室设在行政审批局），全面深化市场主体和行业部门的监管，着力解决招投标与工程施工“两张皮”现象。按照李克强总理“互联网＋监管”的要求，创新打造了淮安市政府投资工程建设项目标后监督平台，将原来隐蔽性极高的风险转变为看得见的风险点和风险图，实现标后监督从被动走向主动，从人工操作走向智能化。

二、主要做法

（一）构建“1＋N”制度体系

出台《淮安市政府投资工程标后监督工作实施意见》，围绕实施意见，淮安市行政审批局和相关单位相继出台联席会议制度、建设单位管理办法、住建交通水利系统标后监督等一系列文件，形成“1＋N”制度体系，推动标后监督制度化、程序化、规范化。

（二）研发标后监督平台

标后监督平台以“人员管理、工程概况、资金监督”为主线，数据采集以自动获取为主、人工录入为辅,工程项目从立项、招投标、合同备案到施工许可等全生命周期的信息全部通过与各行业部门的业务系统对接直接获取数据。通过系统对接实现“三层一端四管理”,“三层”为业主管理层、行业监管层、综合监督层,“一端”为App客户端,“四管理”为管理人员、资金、进度、程序。平台通过考勤系统把主要管理人员牢牢“绑”在工地上,通过拨付系统切断工程资金向非项目中标单位支付,通过预警系统督促及时解决问题,通过App客户端实现“掌上远程监督”。重点对投标文件履约情况、人员出勤、工程质量监管、资金拨付等方面科学设置了32个监察预警点,一旦发现异常,即自动发出预警。全面实现信用、质量、公共安全、政府资金安全等方面全程动态管理的综合作用,实现“智能化”监督。

(1) 综合预警监控。根据事项标准数据库和预先设置的预警条件确立监察点,对项目建设全过程进行监察:是否存在施工、监理等合同实质性条款与招标文件、投标文件不一致,随意变更合同、违规签订补充合同等情况;是否存在施工现场项目经理、总监理工程师及其他主要管理和技术人员与投标时不一致,擅自变更设计、工程量、工程造价,未履行审批、备案手续等情况;是否存在转包、违法分包、资质挂靠、违约等违法违规行为;是否未按招标文件要求和合同约定组织实施中标项目等情况;是否存在关键工序、重要部位、隐蔽工程施工等质量监理不到位,应办理施工许可证未办理且擅自开工,工程进度未按计划落实等情况;是否存在低价中标、高价结算,提前支付、超额支付等情况;等等。

(2) 施工现场监控。通过与现场视频监控系统关联,实现重点区域全天候实时高清视频展示,并结合GIS应用实时了解项目地理方位信息,以便事故发生后第一时间查明事故发生原因,明确区分事故责任,及时发现问题、排除隐患。

(三) 开展双随机检查

督查组成员、督查项目随机抽取,检查前不发通知、不打招呼,确保客观公正;坚持问题导向、双线联动,“线上”依托标后监督系统自动预警,“线下”根据异常情况实地走访,确保查深查透。

（四）建立长效监督机制

设立六方联席会议办公室，召开联席会议，推进平台建设，通报督查情况，督促问题整改。

三、取得的成效

淮安市政府投资工程建设项目标后监督平台作为江苏省"e路阳光"综合监管平台淮安市试点项目，获得国家信息中心公共资源交易平台创新成果奖。标后监督平台覆盖市城区所有房建、市政、园林、交通、水利等政府投资工程建设项目，2019年计划先在清江浦区试点，逐步向各县区推广。标后监督平台自运行以来，共对180个工程项目全过程进行预警，发现存疑问题317条，避免工程质量问题14项、施工安全隐患2个、资金使用不规范问题6个，共节约建设资金1200多万元。标后监督工作契合省纪委要求，紧扣市委巡察整改，依托"制度＋科技＋督查"防控廉政风险，为顶层设计提供基层样本。

（一）有利于构建科学的监督体系

通过建立部门联动，开发软件系统，并以制度的形式加以确立，对政府投资工程进行综合管理、重点监督、有效介入，推进标后监管工作步入专业化、规范化、制度化的进程，对各部门在标后监管中摆正位置、积极发挥作用具有重要意义。

（二）有利于维护招投标的严肃性

工程建设项目落实招投标制是硬性规定，大部分招标人都能严格履行程序，但由于以往标后监管乏力，使得硬性规定的招投标背后引发许多深层次问题，致使招标中标成果不能充分运用。开展标后监督，从程序和内容层面进行约束，促进中标人严格履约，防止招投标双方"打默契牌"，进一步维护了招投标的严肃性、权威性和公信力。

（三）有利于推动项目建设进程

由于利益立场不同，招投标双方常常在某些环节互不退让，造成僵化局面；还有些招标人当"甩手掌柜"、把关不严，导致项目无法按照计划进行，直接影响项目的进度、质量。标后监督可及时发现问题，把矛盾化解在萌芽状态，从而确保项目的顺利进展。

（四）有利于有效预防腐败发生

专业性、系统性、细致性的标后监督产生的规范化运作、法制化监督，以及强大的震慑力，挤压侥幸心理生存的空间，铲除腐败温床的土壤，使人不想腐、不愿腐、不敢腐，从源头上预防腐败的发生。

（五）有利于解决人员不足问题

政府投资工程建设项目数量多且种类繁多，而各监管部门监管人员不足，传统的监管难以到位。通过开发软件系统，可以对政府投资工程建设项目进行全覆盖，实行实时动态监控，帮助监管人员掌握第一手材料，发现问题第一时间介入调查核实。

（六）有利于推动标前、标中更加规范有序

在标前方面，能够促进决策层慎重研究计划方案，尽量减少变更。在标中方面，存在投标人为了提高中标概率，伪造资质、虚报人数，备案时“缺斤少两”，许多招标人为了项目进度而“睁一只眼闭一只眼”的现象。标后监督的重要内容就是中标人履约情况的管理，通过“线上”实时监控、“线下”实地查看，让违规违法行为无所遁形，倒逼投标人在投标环节诚实守信，一旦作出投标承诺，就必须在履约时予以兑现。

（淮安市纪委　淮安市行政审批局）

盐城市率先推行全市域数字化“多图联审”

一、总体介绍

近年来，盐城市紧紧围绕打造全省“四少一短”先行区目标，深入贯彻落实省政府关于优化项目审批流程，开展“互联网＋”审批试点的部署要求，积极推进全市域投资建设项目“多图联审”试点工作，通过研发系统平台，健全完善工作机制，实行市县两级规划设计图、建筑施工图、消防施工图、人防专项施工图、防雷装置施工图、卫生和通信基础设施图“一窗受理、网上流转、联合审图、数字交付”，取得了良好成效。

二、主要做法

盐城市投资建设项目数字化“多图联审”工作，由市审改办和政务办负责组织推进和统筹协调，市城乡建设局具体实施。先后经历了两个阶段。一是初期推行阶段。2015 年 10 月起，盐城市积极推进投资建设项目“多图联审”试点，对大市区范围内投资建设项目的规划设计图、建筑施工图、消防施工图、人防施工图、防雷施工图实行“五图联审”。2016 年 7 月，市政务办联合市图审中心与市卫计委、经信委正式上线“七图”联审，进一步拓展多图联审审查范围，更大程度上方便了企业。二是创新升级阶段。2016 年 9 月，盐城市审改办牵头组织市政务办、规划局、城建局、民防局、消防支队等部门职能处室负责同志赴淮安市考察学习施工图设计文件数字化联合审查工作，起草了《关于全市推行投资建设项目数字化“多图联审”的实施方案》。经多次研讨完善，《实施方案》于 2017 年 4 月以市政府办公室名义印发施行，实行市县两级规划设计图、建筑施工图、消防施工图、人防专项施工图、防雷装置施工图、卫生和通信基础设施图“一窗受理、网上流转、联合审图、数字交付”，将图审时间压缩至 7 个工作日，大大压缩了联审时限，降低了企业运行成本，优化了全市创新创业政务服务环境。

（一）推行“五个一”工作模式

一个集中办公场所。在市政务服务中心大厅设立统一接件、出件窗口 3 个，设立专家工作室 2 个、联合图审室 2 个、资料室 1 间、扫描出图室 1 间、视频会议室 1 间。统一接件窗口由市建筑工程设计施工图设计文件审查中心、市自然资源和规划局派驻工作人员，负责统一接件、审核推送、汇总审查意见并签发。市自然资源和规划局用地规划处、工程规划处、市消防支队工程审核科等图审职能处室以及城建、气象、民防、经信、卫健委图审机构统一集中在市政务服务中心办公。

一套申报材料。建设单位在申请“多图联审”时，只需按照《盐城市人民政府办公室关于印发盐城市投资建设项目“多图”联审工作实施意见的通知》（盐政办发〔2015〕80 号）中“多图联审”申报材料清单要求，提供一套材料即可。对多部门需求的同一材料，通过网络渠道实现信息共享，统一接件窗口不得要求建设单位重复提交，同时不得要求建设单位超范围提交申报材料。

一套工作机制。实行项目责任制，每个项目确立一名负责人，跟踪推进各图审专业技术人员的工作。建立会商机制，对“多图联审”中出现的不同意见，由项目负责人召集图审专业技术人员进行会商，并对项目图审实行超时默许和缺席默认制度。

一个信息平台。将市建筑工程设计施工图设计文件审查中心现有的智能化信息平台进行改造，升级为“盐城市多图联审网络管理系统”，包含网上下载、信息登记、服务指南、办件状态查询等功能，实现“多图联审”的材料网上递转、网上审图、网上反馈、网上查询。同时建立视频会议系统，实现与非驻场图审专业技术人员的实时远程视频会商。

一次性收费。联合审查中涉及收费的，由“多图联审”统一接件窗口根据各相关单位、图审机构的委托，一次性开票给建设单位并收取有关费用。

（二）创新“四统一”工作机制

统一市县两级“一窗受理”方式。市县政务服务中心设立“多图联审”统一接件窗口，加强市县两级图纸审查联审联动，投资建设项目单位的各类规划图、施工图在所在县(市、区)就地一次性报审，市县两级“多图联审”部门根据各自业务职能同步审查，审查意见由受理窗口统一向建设单位反馈。

统一建设全市数字化“多图联审”平台。开发“盐城市多图联审管理系统”，推动全市各审查部门、勘察设计单位、监管部门与联审平台有效对接。市县两级审查部门、勘察设计单位、监管部门从统一入口登录平台，即可实现无纸申报、数字传输、网上审查、网上反馈、信息共享、上下联动、行业监管等，从根本上改变传统纸质蓝图报审、现场受理、审查监督模式。实行信息公开，各参审单位的法律依据、审查范围、申报材料和审查内容通过“盐城市数字化多图联审系统平台”向社会公布，并在“盐城市数字化多图联审系统平台”上及时公开“多图联审”的办件状态。

统一公开各部门设计图纸文件审查信息。加强联审部门审查信息的实时比对，互查互动，对有异议的审查意见及时沟通交流、统一意见。放宽“多图联审”部门的阅图权限，各联审部门不再限于审查与本部门相关的数字化设计图纸文件，也可查阅投资建设项目所有报审的设计图纸文件，杜绝“同一项目报审各部门的设计图纸文件内容不一致”现象。

统一实行设计图纸文件数字化交付。设计图纸在设计、申报、审查、反馈等环节中统一以 PDF 文件格式进行传输。同时,依据《中华人民共和国电子签名法》《中华人民共和国签章条例》有关规定,审查部门、勘察设计单位及相关人员在报审的 PDF 设计图纸文件上加盖电子签章、电子签名,以保证设计文件数字化后的合法、真实、有效。

三、取得的成效

截至 2019 年 8 月底,盐城市数字化多图联审系统平台共受理项目 7075 个,其中联审项目 371 个,取得了明显成效。时任省委常委、常务副省长黄莉新 2017 年 5 月 26 日批示:“大力推广盐城市数字化多图联审好做法,缩短审图时间,提高服务效能。”2017 年 7 月,住建部建筑业大数据、数字化多图联审及交付技术应用交流会在盐城召开。2018 年 4 月,盐城市全市域数字化“多图联审”在首届数字中国建设成果展上亮相,《新华日报》等媒体对这一创新举措作了宣传报道。这一案例被省委网信办、省发改委联合表彰为 2017 年度电子政务优秀实践成果。

(一)提升了图审时效

推行投资建设项目“多图联审”,初审时限由原来的 40 多个工作日压缩为 7 个工作日,复审时限压缩为 3 个工作日,为全省最短,极大地缩短了投资建设项目的图审时间,方便了企业。以新水源地项目为例,传统签章模式需 4 个专职人员盖章,而且一个工作日只能完成三分之一的工作量,若使用数字化“多图联审”模式,只需点击鼠标,加签电子签章即可轻松搞定。

(二)节约了审查费用

投资建设项目“多图联审”推行后,施工图审查费用降至原来的 70%。例如,航空大厦项目原应收建筑工程施工图审查费 3.18 万元,压降后收费 2.23 万元,较原收费压降了 30%。再如,新水源地项目纸质图纸传统报送模式五个标段 12 套图纸有十几万张,需要一辆 2.5 吨卡车运送图纸进行报审,若实行数字化报送,光图纸费用就能节约近百万元。数字化“多图联审”大幅减轻了企业负担,节约了经济成本。

（三）有效避免了不同部门之间审查意见分歧

通过初审复审阶段的联审会商工作机制，确保了审查意见的一致性。以航空大厦项目为例，各部门联审后出具统一审查结论：建筑专业2条，给排水专业1条，人防给排水专业2条。审查出违反强制性标准：建筑专业2条，结构专业7条，抗震设防专业7条，给排水专业2条，电气专业2条，防雷专业4条，人防电气3条。

（四）规范了市场行为

利用电子签章、签名，对通过单位资质挂靠、设计人员挂靠等不规范市场竞争行为起到了有效遏制。同时，平台可自动生成数据，进行数据分析，为主管部门“事后监管”“全过程适时监管”提供了条件。

（盐城市行政审批局）

扬州市“多评合一”为企业投资审批提速松绑

一、总体介绍

为深入贯彻落实江苏省委、省政府推进“放管服”改革的部署要求，根据《省政府办公厅转发省审改办等部门关于全省推行“3550”改革意见的通知》(苏政办发〔2017〕92号)精神，扬州市发改委以全面提高行政审批效能为目标，在遵循现有法律法规的基础上，积极创新优化建设项目评估审查流程，将各项评估审查同步并联进行。项目前期推进阶段涉及的能评、环评、安评、水土保持、取水许可、防洪影响评价、涉河建设方案、入河排污口设置认证、地质灾害和地震安全性评价、社会稳定风险评估等10个重点评估事项，审批流程由“串”改“并”，审批方式由“暗”改“明”，有效实现项目报告编制和评估评价办理时限控制在23个工作日内完成，包括后期审批服务事项控制在40个工作日内办结。

二、主要做法

（一）操作流程“有规范”

印发《企业投资项目多评合一的实施意见》(扬府办发〔2017〕110

号)、《关于〈企业投资项目多评合一实施意见〉的通知》(扬政务〔2017〕31号),明确由扬州市发改委牵头开展全市“多评合一”工作,范围为市级权限内采用审批、核准(备案)等方式审批的政府或企业投资的固定资产投资项目。市发改委结合实际,在起草实施《扬州市建设项目立项阶段并联审批实施细则(试行)》《关于进一步优化投资项目并联审批流程提高审批服务效率的通知》等操作规范的基础上,牵头制定《扬州市企业投资项目“多评合一”实施细则(试行)》,对“多评合一”的实施范围、工作内容、工作流程以及工作序时等内容进行明确细化,确保“多评合一”工作规范有序开展。

(二)内并外联“零时差”

实行一窗咨询。市发改委“多评合一”窗口负责对新建项目建设单位进行“多评合一”业务指导,明确“多评合一”联络员和责任人,接受项目单位咨询,具体负责工作协调和文件流转,并根据投资项目具体情况,发起“立项阶段多评合一启动通知单”,书面征求相关审批部门需要评估评价事项清单和工作要求,于1个工作日内统一接收、汇总各部门相关要求并一次性将相关信息告知项目单位。

开展统一评估。项目单位按照告知单内容和要求,同步开展能评、环评、安评、水土保持、取水许可、防洪影响评价等关键性评估报告的编制工作,与中介评估机构签订服务协议,争取在18个工作日内完成相关评估报告编制。

实施统一评审。中介服务机构将相关评估报告编制完成后,提交项目单位,统一报送“多评合一”服务窗口受理。相关材料经审查符合要求后,由市发改委下达联合评审通知,各相关部门在4个工作日内完成专家评审。对申请材料不齐全或者不符合法定形式的,相关部门和处室应在3个工作日内及时反馈窗口,通知项目单位补正。

(三)环环相扣“数字化”

全面实行“多评合一”一窗受理和全程服务,从网上信息填报、附件上传、申请材料邮寄,到审批事项的网上流转审核、审批结果反馈和批文寄送等全流程环节已经全部贯通并顺畅运行。窗口工作人员通过服务前移,现场指导服务对象登录使用在线平台和政务服务"一张网"进行网上申报,并接受各类咨询服务。同时,广泛采用实时通信手段与项目单位及时沟通,提高"多评合一"项目事前辅导、进度告知、结果查询的效率,办结之后可按照申请人要求将联合评估结果文件通过 EMS 寄送项目单位。

三、取得的成效

"多评合一"是扬州市落实省"放管服"改革要求,优化企业投资项目评估评价审批流程的创新之举。通过实施"多评合一"审批流程,项目评估及手续办理周期大幅度缩短,有效破解了"一长三多"问题,达到了中介服务事项可控、办理时间可预期的目的,实现了项目报告编制和评估评价办理时限控制在 23 个工作日内完成,包括后期审批服务事项控制在 40 个工作日内办结,大幅提高审批效率,为实现项目"早落地、早开工、早建设、早见效"提供了保障,让企业和群众的获得感进一步增强,使营商环境得到进一步优化。

(扬州市发展和改革委员会)

镇江市推行"互联网+ 多联合一"集成服务改革

一、总体介绍

镇江市首创的工程建设项目"多评合一"改革,通过实行统一受理、统一评估、统一评审、统一审批、统一出件的"五统一"服务模式,采用申报材料由暗改明,评估事项由点(个案)改片(区域),涉企收费由多改少,审批流程由串(联)改并(联)的"四个改"举措,将评估、评审、审批办理周期从法定 141 个工作日压缩至 20 个工作日以内(除重大环境影响项目外),减幅达 85.8%,较好解决了企业投资项目前期报批阶段"一长四多"问题,有效降低了企业制度性交易成本。

2017 年以来,镇江市在完成国务院"互联网+多评合一"试点基础上,落实省政府"3550"中"50"改革目标,运用系统化思维,对工程建设项目审批链条进行整体规划设计，推进“互联网＋多联合一”集成服务改革，探索全流程在线并联审批服务新模式。“互联网＋多联合一”集成服务改革，以江苏政务服务网镇江旗舰店为载体，有机整合各部门行政资源，完成“互联网＋多评合一”前伸后拓，实现了多规合一、网上土地交易、项目备案、多评合一、多图联审、建筑市场联合监管等六大系统集成；推动数据信息跨部门、跨地区、跨层级共享应用，审批服务全流程并联集成，构建了审批环节横向贯通、纵向通办的线上全流程高效运行体系，采用线上“统一受理、分类审批、互联共享、限时办结、全程监控”，全流程“预审代办、多规合一、网上土地交易、多评合一、联合审图、联合发证”等举措，进一步破除了部门行政壁垒和数据壁垒；为 50 个工作日内取得施工许可证提供了有力保障，确保了企业建设项目早落地、早投产、早见效。

二、主要做法

（一）数据共享，e 网联审

紧抓“多评合一”这一承前启后的关键环节，拓展深化“互联网＋多评合一”系统，重点建设了全流程信息资源共享库、多规选址、区域评估、土地招拍挂、中介机构库、竞价选择系统、评审专家库、多图联审数据接口、智能分析模块、部门后续环节审批标准等 19 个功能模块，整体集成至“多联合一”平台系统；建立了具备数据存储、获取、分析、共享功能的企业投资建设项目数据库，实行全覆盖、全方位的信息共享和数据交换，为“多联合一”平台系统提供了全面数据支撑，实现了“多规”、“多评”与“多图”的横向无缝衔接和在线并联审批。

（二）流程再造，e 网提速

将以往针对最复杂情况、涉及各种审批事项的建设项目审批流程进行细分，以全流程并联审批为主线，按照三个环节同步操作的模式，再造审批流程，摒弃了原有的“通用流程”，改变了部门窗口“各自为政”的格局，体现了多部门有机整合、联合协同、快速办理。一是统一“互联网＋多联合一”申报入口，根据流程设定了载体单位、项目单位、设计单位、代办员等多种用户身份。二是通过“多规合一”，把国民经济和社会发展规划、城乡规划、土地利用规划、生态环境保护规划等多个规划融合到一个区域，对基础地理数据、规划编制、规划管理、多规数据等 21 个部门及 3 个辖市共计 74 类数据进行了整合叠加，打造了选址空间信息技术平台。三是将“多评合一”流程细分为预审代办、统一受理、统一评估、统一评审、统一审批、统一出件等 6 个阶段，实行标准化作业，灵活定制企业申报数轴图，将办理周期控制在 39 个工作日内。四是将“多图联审”由线下变为线上、由“纸质蓝图”变为“电子白图”、由“单独审”变为“联合审”，将原来分散在建设、消防、民防、气象等 4 个部门的 16 个专业图审整合到一套图纸上，研发了基于“云技术”的建设工程施工图数字化联合审查系统，实现了施工图联合审查、网上流转，设计或建设单位与审查对象网上互动，有效降低审图成本，实时掌握审图进度，将审批时限控制在 7 个工作日以内。

（三）系统集成，e 网融合

着眼集成改革发展趋势，强化综合集成服务，实现了 10 个平台数据接口集成。其中横向贯通多规合一、公共资源交易、多评合一、多图联审等 4 个平台系统，纵向打通国有建设用地使用权网上交易系统、投资项目在线监管平台、施工合同备案、江苏省建筑市场监管与诚信信息一体化平台等平台系统；对通过“多规合一”的项目，同步推送相关系统平台，完成“图纸电子推送”，以及向质量监督、安全监督平台报监等申报手续，审批结果实时推送至建筑市场综合监管平台作为发放施工许可证的依据，并可一次性告知后续联合查勘、联合验收审批清单及流程。实现了企业投资建设项目全流程并联、全程线上帮办，综合集成服务。

（四）帮办代办，e 网通行

采用“综合窗口前台受理、业务窗口后台审批、统一窗口出件”的方式，推动线上与线下帮办代办体系有机融合。一是联合商务局、工信局，建立项目招商、审批、运营服务全链式帮办代办服务。商务局负责项目落地前项目招引全程帮办服务，政务服务办负责项目报批报审的审批环节帮办代办服务，工信局负责企业投产后运营问题及诉求的“一门帮办”。联合组建了 500 人的全链帮办代办员队伍，为帮办代办服务打下扎实基础。二是建立“一窗帮办”窗口。在实体大厅一楼设立帮办代办服务区，提供江苏政务服务网帮办，工作人员采取平台双屏显示便于群众信息互动，3—5 分钟即可帮助群众完成网上办件；二楼分别设立商事登记与社会事业综合窗口，一窗受理，分类审批，方便企业和群众办事；三楼设立工程建设项目综合受理区，围绕立项用地、规划、施工、竣工等阶段涉及的事项，提供咨询指导、一次告知、全程代办等 14 项免费服务。三是线上线下融合帮办。线上依托江苏政务服务网镇江旗舰店及工程建设项目“多联合一一站通”系统，线下依托政府部门、园区招商部门、服务工作人员，一对一提前介入无偿帮办服务，线上线下有效整合，大幅度提高了审批效率。

三、取得的成效

在贯彻落实党中央、国务院“放管服”改革和省市全面深化行政审批制度改革决策部署中，镇江市积极探索实践，创造性地解决了多项改革难题，有效解决了企业投资项目前期推进阶段“一长四多”问题，形成的改革经验被写入中共中央、国务院文件，在全国范围内推广。2017 年 10 月，国务委员、国务院秘书长肖捷带领国务院调研组在江苏省调研期间，对帮办代办服务工作给予充分肯定。工程建设项目“互联网＋多联合一”集成服务改革实施后，施工许可实现快速审批。通过工程建设项目“多联合一”集成服务改革，以工业项目为例，办理周期由 93 个工作日压缩至 39 个工作日之内，时间压缩率达 58％；原申请施工许可需要向发改、多规、多评、多图等 7 个窗口提交 165 份材料，实施在线审批后只需向“多联合一”平台上传 70 份材料，材料压缩率达 57％；办理环节由立项、环评、供地、规划许可等 32 个缩减至 16 个，环节压缩率达到 50％。截至目前，镇江市完成帮办代办项目 18188 件，服务项目单位 2000 人次，受到企业的广泛赞誉。

（镇江市政务服务管理办公室）

泰州市实施大数据 O2O 审图新模式

一、总体介绍

近年来，泰州市积极策应省委、省政府关于行政审批制度改革的部署要求，不断探索审批事项最少、办理效率最高、创新创业活力最强“三个最”

的改革途径，针对施工图审查的难点和痛点问题，积极探索“网上办、集中批、联合审、区域评、代办制、不见面”的审批模式，研发了“大数据O2O审图云平台”，现已实施大数据O2O审图新模式，实现审图机构、建设单位、设计单位线上线下数据互联共享，开创建筑CAD矢量图审查新时代。

二、“大数据O2O审图云平台”启用背景

施工图审查是建设主管部门对建筑工程勘察设计质量进行监督管理的重要环节，是确保所有工程建设质量安全必不可少的第一道程序，是纠正工程设计阶段存在的质量安全隐患和违反国家强制性标准问题的关键性工作。

（一）施工图审查模式亟待变革

一直以来，我国施工图审查以纸质化审查为主，施工图审查基本靠手工操作，项目受理、专家审查、审查意见汇总等等，几乎每道程序都费时费力费纸张。以某房地产开发项目为例，一期工程25万平方米，53幢地上建筑及地下室，一次报审的建筑、结构、水、电、暖、勘察各专业施工图纸量很大，达到数万张，建设单位要求设计单位要按照规定格式打印、晒图、包装并派专人送到审图窗口，如果图纸有欠缺或资料不齐全，还需要来回跑、反复送。送审程序繁、审查材料多、审查周期长，设计、建设单位成本高、意见大，而审图专家面对堆积如山的施工图纸只得埋头其中，有时只能望“图”兴叹。

（二）泰州城建发展的迫切需要

2015年，泰州市启动城建新提升两年行动计划，2015至2016年实施城建项目210个，总投资902亿元；2017年，泰州市启动城建新提升新两年行动计划，实施城建重点项目400个，总投资2000亿元。城建项目之多、城建规模之大，是泰州城建史上前所未有的。随之而来的，就是施工图审查工作量的成倍增长，仅2016年市审图中心就完成审图业务量1000多万平方米，业务量创历年之最。如此大的业务量，纸质审查已经越来越跟不上形势的需要。

（三）泰州审图模式的再创新

针对突出问题，泰州市不断思考、探索，创新审图服务方式，2015年在

全省首创了“互联网＋”联合图审新模式。通过在市民服务中心设立联合图审窗口，四图联审、并联审图，限时办结、审查意见同时出具，缩短了审图周期，大幅提高了建设工程项目审批效率。2016年，四图联审进一步扩展至六图联审，将审图时限从原来的各部门累计40个工作日压缩至10个工作日以内。

（四）实施大数据O2O审图新模式

泰州市积极主动除“梗阻”，在大数据时代背景下，深入研究、利用互联网技术，自主研发出“大数据O2O审图云平台”，实施大数据O2O审图新模式，全面实行网上无纸化报审、建筑CAD矢量图审查、三方平台交流与对接，将现代网络技术融入城市建设管理中，审图效率大幅提升。

三、“大数据O2O审图云平台”介绍

“大数据O2O审图云平台”利用计算机网络和加密技术，实现了建设单位无纸化网上报审、设计图纸CA认证签章在线上传、建筑CAD矢量图在线审查、审查意见痕迹保留等功能，建设单位、设计单位、审图机构线上线下数据共享，构建了一种“网上办、联合审、不见面”的审图新模式。审图平台主要由审图机构审查管理系统、建设单位项目报审系统、设计单位图纸上传意见下载回复系统以及配套网站组成。

审图机构审查管理系统包含建筑、市政、专项及其变更六类工程在线报审。将审图过程节点化，用红、蓝、绿三种状态栏表示审查进度和实施状态，可实时查看办理流程。“红色”表示不通过，即设计不过关，需要纠正或修改；“蓝色”表示正在办理；“绿色”表示完成。审查进程一目了然。

建设单位网上报审后，自动获取登录账号和密码，可查询项目审图进度、下载审查意见；设计单位自行传输CAD设计图纸，对CAD矢量图网上认证签章加密，网上回复意见和修改图纸，在线与审图专家交流，最终打印审查合格并签章的设计图纸。

四、“大数据O2O审图云平台”创新亮点

“大数据O2O审图云平台”针对施工图审查的难点和痛点问题，打通技术瓶颈，成功实现了审图机构、建设单位、设计单位线上线下数据互联共享，审图效率发生了质的飞跃，这是我国施工图审查领域的一场自我革命。

（一）直接采用建筑CAD矢量图审查方式，审图时间减至7个工作日

近年来，我国各地积极探索数字化审图方式，采取的方式大多是将矢量图转换成PDF电子图，审查合格后再在纸质蓝图上盖章。文件格式转换过程费时耗力，不能做到完全无损转换，且PDF文件难以拖放，不具备精准测距、统计、属性分析、面积计算等功能，也不符合勘察设计专业人员的工作需求。审查PDF电子图，而在纸质蓝图上加盖红章还存在“阴阳图纸”的隐患。

“大数据O2O审图云平台”通过加密数据库技术，解决了建筑CAD矢量图直接在线审查、防篡改签章等技术难题，建设、设计、审查三方共用平台，信息互联共享，审图快速高效，审图时间从15个工作日缩减到7个工作日，审图效率提高50%以上。

（二）节省相关单位辅助工作，节约大量社会成本，缩短工程项目建设周期

工程建设程序复杂，环节较多，一直为人诟病。就施工图审查环节而言，建设单位需将工程审批手续包括立项、土地、规划等许可资料，以及有关设计文件包括设计备案文书、设计图纸、计算书等作为审图前置资料报到审图中心或审图窗口。准备这些资料要费很多时间，需要跑很多腿，设计图纸需要打印、晒图、包装、运输，工作量很大。材料如有缺项，还得反复报送；审查图纸不合格的，还需要修改，重新打印、晒图、包装、报送。这些时间比审图工作花费的时间要多得多，一般项目十天半月都无法完成图纸审查。

运用“大数据O2O审图云平台”，网上直接报审，建筑CAD图纸直接在线传输，就免去了这些辅助工作和无效环节，节约大量社会资源，节省大量建设投资成本，有效提高了工程建设效率。

（三）具有CA签章防篡改、防泄密技术，保证设计图纸的完整性和安全性

“大数据O2O审图云平台”采用CAD图纸防泄密技术，确保在流转过程中图纸的保密性和安全性。操作人员可以根据图纸查看或更改的实际

需求配置图纸的查看权限、查看期限以及多种情境下的复制、编辑、添加等各种操作权限，同时还可以根据需要在图纸上进行CA签章，包括设计单位出图章、注册人员印章及审图机构审查合格章，保护了参与各方签章的合法性和有效性。

在图纸设计过程中，设计师往往会用到第三方设计工具、特殊字体、自定义对象等，看图方的计算机上如果没有相关工具或文件，图纸打开时往往会数据流失，造成相关对象无法显示或显示乱码。运用“大数据O2O审图云平台”最新研发的无损查看技术，可以保证电子图纸在流转过程中不会因为数据丢失、字体缺失等原因造成信息丢失或者乱码等问题，无损查看技术是保证电子图纸正常流转的有效手段。

（四）采用“网上办、联合审、不见面”的审图模式，实施多图联审，数据并联共享

运用“大数据O2O审图云平台”实施多图联审，为住建、规划、消防、民防、通信、节能提供并联审图平台，审查程序规范有序，审查过程公开透明，审查信息并联共享，审图工作廉洁高效。

（五）搭建建设主管部门“互联网+”动态监管平台

建设行政主管部门可以利用“大数据O2O审图云平台”数字化审图成果，搭建“互联网+”动态监管平台。加强建设项目勘察设计质量和施工图审查质量管理，对发现的勘察设计质量问题，及时责成建设单位组织整改，追究涉及质量问题的主体责任并严格依法依规处罚或处理存在的违法违规问题。

五、“大数据O2O审图云平台”应用成效

“大数据O2O审图云平台”启用后，将实现“网上报、联合审、不见面”的全程网上无纸化审图，一改以往人工对接环节多、易出错的审图方式，所有图纸网上报审，审图业务网上受理，修改意见网上交流对接。建设单位无需两头跑，审图专家也将摆脱堆积如山的图纸，只需使用一台电脑或一个平板，便可随时随地在网上实时批注修改意见、在线无损审查图纸、电子签章，避免了审查、接审人员与建设、设计方的直接接触，努力为服务对象提供100%的优质、高效服务，做到程序公开、阳光操作，排除廉洁隐患，打

通服务群众、服务企业、服务项目的“最后一公里”，让服务在阳光下运行，让权利为人民服务。

采用“大数据 O2O 审图云平台”进行施工图联合审查后，审图时限将从国家规定的 15 个工作日进一步缩减到 7 个工作日，有效提高审图效率，实现审图大提速。同时该平台的启用还将有效节约大量社会成本。仅以泰州市区每年审查 1000 万平方米建设工程、1600 个项目为例，可节省建设单位工程图纸、往返物流等大量成本，缩短工程周期，每年能节约社会成本上千万元。若推广至全省乃至全国，节省的社会资源和投资成本相当可观。同时，该平台也为建设主管部门构建了“互联网+”动态监管平台。

（泰州市行政审批局　泰州市住建局施工图审查中心）

宿迁市探索工业类产品生产许可制度改革

2016 年 9 月，宿迁市在全国率先启动工业类产品生产许可证制度改革，探索“三个一批”分类改，压减许可范围，优化审批程序，压降审批时限，企业办证费用大幅减少，投产时间大幅压缩，有效激发了市场主体活力。2017 年 6 月，国务院出台文件在全国部署工业产品生产许可证制度改革，改革红利由此覆盖全国。2017 年 8 月，全国推进工业产品生产许可证制度改革现场交流会在宿迁召开，国务院总理李克强作出重要批示。“便民方舟”作为会议的重要观摩点，展示了宿迁市“放管服”改革新成效。

截至 2019 年 8 月底，宿迁市共完成工业类产品生产许可证办理企业 830 家(暂停行使 194 家，先证后核 98 家，暂时保留 538 家)，其中工业产品生产许可证办证企业 136 家(暂停行使 2 家，先证后核 66 家，暂时保留 68 家)。经过满意度调查，涉改企业满意率达 100%。

一、主要做法

生产许可证制度是我国特定历史条件下的产物，在我国经济生活中发挥了不可估量的作用，但随着改革开放的深入、经济体制的转轨，生产许可证制度已经落后于市场经济发展的脚步，制约了市场经济的发展壮大。宿迁市坚持系统设计，整体推进，根据现行的工业类产品生产许可制度存在的许可种类多、许可流程多、许可成本多、政府管控多、制约创新多等问题，制定了《宿迁市工业类产品生产许可制度改革实施方案》及8项配套制度，从“放管服”三方面同步推进改革。

（一）围绕“放”，减许可、简程序，有效激发市场主体活力

一是系统设计，整体推进。在改革调研、权力梳理、改革推演等基础上，制定了《宿迁市工业类产品生产许可制度改革实施方案》及8项配套制度，为改革顺利推进提供了完善的制度保障。

二是“三个一批”，分类改革。确定了“三个一批”(取消一批、转认证一批、保留一批)的目标，将涉改产品划分为三类：暂停行使类、先证后核类、暂时保留类，分类分步稳步推进改革。暂停行使类产品，在宿迁范围内，企业可自由组织生产销售；先证后核类产品，企业提出申请和作出承诺后当日发证，15个工作日内完成现场核查；暂时保留类产品，进一步优化审批流程，25个工作日内完成审批。

三是上下沟通，争取支持。加大向上汇报争取力度，市领导多次赴国家发改委、国家质检总局、省质监局等部门汇报改革打算，争取政策支持和先行先试，国务院办公厅、国家发改委、国家质检总局、国家行政学院等多个国家部委到宿迁实地调研指导。省质监局批准宿迁市作为省级试点实施改革。改革中，注重与县区部门的衔接，加强事中事后监管，保证“放得开、管得住”。

四是吃透精神，全面落实。宿迁市贯彻落实国务院《关于调整工业产品生产许可证管理目录和试行简化审批程序的决定》和质检总局改革试点方案。2017年8月1日起，按照省质监局部署，先证后核类企业提交“三个一”，当天(最快20分钟)即可获证。

（二）围绕“管”，全方位、高精度，构建“五位一体”监管体系

构建起信用监管、日常监管、行政执法、企业自律、社会监督“五位一体”的综合监管体系，有力保障产品质量安全，同时解决“管得住、管得牢”的问题。

一是以落实企业主体责任为控制点，引导企业自律。推动企业落实质量安全主体责任，实施公开承诺制，要求企业每年填报自查报告和承诺书，

实现企业自觉遵法、自我约束。在收到企业年度自查报告后，将按照10%的比例双随机抽取企业进行实地核查。

二是以生产条件持续保持为控制点，强化日常监管。综合采取日常监督检查、专项检查、飞行检查、监督抽查及产品召回等方式实施监管。日常监督检查主要是根据企业信用等级制定监督检查计划和检查频次实施；对违法违规较多的重点产品、重点地区、重点行业或根据上级部署开展专项检查；组织实施市级监督抽查，并对国家、省、市级监督抽查不合格的企业实施后处理。

三是以违法违规得到纠正为控制点，规范行政执法。通过投诉举报、日常检查和上级交办等方式搜集案件信息，同时加强部门联动和上下协作，严厉打击危害公共安全、人身健康等质量违法行为，切实维护好生产经营秩序。

四是以开展信用评价约束为控制点，实施信用监管。建设了宿迁市工业类企业质量信用信息平台，归集企业的基础信息、信用监管信息，开展信用积分和数据统计，将涉改企业信息和信用纳入全市社会信用体系，对失信企业实施联合惩戒，将严重失信的企业列入“黑名单”，实现“一处违法、处处受限”。

五是以群众反映和关注热点为控制点，推进社会监督。健全公众参与监管机制，建立完善举报投诉奖励制度，鼓励行业协会参与制定行业规划和政策法规，掌握和监控行业产品质量的总体状况，发挥12345热线作用，积极曝光违法行为，营造共同维护质量安全的社会氛围。

实现监管标准化。根据法律法规，结合工作实际，制定了《宿迁市工业产品质量监督管理导则》，进一步明确了市县两级监管部门职责和监管、执法、检验三类监管部门任务，规定了监管的范围、原则、内容、依据、流程，统一制作了规范性监管工作表格。

实现监管智能化。开发建设了产品质量智慧监管信息化平台，综合运用“五位一体”监管结果，对企业进行综合评价、分类管理，确定企业等级和监管频次，提升监管精准度和针对性，有力保障产品质量安全。

（三）围绕“服”，建平台、互联通，实现审批检验“不见面”

一是融入市政务服务“一张网”。深入推进市政务服务“一张网”建设，实现市县镇村“四级联动、全网通办”。将许可制度改革与政务云服务“一张网”建设有机结合，所有工业生产许可全部进入“一张网”办公。同步对接省市场监管局审批系统，实现网上申报、网上受理、网上发证。企业可通过系统下载电子版生产许可证，同时享受免费寄送纸质生产许可证服务，真正实现了企业足不出户“不见面”就可获得许可证。制定工业类产品生产许可预先服务指导制度，对需要办许可证或换证的项目提前介入，指导帮助企业做好市场和资料准备工作。

二是开发“宿速检”公共服务平台。平台动态采集、更新和发布相关政策、法律、法规以及助企惠企相关信息，检验检测机构及其检测能力信息，认证机构及其业务范围、能力信息，大中型企业、科研院所、高校等大型设备、技术人才共享信息。企业可以依托平台对接检验检测机构、认证机构、企业高校等单位，获取检验检测、认证认可、设备和人才共享等服务。平台为企业新产品鉴定、科技创新、转型升级等工作提供了有力的技术支撑。

三是建设“宿迁质检”微信公众号平台。平台具有委托单下载、进度查询、电子报告、监督抽查等 11 项服务功能，企业可以线上委托检验检测、实时跟踪检验进度、查看打印电子报告。该平台与“宿速检”平台形成了一个产品检验快速通道，共同提供线上查询、委托检验、样品监控、远程跟踪、报告打印的“一条龙”“不见面”检验检测服务，极大便捷了企业检验检测，有效满足了企业需求。

制定出台《质监系统工业类产品生产许可预先服务指导制度》，进一步提升企业办证效率。

二、主要成效

（一）推动顶层设计

2017 年 6 月，国务院出台《关于调整工业产品生产许可证管理目录和试行简化审批程序的决定》(国发〔2017〕34 号)，明确“三个一批”，改革目标路径和宿迁市改革基本一致，充分体现了改革的“宿迁元素”。2018 年 9 月和2019年8月,国务院发文明确进一步压减工业产品生产许可证,对保留的生产许可证简化审批程序。

(二)企业松绑减负

"简、便、快、省"是本项改革的最大特点。办证流程由繁变简,现场评审、核查、第三方中介服务、发证检验等费用都得以取消或大幅减少。

(三)办证效率提高

通过政务服务"一张网"和省市场监管局审批系统,先证后核类企业足不出户当日获证,非先证后核类企业25日内获证。

(四)职能有效转变

"放管服"结合并重,寓"立"于"破",转变旧思路。明规矩于前,明确企业行为边界;寓监管于中,加强事中事后监管;施重惩于后,对严重违规违法的企业依法严惩。同时全程帮办服务,帮助企业发展壮大。

宿迁的改革在全社会产生了较大影响,《人民日报》、中央电视台、《中国质量报》、《新华日报》、江苏卫视等多家主流媒体跟踪报道了宿迁的改革。

(宿迁市质量技术监督局　宿迁市政务服务管理办公室)

宿迁市探索"信用承诺"简化审批流程

一、总体介绍

2018年2月初,宿迁市出台"信用承诺简化审批"实施方案,在市场准入、投资建设、中介服务等五大领域推行"信用承诺制",着力探索"先证后核""先建后验""容缺受理"等办证新模式,进一步精简企业经营服务相关审批事项,打造"最简便"审批模式。

二、主要做法

(一)推行"信用承诺制",简化审批流程

一是市场准入考量"信用等级",精简工商登记后置审批。全面清理市级工商登记后置审批事项，探索分信用等级享受承诺待遇的做法。对无不良信用记录的申请人在实施信用承诺后实行先证后核、现场发证；对信用等级较高的申请人在审批中给予更多便利。

二是生产许可实行“先证后核”，深化工业类产品生产许可制度改革。2016 年 9 月 14 日，宿迁启动工业类产品生产许可制度改革，逐步将工业类产品生产许可职能从政府部门剥离出来，对“先证后核”类企业可在承诺后当场获证，准入和准营得以同步实现。

三是投资建设引入“先建后验”，探索企业投资项目“不再审批”。对国家鼓励类工业企业投资“零用地”技改项目，实施“信用承诺、不再审批、先建后验”，前置审批改为信用承诺，实现企业当日申请、现场领取建设工程规划许可证和施工许可证，竣工后组织联合验收，实现“零用地”技改项目“零审批、零中介、零收费”和“严承诺、严监管、严时限”，企业只需“跑一个窗口、填一件材料、签一份承诺”即可全流程办结。

四是中介服务实行“集约评审”，优化企业投资项目评估评审体制。对区域范围内工业企业投资项目涉及的评估评审项目进行分类梳理，探索区域评审等集约评审模式，着力清理优化评估事项，实行目录清单管理，规范收费行为，所有评估事项控制在 40 个工作日以内完成。

（二）办事办证实行“减证便民”，促进企业、群众创业创新

全面清理群众办件量大、手续繁琐的循环证明、扯皮证明、无谓证明等；通过现有证照、信息共享等方式，取消一批同类证明；建立证明清单，对确需提供的证明材料，列入清单实行动态调整，最大程度利企便民。实行信用“绿色通道”，信用记录良好的企业、群众在对信息的真实性进行信用承诺后，相应证明材料可免予提供。目前，经过梳理调整，市本级 156 项证明事项中，已精简 47 项，占比达三成。

（三）信用数据部门共享，拓展实施联合信用奖惩

实现公共信用信息平台与政务服务网数据无缝对接，推进信用信息共享，部门可在审批平台自动获取申请人的信用信息，免去相对人提交纸质信用报告，切实方便企业和群众办事。强化信用信息在审批过程中的应用，通过信用信息数据对接，推进信用承诺办理，对信用等级较高的申请人

在审批中给予更多便利。将国家部委层面出台的 39 个联合承接备忘录文件的奖惩措施嵌入政务服务网行政审批平台,实现联合奖惩自动发起、响应、实施、反馈的闭环式管理,有效提升监管力度和效率。

三、取得的成效

2018 年,省行政审批制度改革联席会议办公室印发了《关于转发宿迁市推行信用承诺制简化审批的做法和〈宿迁市信用承诺简化审批试点实施方案〉的通知》,向全省各地转发宿迁市信用承诺简化审批的做法,并要求各地学习借鉴。

“信用承诺简化审批”凸显了市场主体地位,优化了营商环境。以公共场所卫生许可证为例,申请人由从申请检测开始到取证共 7 个环节,前后需要 1 到 2 个月才能办结,简化为申请、签订信用承诺书、发证,实现当场申请、当场办结,极大地便利了经营者。2018 年 7 月,宿迁市政务服务网与市信用办信用信息查询系统实现无缝对接,已实现信用信息调取 59972 次,其中法人 7114 次。

(宿迁市政务服务中心)

张家港市率先在全省推行电子证照共享应用

一、总体介绍

电子证照共享应用是实现“互联网+政务服务”和“不见面审批”的前提条件。作为自然人和法人的身份证明,身份证和营业执照及其复印件是使用最为广泛的两类证照,群众企业办事几乎离不开它们。张家港市在全省率先跨出电子证照共享应用步伐,全市 1600 多个事项全部通过电子证照库实现对身份证和营业执照的共享复用,复印件全面取消,《张家港市电子证照管理及共享应用暂行办法》制定了规范标准。“张家港经验”为下阶段全省广泛推行电子证照共享应用提供了典型模板。

二、主要做法

按照循序渐进、分步推进的原则,张家港市电子证照共享应用主要分三步实施：

（一）选取身份证和营业执照，率先推行电子证照共享应用

从2018年1月1日起，依托"一网一库一中心两平台"，张家港市域范围内的户籍人口、企业和个体工商户，在本市办理政务服务事项、便民服务事项、公共服务事项时，不再需要提交身份证复印件和营业执照复印件，直接由受理部门读取身份证信息后，从电子证照共享平台核验并调取信息进行复用。审批事项办结后按照规范流程进行电子证照登记录入，实现新增证照数据即时入库、互认共享。

"一网一库一中心两平台"，是电子证照共享应用的支撑体系。"一网"是指江苏省政务服务网张家港旗舰店，全市1422项政务服务事项一网运行，是电子证照库的事项依据；"一库"是电子证照库，现已建设完成，有身份证、营业执照、户口本、居住证、机动车行驶证、机动车驾驶证、道路运输经营许可证、道路运输从业资格证等8类证照入库，可支撑相关事项的证照复用核验；"一中心"是张家港市大数据中心，沉淀有各类政务服务数据，是关键支撑；"两平台"是指张家港市政务管理平台和电子证照库共享平台，两大平台已基本建成，并完成了与苏州电子证照库的数据对接与共享，为未来更广泛的共享应用提供了基础。

（二）全面建成电子证照库，全面推广电子证照共享应用

以"一次生成、多方复用，一库管理、互认共享"为目标，全面梳理、归集张家港市各政府部门、单位的证照信息，深化建设张家港市电子证照库，并与苏州、省平台全面对接，建成资源集成一体化、平台运行协同化的证照共享应用服务体系，为政府部门提供电子证照的生成、管理、共享等三方面服务。2019年9月，梳理完成涵盖全市39个部门247类证照目录和电子证照关联事项材料清单，对接张家港市统一电子签章体系，完成首批50类共计156万个电子证照生成。

（三）构建"一证一码"通行的全面共享应用体系

未来，依托江苏省政务服务网，将逐步实现以居民身份证号码作为自然人办事唯一标识、以统一社会信用代码作为法人办事唯一标识，构建统一身份认证体系，实现群众、企业在办事过程中的"一证一码"通行，变"群

众跑腿”为“信息跑路”，变“群众来回跑”为“部门协同办”，变“被动服务”为“主动服务”。

三、取得的成效

目前电子证照库基本建成，有身份证、营业执照、户口本、居住证、机动车行驶证、机动车驾驶证、道路运输经营许可证、道路运输从业资格证等8类证照入库沉淀，并与苏州市平台互联互通；1600多个事项已经全部通过电子证照库对身份证和营业执照进行共享复用，身份证和营业执照的复印件全部取消，呈现出规范化、标准化发展趋势。从办件量来看，一年大约减少100多万份的复印件收取，减少近100万元的复印费用。以基本建设项目为例，整个审批环节减少收取40余份身份证或营业执照复印件。

（一）有效解决“来回跑、重复交”问题

电子证照库的共享应用，将逐步实现“凡是能通过网络共享复用的材料，不得要求企业和群众重复提交；凡是能通过网络核验的信息，不得要求其他单位重复提供；凡是能实现网上办理的事项，不得要求必须到现场办理”的改革目标，更能大大减缓“资料重复交、群众来回跑”的难题。

（二）极大提升政府审批效率

现阶段，政府部门需要花费大量精力审核其他部门产生的证照，对其真实性、准确性和有效性进行把关审核。电子证照的共享应用，可以实现“一数一源”，各部门不再需要重复采集数据，可以直接调用相关证照，只需要把好“主审”关，“辅审材料”直接通过系统共享，从而大大减少了工作量，降低了审核校验风险，审批效率大大提高。

（三）助力“放管服”改革向纵深推进

电子证照库的建设和共享应用，将逐步打破信息孤岛和垄断壁垒，有力推动政府间信息共享、部门协作，有助于进一步深化“3550”改革和“不见面审批(服务)”改革。

（张家港市行政审批局）

苏州工业园区推进智慧社区和“全科社工”建设

一、总体介绍

转变政府职能，深化简政放权，建设人民满意的服务型政府是党的十九大以来各级政府面临的一项重要任务。近年来，苏州工业园区十分注重发挥互联网技术和信息化手段对建设现代化服务型政府的助推作用，在园区加快转型升级的新阶段，推进政务服务改革向纵深发展，积极探索实践“一个平台管服务”及“互联网+政务服务”模式，在全省乃至全国范围率先开展“智慧社区综合服务管理信息平台”建设，创设“全科社工”基层服务模式，构建了方便快捷、公平普惠、优质高效的智慧社区服务体系，强力助推园区信息资源统筹利用，全力打造共建共治共享的社会治理新格局，实现政务服务供给创新增效，切实增强百姓满意度和获得感。

二、主要做法

苏州工业园区智慧社区服务体系包含线上智慧社区信息平台建设和线下社区服务标准化建设两个重要组成部分，通过线上线下服务相结合，为园区社区居民提供多维度、全方位的智慧社区服务。线上基本建成了覆盖区、街道(社工委)、社区居委会(工作站)的三级社区管理服务体系，集政务、事务、服务于一体的社区综合服务管理信息平台。与线上平台建设同步，积极推进社区工作站标准化建设进程和机制创新，整合建成标准化社区工作站 83 个，从场所建设、窗口设置、服务事项等方面进行了标准规范，探索实践“全科社工”服务模式，整合组建了园区首批 295 名全科社工队伍，在全省率先形成了“一口受理、一门办结、全科社工、全天服务”的基层为民服务模式。

(一) 围绕智慧社区愿景，走好政务服务改革“三步曲”

园区智慧社区建设之初，即确立了“通过信息化手段来实现社区管理的高效智能、社区信息服务的高度融合、社区自治能力的明显提升，最终使园区居民的邻里生活更加‘智慧化’、更具幸福感”的目标愿景。在这一愿景的指引下，不断优化政务服务供给标准规范，着力促进政府职能转变和政务服务改革效能提升。

(1) 规范先行,健全政务服务标准制度保障。出台《关于推进智慧社区信息平台建设的指导意见》《关于推进社区工作站规范化建设的意见》,建立政务服务事项准入、社区工作站服务标准化、职业社工管理、社区工作良性评价、平台使用考核倒逼、信息平台长效推广等一系列政府服务标准制度,对线上业务事项准入、更新及办事信息共享进行标准界定,对线下社区工作站场所建设、服务事项、队伍建设、办事程序等进行规范统一。

(2) 清单梳理,实现政务服务事项全面公开。全面深度梳理下沉至社区的各项政务服务事项,形成覆盖全区的 77 项政务事务服务清单,按事项归属细化为 9 大类,并编制相对应的操作手册。建立业务梳理规范,按照业务名称、法律政策、受理对象、办理材料等要素,汇总政务办事标准细则,并实行动态更新调整,最终通过界面展示、网络咨询、手册发放、清单上墙等形式实现政务事项公开。

(3) 流程再造,推动政务办事过程全程跟踪。结合政务公开事项清单,居民借助智慧社区服务平台网上办事大厅,进行 77 项业务网上预审或办理,实现足不出户把事办。社区工作人员通过覆盖区、街道、社区的三级业务平台,借助统一政务办理界面,实现业务预审、办理、进度的实时通知。同时,建立完备的事前、事中、事后服务管理流程,有效实现社区政务服务的跨部门协同,实现政务流程的优化再造及办事结果的公开透明。

(二) 创新线上线下举措,打好政务服务改革“组合拳”

政务服务信息化的落脚点是提升服务,惠及居民。园区智慧社区坚持优化网上办事功能体验与改革线下服务模式并举,满足居民多元化的业务需求。同时,园区还积极创新试验“全区通办”,真正实现居民就近办事、方便办事。

(1) 资源整合,促进多级政府部门联动协同。积极对接系统、数据及人员等各类服务资源,持续推进线上线下一体化运行,初步形成了基于社区的全员人口信息库,并通过与数据权威方落实数据纠错机制保障数据的鲜活有效,为政务事项的办理提供数据支撑。线下统一在社区从事各类政务事项办理工作的人员身份为职业社区工作者，由所属街道统一考核、调配和管理。通过系统“一站登录”、数据“一库共享”、人员“一头管理”，有效促进省、市、区、街道(功能区、社工委)、社区“五级”工作联动协同，提高政务服务管理效能。

(2) 服务革新，达成智慧政务办理协同高效。线上智慧社区平台实现社区 9 大类 77 项社区政务服务信息资源汇聚和标准化展现，依托互联网开展业务网上办理、流程追踪和结果告知，积极探索实践政务服务供给的信息化解决路径，实现全区范围内政务服务均等供给。在线下以社区工作站为载体，实行“一站式”“全科式”“全天候”服务模式，社区工作站人员不分条线职能，接受居民的各类办事需求，实现“一人、一窗口”能办所有事项的“一口受理”，并通过轮班、值班、错时上班等形式最大限度地保证居民的服务需求。

(3) 资产公开，助推基层政务运行公开透明。为确保权力在阳光下运行，苏州工业园区在智慧社区二期中因地制宜开发了具有园区特色的社区集体资产管理“e 阳光”平台，将党务、居务、财务和各项政策服务进行公开，采取点对点的方式，将家庭股份、分红补助等情况面向集体经济组织成员开放，确保了园区社区集体资产监督管理的公开、公正、透明，切实保障集体经济组织成员权益，有效地打通了基层党风廉政建设的“最后一公里”。

(4) 多点互联，实现多样政务服务触手可及。园区紧跟信息化发展步伐，逐步丰富政务服务渠道，完善社区政务推送机制，通过网上咨询办理、现场自助查询等功能，为居民群众提供网络、微信小程序、电话和窗口等服务关联组合的一体化社区政务服务。后期，园区还将积极拓展政务服务渠道，整合建设统一身份认证体系，推进群众网上办事“一次认证、多点互联”，实现政务服务渠道多元畅达，群众网上办事“一网通办”。

三、取得的成效

经过两年多的稳步运行，园区智慧社区成果得到了国家民政部及江苏省委、省政府高度评价，入选住建部全国智慧社区试点、国家首批“社区服务信息惠民工程智慧社区建设试点”，获得市和谐社区建设创新奖、社会治理创新优秀项目等奖项，被多家媒体关注报道。具有广泛应用价值和实践生命力的园区智慧社区建设样本已经成为新的“园区品牌”。

（一）信息流支撑业务流，革新政务服务模式

园区社区治理始终把实现便民服务的提质增效、提升居民的满意度和幸福感作为平台建设的根本出发点和立足点，从解决广大社区居民群众最关心、最迫切、最感兴趣的问题入手，通过平台网上办事大厅为居民提供“一网式”的便捷社区服务，变“群众跑腿”为“信息跑路”。

（二）一口式联动全网通，推进审批制度改革

通过线上平台与线下工作站服务模式改革融合，实现业务“前台一口受理，后台分类流转”的工作机制，优化了服务流程。同时工作站推行“一站式”“全科式”“全天候”服务模式，建立工作站服务标准化、工作绩效考核等各项机制，构建起了现代、完整、高效、标准的智慧政务服务体系。

（三）大数据助推大协同，促进政府职能转变

在保证数据交换共享安全性的前提下，园区智慧社区平台与现有部门业务应用系统互联互通，实现“数据一次采集，资源多方共享”。通过集聚业务管理数据以及服务过程数据，构建统一的政务服务资源信息库，并进行数据融合及有效利用，有效破除行政壁垒，降低资源浪费，从根本上支撑政府职能转变。

（苏州工业园区社会事业局）

苏州市吴江区开展长三角政务服务一体化工作

一、总体介绍

近年来，吴江区按照省政务办、苏州市行政审批局相关要求，加快融入长三角区域政务服务一体化发展，努力在长三角区域政务一体化中发出吴江声音、展示吴江特色，为升级“不见面审批”改革，让群众和企业少跑腿、好办事，营造优质营商环境提供创新样板。

二、主要做法和成效

（一）加快推进区、镇、村三级体系建设，为长三角区域政务服务一体化奠定基础

统一审批服务标准，为长三角区域政务服务一体化提供业务保障。开展行政审批标准化工作，全面梳理区、镇、村三级政务服务事项、公共服务事项，形成区、镇、村三级事项目录清单；聘请专业公司对各部门提供的标准化材料初稿进行修改完善，形成全区统一的标准化服务指南和业务手册。

统一审批服务平台，为长三角区域政务服务一体化提供数据保障。区行政审批局组织研发吴江政务服务平台，区、镇、村三级统一使用，实现全区政务服务事项、公共服务事项办理平台的统一，为长三角区域政务服务一体化数据交换提供保障。

推进"一门一窗"改革，为长三角区域政务服务一体化提供场地保障。全区政务服务事项、公共服务事项能网上审批的实行网上审批，能自助服务机办理的实行自助办理，按"应进必进"的原则将政务服务事项全部引进各级政务大厅，实现"一门式"集中。区、镇两级政务大厅先期开展分类"一窗受理"，逐步实现向全部"一窗受理"过渡；村（社区）全面推行"一窗受理，全科服务"。力争 2019 年底前，区镇村三级全面运行"一窗受理"。

（二）加快推进网上办理平台建设，为长三角区域政务服务一体化提供多种办理途径

加快融入江苏政务服务网。协调各部门、各镇、各村（社区）将标准化材料维护至江苏政务服务网，畅通"不见面审批"事项的网上申报功能，方便群众网上申报。

拓展江苏政务网吴江旗舰店功能。优化旗舰店页面设置，积极协调相关部门将现有的 App 特色应用链接至省政务服务网吴江旗舰店。

加快推进吴江网上办事大厅建设。落实自然人生命周期树、企业生命周期树两棵"树"及商事登记全流程、各类证照办理"两张清单"的特色运用。

完善自助服务一体机功能。梳理吴江区现有的自助服务办理事项，并

请软件开发公司进行整合，完善自助服务一体机功能，在区、镇、村三级政务大厅、商业综合体、大型企业、大型商场等人员密集场所投放，目前已经投放 115 台。同步完成与浙江南湖、嘉善、南浔、秀洲自助一体机互联互通，政务服务事项通过自助机跨省通办实现增点扩面。

进一步完善"智慧吴江"App 政务服务模块。统筹整合政务服务微信订阅号功能，打造线上线下一体融合互动的政务服务新模式。

（三）加快推进异地联办工作探索，为政务服务一体化积累经验

先行开展吴江、南湖异地联办工作。一是出台《关于开展南湖吴江两区政务通办的实施方案》，充分利用吴江位于江苏"南大门"的地缘优势，与浙江省嘉兴市南湖区携手合作，实现跨省政务服务异地可办。二是先行尝试异地办理。通过自助服务一体机、异地联办专窗实现异地办理，目前两地 43 项民生事项实现自助机一体办理，38 项审批事项实现专窗异地可办。三是发布《关于开展吴江南湖两地行政审批标准化工作实施方案》，制定两地通办标准化服务事项清单，梳理标准化服务指南和业务手册，发布吴江、南湖两地标准化事项清单共计 54 项。

积极融入 G60 科创走廊长三角"一网通办"。一是全省率先建设 G60 科创走廊"一网通办" 窗口，率先实现营业执照和生产许可证办理"单点登录、一网通办"。二是举办发证仪式。2018 年 9 月 28 日，根据 G60 联席会统一部署，吴江区举办了 G60 科创走廊九城市"一网通办"发证仪式。三是积极宣传推广，多渠道进行宣传。

加快融入长三角一体化。一是进一步加强与嘉善、青浦等地的对接交流，签订合作备忘录，建立定期会议制度，商讨统一事项审批标准、异地自助办理、异地联办窗口设立、人员跟班学习相关事宜。2019 年 6 月，组织开展为期两周的青浦、嘉善、吴江三地企业登记相关人员异地交流跟班学习。二是扩大自助机服务机联办范围。在 2018 年与嘉兴市南湖区联办的基础上，2019 年实现了与嘉兴市秀洲区、嘉善县和湖州市南浔区的互联互通。三是区级政务大厅设立长三角政务服务"一网通办"综合服务窗口，配备相关设备及人员。2019 年 5 月起正式开展首批 30 项企业服务事项、21 项民生服务事项的异地办理工作。5 月 28 日，吴江区长三角政务服务"一网通

办"综合服务窗口办理了首单跨省异地就医登记备案相关手续。四是长三角政务服务"一网通办"综合服务窗口全覆盖。积极向G60联席办申请,在全区8个镇级为民服务中心全面设立长三角政务服务"一网通办"综合服务窗口。目前G60联席办已经同意,吴江区已经完成人员培训、窗口设立、印章刻制等相关工作,待账号分配到位后即可正式推行。

三、下一步工作设想

(一)加快推进区、镇、村三级政务服务体系建设

一是进一步加强区、镇、村三级实体政务服务大厅建设,力争区、镇、村三级全面实现"一窗"分类综合受理。二是继续完善行政审批标准化工作,按照本轮机构改革后的部门职责,动态调整政务服务事项,督促各部门做好政务服务事项的增删减,确保第一时间掌握政务服务事项底数。三是进一步梳理高频事项。依据省政务办下发的区县高频事项清单,梳理吴江区的高频事项,进一步研究各高频事项植入自助机办理、网上办理、下放镇区办理的可行性,方便办事群众。四是加快推进各类套餐的落地,针对前期梳理的25类"一件事"套餐,逐一研讨,确保真正落地,按照规定时间节点完成与南湖区"出生一件事"联办工作。

(二)扎实做好"互联网+政务服务"

一是加快融入全省一体化在线政务服务平台,加快实现政务服务事项标准化,加快丰富"不见面审批(服务)"场景,加快拓展政务服务应用,同时进一步做好"一门一窗"改革、开展"减证便民"行动,积极推进百姓办事就近办理。二是落实镇村事项在省政务网的维护工作。确保全区各个村(社区)均在省政务网建立站点,认领维护政务服务、公共服务事项,并抓好吴江政务服务平台的录入,实现省政务网办件的同步推送。三是进一步梳理自助服务机服务事项,对个人办理的、办件量大的事项进一步研究植入自助服务机办理的可行性,实现"家门口"的服务。四是进一步完善"一窗受理"平台。积极开展吴江政务服务平台的优化工作,第一时间协调软件公司解决平台使用过程中遇到的各类问题,确保平台的畅通。

(三)加快推进长三角政务服务一体化

一是认真总结与南湖区及G60长三角城市群异地办理过程中存在的

问题，进一步扩大通办事项范围，加大宣传推广，凝练服务成果。二是进一步加强与青浦、嘉善等地的对接，商讨通办事项清单，统一审批标准，建立通办专窗，推进数据共享。三是充分发挥黎里为民服务中心功能，做好企业服务事项受理端前移工作，改企业跑腿为政府部门跑腿，黎里区域内企业办事只需要到黎里为民服务中心就能解决。四是加快推进全区“1＋8”长三角政务服务“一网通办”综合服务窗口建设，做好首批 51 个事项的办理工作，加强宣传推广，切实方便办事群众。

（苏州市吴江区政务服务管理办公室）

淮安市涟水县创新“互联网+ 阳光扶贫”新模式

一、总体介绍

2018 年，涟水县政务办全面助力本县脱贫攻坚工作，在“互联网＋政务服务”平台的基础上，与县扶贫办合作，共同搭建“互联网＋扶贫”平台，3 月份“阳光扶贫超市”应运而生，线上网上超市与线下实体“扶贫超市”同步开通运行。

实体“阳光扶贫超市”依托“县镇村一体化”政务服务体系，同步在镇(街道)级为民服务中心和部分村级(省定、市定经济薄弱村)便民服务中心建设实体“阳光扶贫超市”窗口、工作室等，汇聚了全县线上线下所有扶贫资源，面向全县所有低收入户提供服务。“阳光扶贫超市”以创业就业、慈善求助、咨询服务为主题，变“政府端菜”为“群众点菜”，将富民壮村项目、技能培训项目、就业岗位信息、慈善求助信息等进行清单式展示，供各类人群人工咨询、自助查询。线上线下同步分为“我想创业”“我想就业”“信息发布”“我想咨询”四大功能板块，有效消除信息不对称等难题，让有创业就业或帮助需求的低收入户、有用工需求的企业，以及有慈善意向的爱心人士现场“选购”、洽谈，打通扶贫“最后一公里”。

二、主要做法

涟水县“互联网＋阳光扶贫”新模式创新打造线上、线下一体式“阳光扶贫超市”，让低收入群众与政府帮扶零距离接触。通过“互联网＋政务服务”平台，将相关部门互联互通，实现扶贫工作网络化、智能化，全力助力脱贫攻坚工作。

（一）让扶贫资源触手可及

涟水县“互联网＋阳光扶贫”新模式将线下“阳光扶贫超市”设置在县政务服务中心，由展示模块、电子显示屏、自主查询一体机、咨询服务台组成，低收入户可到“阳光扶贫超市”进行咨询、发布信息等。同时，借助“县镇村一体化”政务服务体系，将“互联网＋阳光扶贫”依托“互联网＋政务服务”平台延伸至乡镇、村居。目前，已在乡镇（街道）、部分村级服务中心内设置“阳光扶贫”窗口、工作室，配备一体机等相关设备，将扶贫服务送到低收入“家门口”。

（二）打造“淘宝式”“扶贫超市”

“阳光扶贫超市”充分考虑低收入群众的所忧所虑，致力于打造一个像淘宝网一样种类繁多、信息丰富的“扶贫超市”，低收入群众可通过“淘宝式”实体“扶贫超市”与线上网站挑选创业项目、就业岗位等。例如在“我要创业”板块，低收入群众既可以在现场直观地阅览相关数据，询问相关工作人员，也可以在线查询富民壮村项目清单，以及相关专家名录、成功案例、申办手续等，甚至还可以通过“阳光扶贫超市”咨询、申请小额扶贫贷款等，切切实实帮助低收入群众实现想富的愿望。

（三）信息网络化快速交互

乡镇通过“互联网＋政务服务”平台，每月按时报送项目、成功案例、求助求职、农户产品等更新信息，每周按时报送企业招聘、公益岗位更新信息。中心各窗口，特别是农委、市场监管、人社、商务等相关涉扶窗口（部门），每月按时报送政策更新信息，每周报送企业招聘、技能培训等更新信息，并纳入县政务中心考核，奖惩分明，形成有利抓手；同时窗口通过“互联网＋阳光扶贫”模式，在“阳光扶贫超市”收集群众诉求，在低收入群众有创业或就业的想法时，第一时间主动对接，上门服务，充分让低收入群众感受政府的温暖，增强其想富、致富的勇气和信心。窗口在服务企业、群众时，广泛宣传涟水县扶贫政策与相关工作，鼓励、引导相关企业、爱心人士等参观“阳光扶贫超市”，特别是有用工需求或有爱心资助意愿的，可帮其现场服务，形成了扶贫工作的良好闭环。

三、取得的成效

“阳光扶贫超市”建成以来，省政府吴政隆省长、省纪委蒋卓庆书记等多位省市领导莅临指导，对“扶贫超市”的创新做法表示充分肯定，并指示大规模推广学习。省内外多家单位前来参观学习，《新华日报》等媒体先后进行报道。“互联网＋阳光扶贫”新模式运行以来，已有累计 5000 余名帮扶责任人、1300 余名低收入农户到县“阳光扶贫超市”参观学习；400 余名农户通过借鉴“超市”公布的富民项目案例实施了精准到户项目，176 名农户利用“超市”培训和岗位信息实现了就业，28 个村借鉴“超市”壮村项目案例实施了 45 个壮村项目，为涟水县脱贫攻坚工作作出了巨大贡献。

后期将扩大“互联网＋阳光扶贫”功能内涵，加强“扶贫超市”与电商、慈善等方面的融合，强化线上线下互动，并推动“超市”服务向非省市定经济薄弱村延伸，在精准扶贫、乡村振兴方面发挥更大作用。

（涟水县政务服务管理办公室）

丹阳市推行工程建设项目审批制度改革

一、基本情况

丹阳市行政审批局紧紧围绕“放管服”改革要求，以“不见面审批”为主要抓手，对建设项目审批环节再简化、审批流程再优化、代办服务再细化，大力推行工程建设项目审批制度改革。

针对企业在不同审批阶段需要跑不同的部门、审批不同的事项，阶段环节不互通、审批部门各自为政，企业需重复提交大量的申报材料，各部门的业务数据相对独立、互不共享等一系列问题，丹阳市行政审批局对工程建设项目的审批要素进行全方位梳理，依托丹阳市建设领域精准监管系统，将涉及经济发展局、自然资源和规划局、住建局等职能部门的相关许可和服务事项全部纳入系统，按照功能划分为立项用地、规划许可、施工许可和竣工验收四个阶段，要求凡是工程建设项目涉及的事项一律纳入行政权力事项库管理并通过系统平台办理，凡是未纳入事项库管理的行政权力事项，一律不得要求项目单位额外申报。

二、主要做法

在业主单位申请材料齐全、符合法定受理条件的情况下，通过智能整合、流程优化、信息共享、快递送达、网上办理、移动终端机办理等方式，融合线上信息系统和线下窗口服务，实现审批人员与业主单位从提出申请到作出决定、送达办理结果文书的全过程"不见面审批"模式。

（一）线下搭建"建设项目一站式服务平台"

将网上申报、项目准入审核、项目辅导、模拟预审、住建一站式申报平台进行整合，开设5个窗口进行一站式服务。通过整合、集成资源，梳理审批环节，在合法合规的前提下对审批流程进行再优化，建成丹阳市建设项目一站式服务平台系统。

（二）线上全程电子化

一是推行电子签章、结果文书在线生成、材料附件共享调阅等功能，减少企业材料的上传及重复提供，同时保证内部材料的真实性。二是推行形式审查和技术审查相对分离，各部门审查结果不互为前置，可以相对独立开展。方案和图纸审查环节在审图系统运行操作，并且可以将环节前移，只要方案和图纸设计完毕，相关部门就可以提前介入，开展相关审查。

（三）明确职能，相互配合

明确审批和监管部门的职能界定与划分，做到既分清职能，各负其责，又相互配合，协调联动。建立事前审批与事中事后监管相对分离、相互制约又相互协调的工作机制，向业主单位提供优质高效的公共服务。

三、取得的成效

（一）做到服务标准化

对服务事项进行精细化梳理，包括各类业务办理情形和材料，根据业务条件自动筛选所需提交的业务材料，实现智能引导。网上办理通过与用户实名认证系统对接，实现用户网上办理身份有效性的确认。

（二）实现“四个统一”

统一事项流程、统一审批管理体系(同一阶段多个事项一张表单申报、审批)、统一监管方式、统一信息数据平台。通过统一的事项流程，将审批过程整合为四个阶段，从原来的串联模式变为并联模式，极大缩短了审批时限；通过统一的数据上报审批平台，资料在平台内部自由流转，避免信息孤岛。

（三）缩减各类申报材料

原需提交 41 项材料，现只需提交 16 项，共计缩减 25 项，缩减率达到 61%。缩减事项通过系统直接调阅或者由部门和设计单位上传，使“企业少提交、管理人员多调阅”，减少了业务单位的工作量。

（四）电子证照自动生成、共享

提供电子证照在线套打功能，建立系统自带的证照库，方便电子证照的查询、共享。

（五）技术审查全流程电子化

通过电子图审系统，将规划方案审查、住建施工图审查等技术审查，由纸质转变成全流程电子化，无需到现场审核。并且审图环节可以提前，审查意见通过系统直接反馈。

（六）审管既分离又联动

审批部门只行使事项的事前审批职权，不行使事中事后行政监管职权；监管部门只行使事项的事中事后行政监管职权，不再行使审批职权。在审批和监管过程中，对于需要审批部门和监管部门相互配合的审批事项，互相征求意见、建议，行政许可事前审批与事中事后监管相对分离、相互制约又相互协调。审批与监管的责任分工以审批信息的推送和接收为界。审批信息推送之前，审批部门履行审批职责；监管部门接收审批信息后履行监管职责。

（七）系统增设服务代办功能

全市所有代办员可以通过代办员通道进行项目申报，为业主单位提供更加优质高效的服务。

通过建设项目一站式服务系统进行项目申报，平均审批周期控制在 20

个工作日内,为工业项目“早落地、早开工、早投产、早收益”提供了强有力的保障。

（丹阳市行政审批局）

溧阳市推行建设项目“多联合一”

一、基本情况

溧阳市政务办始终以“不见面审批(服务)”改革为抓手,以“3550”改革为契机,以建设项目并联审批系统为纽带,致力于建设项目流程优化再造和审批效能提升,推行了工程建设项目“多联合一”等机制创新,有效降低了企业制度性交易成本。在2017年全省双创环境评价中,溧阳市获评“建设项目施工许可”评价先进地区,行政审批制度改革工作获省政府通报表彰。

溧阳市政务办对工程建设项目审批全流程全要素进行了梳理,推出了以“联合踏勘、联合评估、联合审图、联合测绘、联合竣工验收”为内容的“多联合一”,涵盖了建设项目审批全流程的立项用地、规划许可、施工许可和竣工验收五个阶段。联合踏勘是指,工程建设项目和市政管网工程在项目审批、规划许可和建设施工阶段,需要经过两个以上单位对申报材料的实质内容进行实地勘查的,实行由市政务办牵头统一实施的联合踏勘,通过“统一受理、集中审查、联合踏勘、集中反馈”的服务模式,实现“一辆车子管踏勘”。联合评估是指,将投资项目前期所涉及的节能评估、环境影响评价、安全评价等各项评估由串联调整为并联,实行统一受理、同步评估、同步评审、同步审批、统一反馈的服务模式。联合审图是指,优化房屋建筑工程规划许可与施工图审查办理流程,将规划审图职能科室和住建的施工图审查中心组成联合审图中心,采用两个部门的技术性审查相互交替的方式,全面提升审图质量和审查效率。联合测绘是指,在建设项目竣工验收阶段,规划核实竣工测量、土地勘测、房屋面积测绘三项测绘服务,实行“一次受理、一次收费、一次测量、分编报告”的工作方式,提升测绘服务效率、减轻项目建设单位负担,进一步缩短竣工验收时间。联合竣工验收是指，对全市重点建设项目推行竣工验收并联服务，将竣工验收工作分为前期指导、验收受理、组织验收、后续服务四个阶段，变多部门逐个上门验收为多个部门一次性集中上门验收，提高验收效率。

建设项目审批时间长、盖章多、收费多、中介多、材料多等“一长四多”问题在建设项目审批过程中一直存在，世界银行营商环境评价指标体系中“办理施工许可”这一指标也是衡量各地营商环境优劣的一项重要指标。为有效解决这一难题，我们积极对标世界银行评价指标体系，主动对照国务院办公厅《关于开展工程建设项目审批制度改革试点的通知》(国办发〔2018〕33 号)文件精神，探索先行试点地区改革经验，在打好“多联合一”这套组合拳的同时，推行了以“一窗式改革”、全程代办保姆式服务、系统平台建设为配套支撑的服务举措，致力于打造一流的发展环境。

二、主要做法

(一) 设立投资建设“专项一窗”和“多联合一”服务专窗

在政务服务中心设立了投资建设“专项一窗”，由 4 个投资建设受理窗口统一受理发改、经信、规划等 7 个部门的 31 项权力事项，并设置了统一的发证窗口，推行“前台综合受理、材料内部流转、后台分类审批、综合窗口出件”的服务模式。设置了“多联合一”服务专窗，负责联合踏勘、联合评估、联合测绘、联合竣工验收等工作的牵头受理、咨询服务、联系协调、推进落实。设置了投资项目自助申报区，由专人辅导代办员或企业申报材料。

(二) 项目建设全程无偿代办

以各镇区为版块建立了代办网络，组建了专业化的代办队伍，为项目单位提供咨询、指导、无偿代办服务。提高代办服务的规范化、标准化水平，多次组织审批部门对代办员进行专业培训。加强代办管理，每年对各镇区代办员进行服务评价并表彰先进。同时，政务服务中心配备专职项目代办人员，形成镇区代办员跑企业、中心代办员跑审批窗口的良性互动，为建设项目全程代办、“不见面审批(服务)”奠定扎实基础。

(三) 审批全流程网上办理

以一体化平台中的并联审批版块为支撑，推动各部门涉建事项网上办理、网上流转,推动运用数字化联合审图系统,推动规划部门自建系统与一体化平台对接。目前溧阳市建设项目审批可实现全流程网上办理。

(四)突出“联合踏勘+联合预审”

各部门联合对项目的产业政策、建设规模、生产工艺、环境安全距离、能耗标准等进行全方位指导申报,变被动审批为主动上门服务,变逐个部门串联审批为多部门并联审批,打通项目建设中梗阻,有效提升审批效能。

三、主要成效

“多联合一”是建设项目审批效能提升的重要手段,是深化行政审批制度改革的重要内容,简化了建设项目审批环节,压缩了审批时限,提高了企业办事效率,有效降低了企业制度性成本,为企业赢得了时间和经济效益,可复制性、可推广性极高。“多联合一”实施以来,获得了项目单位的充分肯定。2018年,溧阳市工业建设项目平均办理时限为13个工作日,最快项目审批用时仅10个工作日,总投资额28.643亿元,为工业项目“早开工、早投产、早见效”提供有力保障。

(常州溧阳市政务服务管理办公室)

南京市栖霞区探索商事登记“不见面审批”新模式

栖霞区深入贯彻落实“放管服”精神,着重解决商事登记过程中申请材料多、往返次数多、办结时间长、虚假身份注册等问题,坚持“让数据多跑路,让群众少跑腿”。依托互联网、物联网、多媒体等技术,将服务窗口和服务机制延伸到每个角落,申请人员不需要到政府服务窗口即可办理完相关申请事务,实现政务服务的“零距离”。

一、主要内容

(一)建立区街同权行政许可受理机制

针对传统登记制度存在的不支持异地审批、企业受理材料无法及时审批等问题,栖霞区组织研发“电子档案审批系统”,承担起远程实时受理、审批、打照、发照任务,使电子文档与纸质文档一致、与审批进程同步,真正实现“一窗受理”、现场查验、后台审批的流程化工作机制。当前,公司、个体、食品登记等业务均可在全区9个便民服务中心实现跨区域办理,彻底改变了只能在区政务中心办理登记业务的历史,实现了许可事项“联网联办、区街同权”的目标。

(二)建立信用审查与承诺准入机制

栖霞区深化“放管服”改革的同时,强化信用约束作用,批管同步,努力实现“放得开、管得住”的双目标。在相继实施身份证现场验证、人脸识别的基础上,对接南京信用信息数据库,开发“信用准入审批系统”,完成申请人员信用精确评估,把好商事登记准入关,确立申请主体和投资人责任。一是强化信用审查功能。实现与省市法人、自然人信用信息数据库的连接和自动审核功能,区别经营异常名录、严重违法失信名单、失信被执行人等对失信出资人进行严格限制。二是强化承诺守信管理。开发信用承诺数据库,对违反承诺的责任人进行联查追责、驱赶,列入失信名单,实施联合惩戒,从源头防范虚假注册等违法行为,实现“一处失信,处处受限”,有效提升栖霞区的信用建设水平。

(三)建立网上“不见面审批”机制

栖霞区持续推进商事登记制度改革,落实“互联网+政务服务”理念,依托网络技术,构建网上虚拟“服务柜台”,实现网上“一对一”服务、“不见面审批”。开发“远程电子审批系统”,在手机版的全程电子化基础上,研发实时互动、连线验证、在线办理的“市场主体不见面审批系统”,综合集成网上申请、手机申请、人证验证、手写签名、信用审查、承诺管理等功能,规范外网登记、内网受理、集中审批和快递送达等流程,强化真实场景、真实身份、真实意愿、真实信誉,使“不见面审批”成为现实,最大限度地方便申请当事人,让申请当事人足不出户,甚至在外地也能完成所有事项申请。完善受理、现场查验(食品许可)、审批分离机制,实现受理、现场查验和审批流程化办理,审批效率显著提高。

二、主要经验

(一)以“放管服”为引领,持续深化商事登记制度改革

近年来,栖霞区始终以创新精神不断推进商事登记制度改革。2014年

率先在全省将公司登记窗口集中至区政务服务中心。2015年将个体登记受理事务前移到街道便民服务中心。2016年将食品许可由区下放到街道为民服务中心,在全省率先实行食品许可与工商登记一窗“同时受理、内部流转、同时领取”。2017年将企业受理权下放到街道为民服务中心,进而实现了商事登记“不见面审批”,优化了商事登记流程,缩短了商事登记时间,为辖区创造了良好的营商环境。

(二)以问题为导向,加强审批流程再造

一是针对登记注册过程中存在的虚假注册、委托他人注册、注册信息不真实、注册即失联等问题,严把市场准入关,要求法人现场进行人脸识别、人证一致验证。二是针对企业登记后失联问题,借助信息化技术,构建大数据监管平台,充分利用政府已有数据和互联网数据,为失联企业精确“画像”,实现对失联企业的精确监管。三是针对企业事中事后监管难的问题,发挥信用约束作用,强化信用监管,与信用办对接信用数据库,实施信用联合惩戒。

(三)以集成为手段,综合运用信息化技术

一是为遏制冒用他人身份证虚假注册,上线“人证一致验证系统”,实现股东实名认证。二是为落实登记受理权与审批权分离,实现辖区内跨街道异地审批,开发“电子档案审批系统”,实现受理与审批进程同步。三是为减少申请人递交纸质材料,缩短业务办理时间,开发商事登记“不见面审批”系统,借助手机App,申请人足不出户即可完成业务办理。

三、取得的成效

自2017年4月27日中央编办何建中副主任见证发放第一张商事登记“不见面审批”营业执照以来,已累计发放8911张。人民网、新华网和江苏新闻网等各大媒体纷纷进行报道,取得了良好的社会效应。被列为中央编办试点,在全国率先实现商事登记“不见面审批”。商事登记“不见面审批”荣获2017南京市社会建设创新案例评选“十佳案例”、2018南京市社会建设创新典型案例、2018年全国改革开放四十年地方改革创新案例。自发放国内首张“不见面审批”营业执照以来,商事制度改革助力营商环境持续向好,区内市场主体呈爆发式增长。2017年新设各类市场主体17845家,其中新设企业 10760 家,同比增长 65.2%;2018 年新设各类市场主体 17609 家,其中新设企业 11615 家,同比增长 20.45%。

(南京市栖霞区市场监督管理局　南京市栖霞区政务服务管理办公室)

江阴市徐霞客镇探索构建基层治理新型模式

一、总体介绍

江阴市徐霞客镇是明代杰出地理学家、旅行家徐霞客的故乡,辖区面积 110 平方公里,户籍人口 12 万,常住人口 18 万。2010 年 4 月,徐霞客镇被中央编办确定为经济发达镇行政管理体制改革试点镇。2012 年 10 月,徐霞客镇正式启动行政体制改革,按照"机构精简高效、资源优化配置、管理职能清晰"的要求,组建了"两办六局一中心"9 个职能机构,以新成立的镇政务服务中心、综合执法局作为政府两大"前台"。通过将网格化管理理念与网络化信息手段进行深度融合,积极构建"集中高效审批、强化监管服务、综合行政执法"的基层政府治理架构,逐步形成了"一窗通办"优服务、"两网融合""强治理"的基层治理新范式。

二、主要做法和成效

(一) 政务服务"一窗口":集中审批更精简、更高效

通过几年来的探索和实践,徐霞客镇政务服务中心开创了"四个办"的特色功能:

一是"一窗办"。政务服务中心通过对承接事项办理条件与办理流程的标准化建设和格式化改造,将原来分门别类设置的 26 个专业窗口,整合成 14 个综合窗口,使每一个窗口工作人员都能熟练办理全部承接的 228 项事项,让办事人员在中心的任意一个综合窗口都可以办理所需事项,真正做到了"谁找都一样,找谁都一样"。

二是"网上办"。开通了与实体大厅配套的网上办事大厅和"霞行天下"App 终端,里面涵盖了所有审批服务事项的标准化要素、办事流程和办事指南。目前,政务服务中心所承接的 228 项事项全部实现了"网上办",

其中的90%可“不见面”办，开启了“互联网+”便民时代，实现了“让数据多跑路，让百姓少跑腿”。

三是“延伸办”。按照“即时即办、定时代办、上门特办”的原则，镇政务服务中心向村延伸，全镇21个村级便民服务中心全部设立综合窗口，直接受理社保、计生、民政、残联等与百姓息息相关的事项。村级便民服务中心和179个网格员还组成了代办服务队伍，对于存在实际困难的村民，提供上门特办服务，真正打通了服务百姓的“最后一百米”，实现了“便民全覆盖、服务零距离”。

四是“督着办”。政务中心建立了集审批监察、实时监测等核心功能于一体的在线监察系统，实现办事节点留痕、过程可追溯，从受理、初审、审核、办结，到群众取件，自动实时采集每一个环节信息，实行同步监控，审批事项全过程“看得见、管得住”。

（二）综合执法“一队伍”：行政执法更精准、更快捷

徐霞客镇的综合执法队伍打破了原有的条线限制，实行队员相对分工、综合执法，主要有四个特点：

一是以实体化网格为基础。实体化网格为三个综合执法中队划定了管理执法的边界，明确了执法任务。同时，相应网格内的网格员和信息员，将实时发现、收集到的环保、安监、城管等方面的问题通过移动终端上报，为综合执法队伍的迅速反应、快速出击提供了可靠信息，从而将大多数违法违章行为遏制在萌芽状态。

二是以全能型队伍为主体。按“队长专家型、队员复合型、队伍全能型”的要求，根据区域网格设置了3个综合执法中队，统一行使各自网格内的城管、安监、教育、卫生、文化等13个部门的765项行政处罚事项，实现“一支队伍管执法”，有效解决了“多头管理、交叉执法、相互推诿”的难题。

三是以现代化网络为支撑。依托智能化的移动巡查执法App，综合执法队伍能够随时接收平台派单任务，并对问题进行处理和反馈。同时，App还能实时记录执法队员日常巡查和执法情况并上传平台，实现了日常巡查与执法办案的无缝对接。这样就把综合执法范围内所有的“人、事、物”等

要素紧密联系了起来，使执法更加精准、快捷。

四是以制度化“双随机”为补充。通过建立市场主体名录库(2490 家)和执法检查人员名录库，检查人员和被抽查对象都通过随机选号的方式来产生，有效解决了执法检查中人情执法和选择性执法等问题。

(三) 镇村治理“一张网”：基层管理更主动、更科学

徐霞客镇通过将原本各条线的网格进行整合与再划分，打造成了具有“四个化”特色的网格化管理体系。

一是设置合理化。以尊重历史沿革、兼顾乡土风情、满足现实需求、预设发展愿景为原则，构建了“1＋21＋179＋N”的网格化综合管理体系，即“做强 1 个指挥中心，做实 21 个一级网格，做细 179 个二级网格，延伸 N 个管理系统”。

二是内容系统化。将网格化管理内容划分为政务服务、社会管理和综合执法三大核心内容，整合城管、安监、环保、民政等 38 个部门的 228 个政务服务事项、86 个社会管理事项、765 条执法处罚事项，全部在一个网格化平台内运转。

三是配置精准化。本着“因人而异、因格而异、因事而异”的原则，合理配置，构建了“一长五员”网格管理结构，即以网格长、网格员、督查员、信息员、联络员和巡查员组成的小组，作为网格问题处理的基础单位。

四是运行一体化。通过整合社保、计生等 7 张专网，让各职能部门可以通过网格化平台共享数据，做到了平台和各部门后台之间的实时联动，从而形成了信息互通、网格互联、执法互动、服务互享、智能互补的系统闭环。

(四) 管理服务“一中心”：指挥服务更精细、更透明

徐霞客镇管理服务指挥中心主要发挥着四个方面的作用：

一是建立大平台。依托实体化网格，把指挥中心打造成一个信息高度集成的功能复合体，它既是徐霞客镇网格化管理的指挥平台、行政服务的监管平台，也是应急管理的协调平台和“智慧霞客”的信息平台，集任务派送、资源调度、流程监督、结果考核等众多功能于一体。

二是实行大监管。指挥中心通过清单管理、定位管理(移动终端可实

现轨迹回放)、节点管理和绩效管理四种方法,从事前、事中和事后全面对单元网格的部件和事件进行监察。建立监察和处置互相分离的形式,确保问题及时发现、矛盾迅速处理。

三是整合大数据。指挥中心一方面整合了党建、社保、综治等 38 个领域的相关事项数据,另一方面将舆情监测系统、12345 系统、大走访系统、信息管理系统和矛盾纠纷系统等沉淀的数据进行分析,为日常管理提供了第一手决策依据,有效提升了公共管理能力。

四是形成大闭环。创建了“天上有云,地上有格,格中有人,人能管事,管理有序,序后评估,评后考核,考核入档,归档入云”的工作机制,以网格化为基础,以网格员为中心,以解决问题为目标,形成了一个信息的闭环管理。

三、下一步工作设想

下一步,徐霞客镇将继续以党的十九大精神为引领,按照习近平总书记关于进一步深化机构和行政体制改革中提出的“两个统筹、一个转变”的重要论述,紧紧围绕江苏省“聚力创新、聚焦富民、高水平全面建成小康社会”新目标,大胆探索、深化改革,不断提升社会管理实效和民生服务精准度,不断增强群众和企业改革获得感,为建设“强富美高”新江阴作出应有贡献。

(江阴市徐霞客镇人民政府)

政策篇

中共江苏省委江苏省人民政府关于深化行政审批制度改革加快简政放权激发市场活力的意见

苏发〔2016〕42号

党的十八大以来，党中央、国务院深入推进“简政放权、放管结合、优化服务”改革。我省以“5张清单、1个平台、7项相关改革”为系统架构的“放管服”改革进展顺利，取得了积极成效。为进一步深化“517”放管服改革，着力降低制度性交易成本，加快转变政府职能，把该放给市场和社会的权放足、放到位，把政府该管的事管好、管到位，破除束缚发展的体制机制障碍，把创业创新的大门敞得更开，现就我省深化行政审批制度改革、加快简政放权、激发市场活力提出如下意见。

一、总体要求

全面落实党的十八大和十八届三中、四中、五中、六中全会精神，深入贯彻习近平总书记系列重要讲话特别是视察江苏时的重要讲话精神，围绕“五位一体”总体布局和“四个全面”战略布局，牢固树立创新、协调、绿色、开放、共享的发展理念，按照市场在资源配置中起决定性作用和更好发挥政府作用的要求，坚持问题导向、坚持依法行政、坚持互联网思维、坚持务实创新，着力推进简政放权，着力推进审批监管扁平化、便利化、规范化，着力推进“互联网＋政务服务”，以更彻底的放权、更严格的监管、更精准的服务，切实转变政府职能、提高行政效能，创造便利创业创新的营商环境，激发社会活力，为推进供给侧结构性改革助力，为建设“强富美高”新江苏提供体制机制保障。

按照“谁投资、谁决策，谁受益、谁担风险”原则，真正确立企业和公民的投资主体地位。市场机制能有效调节的，要强化监管，取消审批；由基层管理更为方便、更为有效的，要统筹协调，下放审批。各级政府要减少对市场主体的直接干预和对企业微观事务的管理，着力为企业创造公平竞争的生态环境，将更多的精力转到加强发展战略、规划、政策、标准等制定和实施，加强事中事后监管和提供各类公共服务上来。以建立“互联网+政务服务”体系为目标和方向，逐步建立起以权责清单为核心的阳光高效审批体制、以企业和群众需求为导向的简约便捷公共服务模式、以信用监管为基础的综合有效监管执法体系，形成“集中高效审批、分类监管服务、综合行政执法”的基层政府治理架构，建设简约、便民、阳光、高效的法治政府、服务型政府。

二、建立阳光高效的审批体制，创造透明便利的营商环境

1. 进一步加大放权力度。除需转报（申报）国家批准或法律法规规定涉及安全、环保、重要资源布局管控等必须由省级审批的事项外，能取消的行政审批和涉审中介服务事项都要取消，不能取消的下放至设区市和县（市、区），逐步实现省级部门对国家鼓励类、允许类企业投资项目“不再审批”。特别是要加大对实体经济企业生产领域的放权力度，实行协同、联动下放。要按照“权责对等、有权必有责、用权受监督”的要求，健全权力运行和监督体系。对下放至设区市或县（市、区）的行政审批事项，省级相关部门要在人才、技术、网络等方面予以支持和保障，加强培训、指导和业务对接；设区市、县（市、区）要优化简化审批流程，确保接得住、管到位、效率高、服务好。

2. 清理规范涉审中介。按照“鼓励竞争、统一监管”的要求，审批部门所属事业单位、主管的社会组织及其举办的企业，不得开展与本部门行政审批相关的中介服务，需要开展的应与主管部门脱钩，转企改制。企业自主选择中介机构，行政机关不得强制指定。清理规范涉及审批的各类认证、评估、审图、代理、检查、检测等中介服务，不得要求开展清单之外的中介服务，对列入清单的中介服务要大幅降低收费。在审批过程中委托开展的技术性服务活动，必须通过竞争方式选择服务机构，服务费用由审批部门支付并按照规定纳入部门预算，逐步实现省级部门及所属事业单位对企业投资项目审批中介服务“不再收费”。

3. 清理整顿职业资格事项。推进省职业资格目录清单管理并建立动态调整机制,清单之外不得开展职业资格许可和认定,清单之内除准入类职业资格外,一律不得与个人就业创业、企业资格资质挂钩。清理取消无法律法规依据的各类准入证、上岗证、资质证,规范并向设区市下放涉企资格、资质、上岗类培训考试项目,2016 年底前公布全省涉企培训考证项目清单,逐步实现省级部门及所属事业单位涉企培训考试"不再收费"。严肃查处职业资格"挂证""助考"行为,严格实行考培分离。设区市、县(市、区)要制定具体方案,降低培训费用,严禁借年检之名违法违规搭车收费。

4. 优化建设施工图审核。梳理省级审批部门、审图机构的审图事项,凡没有法律法规依据的审图事项一律取消,逐步实现省级部门及所属事业单位对企业投资项目"不再审图",结合事业单位分类改革,加快推进职能转变,由承担具体审图业务过渡到加强对具有设计资质、审图资质单位的监管。设区市、县(市、区)要逐步放开审图市场,将审图业务交给具备条件的审图机构实施,培育公平竞争的市场环境,提升设计、图审水平。要积极推行一窗受理、联合审图、网上审图、统一会审等方式,强化建设质量、安全、环保等的严格监管,落实责任追究制度。

5. 规范强制性检验检测。没有法律法规规定的强制性检验检测一律取消,法律法规设定的、扁平化管理更有效的事项原则上下放至设区市。设区市、县(市、区)要加大检验检测市场开放力度,打破地方保护、部门垄断和行业壁垒,推动检验检测机构整合和脱钩改制,鼓励不同所有制检验检测机构平等参与市场竞争,降低检验检测收费。将法律法规规定涉及安全、环保的确需省级保留的强制性检验检测事项列出清单,符合规定的纳入政府购买服务范围,逐步实现省级部门及所属事业单位对企业不再收取强制性检验检测费用。

6. 重点清理涉企项目资金。落实国务院部署,进一步清理规范工程建设项目各类保证金,逐步减少省级部门直接面向企业的行政事业性收费。进一步深化政府部门专项资金管理改革,整合省级专项资金,完善并公布清单,在市场竞争领域,逐步减少省级财政对企业核拨引导性资金,加大公共财政一般性转移支付,推动资源配置依据市场规律、市场价格、市场竞争实现效益最大化和效率最优化。

7. 深化商事制度改革。着力解决企业“办照容易办证难”等问题，进一步放宽市场准入，继续大力削减工商登记前置审批事项，同步减少后置审批事项。优化审批流程，实行“多证合一”“一照一码”“证照联办”等，使新生市场主体更加快捷便利地进入市场。力争 2016 年底前实现新设企业办理工商营业执照自受理之日起不超过 3 个工作日，实现“名称核准”网上自助查询，逐步实现自主申报，实现个体工商户“两证合一”。加快推进工商登记全程电子化、放宽住所条件、简易注销登记等改革试点，推行电子营业执照。推广电子证照的运用，实现审批“免带证照”或“少带证照”。探索“证照分离”改革，实行“告知承诺”制度，切实减少各种不必要的后置许可。

三、建立简约便捷的公共服务模式，打造便利创业创新的政务环境

8. 高标准高起点打造全省政务服务“一张网”。认真贯彻国务院关于加快推进“互联网＋政务服务”工作的指导意见，制定《江苏政务服务网建设实施意见》，整合政务服务、公共资源交易、信用信息监管、大数据中心等，提升“两微一端”，建立纵横全覆盖、事项全口径、内容全方位、服务全渠道的网上政务服务系统，建立方便快捷的云服务平台。着力优化网上审批流程，创新网上服务模式，推进实体大厅与网上服务平台融合发展。构建全省 12345 政务服务热线，整合省级各部门各单位以及各设区市、县(市、区)政务服务热线资源，实现全省一个号码对外提供咨询、办理、投诉、举报等服务，把 12345 打造成群众办事“零距离”、企业服务“零障碍”的综合信息平台。凡是能通过网络共享复用的材料，不得要求企业和群众重复提交；凡是能通过网络核验的信息，不得要求其他单位重复提供；凡是能实现网上办理的事项，不得要求必须到现场办理。与企业注册登记、年度报告、变更注销、项目投资、生产经营、商标专利、资质认定、税费办理、安全生产等密切相关的服务事项，以及与居民教育医疗、户籍户政、社会保障、劳动就业、住房保障等密切相关的服务事项，都要实现咨询、指南、预约、受理、审图、评估、督察、勘验、投诉、反馈、评价等在网上一体办理，真正做到政务服务事项“应上尽上、全程在线”。加快贯通省市县三级的江苏政务服务网上线运行，实现“一张网络管服务”。

9. 积极稳妥扩大相对集中行政许可权改革试点。在总结南通市、苏州工业园区、盱眙县、盐城市大丰区4个试点地区改革经验的基础上，选择部分设区市、县(市、区)扩大相对集中行政许可权改革试点。各试点地区要因地制宜、突出重点、注重特色、务求实效，可将市场准入、建设投资和权证办理等需要集中的相关许可事项集中至行政审批局或其他集中行使行政许可权的行政机关，实行集中审批。选取不同类型的开发区开展相对集中行政许可权改革试点，努力实现建设项目从立项到施工许可50个工作日内办结。健全审批部门与同级机关部门和上下级部门间的工作衔接、协调配合机制，建设统一的“互联网+审批”的网上平台。认真细致地做好简政放权与有效监管的无缝对接，防控风险，切实落实安全、环保等领域的监管责任。健全依据责任清单追责机制。健全审批、管理、监督运行机制和内外部监督制约机制，切实加强廉政制度建设。依法保障人民群众行政复议、行政诉讼权利，探索人民群众权利救济方案，切实维护人民群众合法权益。省政府有关部门要主动服务，加强对试点地区审批部门的工作指导、业务培训、文件传达、端口开放、信息传递和数据推送。

10. 推进“并联审批”、探索“不再审批”。深化投资项目在线审批监管平台应用，建立并联审批应用的监督和考评机制，逐步实现联动审批信息的跨层级、跨部门自动采集。2016年底前出台企业投资建设项目“多图联审”“多评合一”意见，力争7个工作日内完成审图、40个工作日内完成评估。推进企业投资建设项目联合评估、联合勘验、联合测绘、联合验收，实行“一家牵头、统一受理、集中实施、限时办结”。2017年6月底前，建立省级部门除涉密事项外的数据端口共享目录，并向各设区市、县(市、区)集中审批窗口提供数据端口、开放专网数据库，实现“一次采集、多方复用，一库管理、互认共享”。在一定领域、区域内先行试点企业投资项目承诺制，探索创新以政策性条件引导、企业信用承诺、监管有效约束为核心的管理模式，对使用自有土地扩大建设规模的“零用地”技术改造等国家鼓励类企业投资项目试行“不再审批”。

11. 推广投资建设项目“代办制”。在开发区、高新区、乡镇(街道)实行投资建设项目“全程代办”制度，对符合准入条件的审批事项，推行即时即办，坚持“亲”“清”原则，打造亲商、安商、富商的投资创业环境。建立企业联系卡制度，实行首问负责制、限时办结制、服务承诺制等制度，加强随访，及时了解项目进展情况。推广提前介入、并联审批、网上审批等“模拟审批”和“代办审批”的做法，组建专业化代办队伍，为企业提供接洽、联系、申请、办结等全流程、精准化的服务，当好服务企业的“店小二”。

12. 开展开发园区区域评估试点。选择有条件的开发区、高新区开展区域评估试点，在文物、压覆矿、水资源、环评、能评、安评、稳评、地质和地震灾害危险性评估等方面，探索通过区域评价，取代区域内每个项目独立的重复评价。

四、建立综合有效的监管执法体系，营造公平有序的市场环境

13. 健全严格有效监管的制度体系。更彻底的放权要求更加严格有效的监管，特别是加强对事关人民身体健康、生命财产安全、环境保护和妨碍市场公平竞争事项的监管。各级政府要健全以权责清单为边界，以信用监管为基础，以“双随机一公开”为抓手，以综合行政执法为支撑，以线上线下相结合的制度链为保障的更严格、更有效的监管体系，在安全、环保等领域，建立事中事后监管“零容忍”机制，实施信息共享、联合惩戒，促进社会公平正义。各级政府要切实转变监管理念，由原来的重事前审批转向加强事中事后有效监管上来，进一步完善“依据责任清单追责”“双随机一公开抽查”“鼓励举报”“企业信用承诺、联合惩戒”“重大风险监测防控”“绩效评估”等相关制度，形成信用监管、行政监管、行业自律、社会监督、公众参与的“五位一体”“线上线下”无缝对接的综合有效监管执法体系。

14. 建立依据权责清单追责机制。厘清政府与市场、社会的边界，分清“减权”“放权”之后各级各部门审批、监管、执法和服务的责任。完善省市县三级政府部门权力清单和责任清单，推进权责清单标准化，建立健全依据责任清单追责的制度，严格限制自由裁量权，依照“谁审批、谁负责”“谁主管、谁监管”“谁行权、谁担责”原则，细化审批、监管、执法和公共服务的具体责任，实现审批、监管、执法、服务全程留痕，可追溯、可评价、可追责，确保各级政府部门法无授权不可为、法定职责必须为，勇于负责、敢于担当。

15. 加强信用监管。强化信用监管的基础性作用，加快构建以信用管理为核心的市场监管机制。健全覆盖全省的公共信用信息系统、市场监管信息平台，加大企业信用信息公示力度，加强市场主体信用信息归集、存储和应用，并与行政许可、行政处罚和监管信息互联互通、有效衔接，实现“一个平台管信用”。建立信用联合惩戒、经营异常名录、失信企业黑名单制度等，形成市场主体守信奖励、失信惩戒机制，实现“一处失信、处处受限”。2017 年底前建成覆盖全省的中介机构信用信息平台，将中介机构信用信息纳入公共信用信息系统，推动中介机构为企业投资创业提供诚信服务。

16. 完善“双随机一公开”抽查机制。2016 年底前各级政府部门要全面建立“一表两清单、两库一平台”的“双随机一公开”抽查机制，随机抽查事项要达到本部门市场监管执法事项的 70%以上、其他行政执法事项的 50%以上，2017 年实现全覆盖。法律法规规章规定的检查事项，全部纳入双随机抽查事项清单；法律法规规章没有规定的，不得擅自开展检查。合理确定年度随机抽查的比例和频次，一年内对同一市场主体的抽查原则上不超过 2 次，对投诉举报多、安全隐患大、列入经营异常名录、有失信行为、有违法违规记录等情况的市场主体，应增加抽查频次，加大检查力度，并将随机抽查结果纳入市场主体的社会信用记录。

17. 推进综合行政执法。由基层监管的事项，除法律法规规定外，省政府部门原则上不设具有独立法人资格的执法队伍，现有执法队伍逐步充实监管服务力量。完善市县两级执法管理，大幅减少市县两级政府执法队伍种类，突出在以食药安全为重点的市场监管、公共卫生、安全生产、文化旅游、资源环境、农林水利、交通运输、城乡建设、海洋渔业、商务等领域推行综合执法，有条件的领域可以推行跨部门综合执法。深化以市场监管领域为重点的综合行政执法改革，统筹利用执法资源，形成有效监管的合力。按照属地管理、权责一致的原则，合理确定设区市和市辖区执法职责分工，在设区市推行市或区一级执法，不重复设置职责相同的执法队伍，实现执法重心和力量下移。县(市)要整合组建 5—7 支综合执法队伍。统筹县以下执法工作，在有条件的区域实现“一支队伍管执法”。

18. 开展绩效评价。建立以绩效为核心、以创业创新营商环境为主体、以群众和企业评价为标准的机关部门绩效评价机制，及以市场效益为核心的企业综合评价机制，发挥绩效评价的导向作用，促进各级政府部门更好地服务企业转型升级、创新发展。以企业申请开办时间压缩了多少、投资项目审批提速了多少、群众办事方便了多少等量化指标为重点，建立和发布创业创新政务环境评价指数。

各级党委、政府要切实加强对“放管服”改革的领导，抓组织、抓协调、抓推进、抓试点，结合本地实际，抓紧制定深化行政审批制度改革实施方案及配套政策，采取有力措施深化改革，打造便利创业创新营商环境。各部门要根据责任分工，细化措施，强化责任，狠抓落实，形成合力。要加强对深化行政审批制度改革的督察，加大对关键主体、重点任务、重要领域的督察力度，督察结果纳入年度绩效考核，促进改革举措落地见效。要建立容错机制，对探索中的失误，只要符合改革大方向和地方实际，予以宽容，不求全责备，发现问题及时纠正。对积极推进改革、成效明显的地方，予以表扬激励；对落实不力、推诿扯皮、失职渎职的，严肃追究责任。

省政府关于印发江苏省政务服务管理规定的通知

苏政发〔2016〕56 号

各市、县(市、区)人民政府,省各委办厅局,省各直属单位:

现将《江苏省政务服务管理规定》印发给你们,请结合实际认真贯彻执行。

江苏省人民政府

2016 年 4 月 25 日

江苏省政务服务管理规定

第一章 总 则

第一条 为加强政务服务监督管理,提升政务服务能力和水平,根据《中华人民共和国行政许可法》《中华人民共和国政府信息公开条例》等有关法律法规,结合本省实际,制定本规定。

第二条 本规定所称政务服务,是指各级地方人民政府及其所属部门或法律、法规授权的具有管理公共事务职能的组织,依公民、法人或者其他组织的申请,实施行政许可、行政确认等具有依申请实施特征的行政权力和公共服务事项的行为。

经机构编制管理机关会同保密行政管理部门认定为涉密的政务服务事项除外。

第三条 本省行政区域范围内政务服务工作,适用本规定。

第四条 政务服务工作遵循便民利民、依法依规、公开透明、开放共享的原则。

第五条 各级地方人民政府组织领导本行政区域范围内的政务服务工作。县级以上地方人民政府设立政务服务管理机构,依托政务服务中心开展工作,负责本级政务服务工作的组织协调和监督管理。其他部门或组织按照各自职责做好政务服务相关工作。

第二章 政务服务的集中办理

第六条 县级以上地方人民政府应当建立政务服务中心,集中办理本级和受上级委托实施的政务服务事项。有条件的地方依法经批准可以开展相对集中行政许可权改革试点,将行政许可权集中到一个部门行使。

政务服务事项清单应当依据政府部门行政权力和公共服务事项目录制定。

第七条 具有政务服务职能的部门或组织(以下统称政务服务部门),应当确定一个内设机构(以下统称政务服务职能处室)统一办理政务服务事项,其他相关内设机构可以承担相应的协同工作。

政务服务职能处室原则上应当整体进驻政务服务中心。

第八条 政务服务部门应当在政务服务中心设置窗口(以下统称部门窗口)办理政务服务事项,窗口工作由政务服务职能处室承担。

第九条 因特殊情况,政务服务事项不宜或暂不进政务服务中心的,应当报本级人民政府批准,纳入同级政务服务管理机构统一管理,并报上级政务服务管理机构备案。

第十条 政务服务部门一个工作年度内受理政务服务申请数量较少的,经同级政务服务管理机构同意后,可以网上预约受理或者由政务服务中心综合窗口代为受理,政务服务职能处室及时至中心办理。

第十一条 政务服务事项的受理、审核、决定、制证、送达等环节应当集中在政务服务中心实施。

政务服务事项涉及现场核查、专家评审、听证等程序的,应当由政务服务职能处室组织或委托有关单位实施。

第十二条 政务服务事项涉及政务服务部门所属机构提供检验、检测、检疫等服务的，该机构应当在政务服务中心设置窗口受理检验、检测、检疫等申请。

有特殊管理要求的事项除外。

第三章　政务服务的信息公开

第十三条　政务服务部门应当对政务服务事项逐项编制办事指南，列明政务服务事项的办理依据、受理单位、基本流程、申请材料、示范文本及常见错误示例、收费依据及标准、办理时限、咨询方式等内容，并细化到每个环节。

政务服务事项和办事指南等应当通过政府网站、多媒体终端设备、宣传手册等形式向社会公开。

第十四条　部门窗口应当在显著位置放置办事指南、载有法定收费项目和收费标准的公示牌、示范文本或固定格式文本（表格），供公众免费查阅。

第十五条　政务服务事项有数量限制的，应当将限制依据、数量、分配规则以显著方式予以公示。

第十六条　政务服务部门应当将政务服务事项所涉法律、法规、规章、规范性文件等目录清单放置在部门窗口和相关政府网站公开。

第十七条　政务服务申请材料中，涉及需要由符合法定条件的专业技术组织编制、认定的材料，政务服务部门应当在部门窗口和相关政府网站公开相关专业技术组织名录。

第十八条　政务服务事项办理结果应当依法公开，公开内容包括事项名称、申请人、批准内容、有效期限、批准部门、批准日期等。

第十九条　政务服务部门应当将申请书等材料的示范文本或固定格式文本（表格）制作成电子文件，置于部门网站、政务服务中心网站，供申请人下载。

第二十条　政务服务信息公开内容应当及时更新。

政务服务事项涉及重大调整的，政务服务部门应当通过多种途径向社会公开。

第四章　政务服务的规范运行

第二十一条　政务服务部门应当保持政务服务队伍相对稳定，加强队伍专业化建设。

承办政务服务的工作人员应当是政务服务部门公务员，或者依法律、法规授权，承担政务服务事项的事业单位正式在编人员。

政务服务职能处室人员数量和专业技能，应当与承担的政务服务工作相匹配。

第二十二条　部门窗口工作人员应当具备办理本政务服务部门政务服务事项的业务能力，政务服务部门要有计划安排窗口工作人员进行业务轮训。

部门窗口工作人员应当承担本政务服务部门职责范围内的政务服务以及其他相关业务的咨询工作。

第二十三条　部门窗口日均受理政务服务申请数量多的，政务服务部门可以在政务服务中心设置咨询窗口或开通咨询电话、网上咨询。

第二十四条　政务服务部门受理政务服务申请，应当向申请人出具受理通知书，通知书应当载明政务服务事项名称、受理时间、办理期限、领取证件的地点。

受理通知书应当加盖政务服务部门专用章。

第二十五条　政务服务申请人提交的材料不全或者不符合法定形式的，政务服务部门应当在法定时限内出具补正通知书，一次性告知申请人需要补正的内容。

补正材料需要由其他部门或者专业技术组织提供的，补正通知书应当包括补正材料取得的途径和方式。

补正通知书应当加盖政务服务部门专用章。

第二十六条　多部门共同审批事项，应当由同级政务服务管理机构研究提出意见，报本级人民政府批准，明确一个政务服务部门统一受理申请材料、统一送达相关证件。

第二十七条　根据法定条件和程序，政务服务申请需要现场核实的，政务服务部门应当做好现场核查安排记录。

现场核查人员应当制作现场核查记录,并签署姓名、日期。

第二十八条 依法应当先经下级政务服务部门审查后报上级政务服务部门决定的政务服务事项,下级政务服务部门应当将初步审查意见和全部申请材料直接报送上级政务服务部门窗口。

两级政务服务部门应当建立报送材料的交接记录,不得要求申请人重复提供申请材料。

第二十九条 政务服务事项需要政务服务部门有关负责人签字的,有关负责人可通过政务服务系统在后台进行审批或到政务服务中心审核材料、签署意见。

第三十条 政务服务部门应当加快政务服务事项的办理,法律、法规对办理时限作出明确规定的,政务服务部门承诺的办理时限可以少于规定的时限;法律、法规没有规定的,政务服务部门应当参照法律、法规规定的同类事项办理时限,合理确定承诺时限,并向社会公布。

第三十一条 政务服务事项办理程序包含有听证、公示、招标、拍卖、检验、检测、检疫、鉴定和专家评审的,政务服务部门应当明确所需时间,并将所需时间书面告知申请人。所需时间不计算在法定办理期限内。

第三十二条 政务服务部门实施政务服务,依照法律、行政法规收取费用的,应当明确告知申请人缴费方式。

第三十三条 政务服务部门实施政务服务尽量简化流程,缩短时限,可以同时办理的程序应当并行办理。

第三十四条 政务服务部门应当加强对政务服务事中事后的监督管理,监督管理人员不得是本部门政务服务职能处室的工作人员。

第五章 政务服务的网上办理

第三十五条 县级以上人民政府应当依托行政权力网上公开透明运行系统,统一完善政务服务平台,推进政务服务网上办理。

政务服务部门的政务服务系统应当与本级人民政府的政务服务平台实现数据交换。

第三十六条 政务服务部门应当建立网上服务窗口，受理申请人通过网络提出的政务服务申请。

通过网络提出的政务服务申请，政务服务部门应当通过网络告知申请人受理或不予受理的决定，或者需要补正的申请材料等内容。

第三十七条 政务服务部门应当根据法定程序设置网上办理流程，实施政务服务网上办理。

政务服务部门应当将申请材料以及实施程序中产生的材料制作成电子文件在政务服务平台上传递、流转。

政务服务的实施过程应当在政务服务平台上留下即时电子信息。

第三十八条 政务服务部门应当建立政务服务电子信息库。电子信息库应当包含以下电子数据或电子文件：

（一）政务服务申请人基本情况；

（二）政务服务申请人提交的申请材料；

（三）政务服务实施过程中，政务服务部门向申请人出具的各种结论性材料；

（四）政务服务部门向申请人核发的证照批文。

各政务服务部门应当共享政务服务信息。

第三十九条 各级政务服务平台应当实现政务服务的电子数据交换，共享政务服务信息。

第六章 政务服务的监督考核

第四十条 县级以上人民政府应当加强对本级政务服务部门和下级人民政府政务服务工作的监督考核，并将其纳入政府绩效管理。

第四十一条 政务服务管理机构负责制定政务服务管理评价办法，具体实施政务服务管理评价工作。

第四十二条 政务服务管理机构应当加强对政务服务部门政务服务工作的日常管理，发现重大问题及时出具书面建议，提出整改要求。政务服务部门应当在规定时间内落实整改。

第四十三条 监察、法制、编制、人力资源社会保障等部门应当依照相关规定实施对政务服务工作的监督管理。

第四十四条 政务服务部门应当建立健全政务服务运行、管理和监督制度。

第四十五条 政务服务部门应当对政务服务职能处室开展政务服务工作实施有效监督和绩效考核。

第四十六条 政务服务部门应当建立政务服务群众满意度测评制度，及时发现问题,改进政务服务工作。

第四十七条 政务服务管理机构应当会同监察、法制、编制、人力资源社会保障、物价等部门对政务服务工作进行综合评价考核。

第七章　附　则

第四十八条 垂直管理部门的政务服务工作参照本规定执行。

第四十九条 本规定由省政务服务管理办公室负责解释。

第五十条 本规定自 2016 年 6 月 1 日起施行。

省政府关于加快江苏政务服务网建设的实施意见

苏政发〔2017〕53号

各市、县(市、区)人民政府,省各委办厅局,省各直属单位:

为贯彻落实《国务院关于加快推进“互联网+政务服务”工作的指导意见》(国发〔2016〕55号)、《国务院办公厅关于印发“互联网+政务服务”技术体系建设指南的通知》(国办函〔2016〕108号)精神,结合我省实际,现就加快建设江苏政务服务网,提出以下实施意见。

一、总体要求

(一) 指导思想。以党的十八大和十八届三中、四中、五中、六中全会精神为指导,深入贯彻习近平总书记系列重要讲话特别是视察江苏重要讲话精神,围绕省十三次党代会提出的“两聚一高”目标,牢固树立创新、协调、绿色、开放、共享的发展理念,以提高政府现代治理能力为核心,顺应互联网发展趋势,加快建设政务服务网,提高政府服务效率和透明度,降低制度性交易成本,全力打造审批事项最少、办事效率最高、创新创业活力最强的省份,最大程度利企便民,增强企业和群众获得感和满意度。

(二) 建设原则。

问题导向,便民务实。围绕企业和公众的实际需求,从解决群众办事难、办事慢、办事繁等问题出发,推进线上线下融合,提供渠道多样、简便易用的政务服务。

顶层设计,统分结合。加强统筹规划,科学设计总体架构和标准体系,各地、各部门按照统一架构和标准分级分层实施,将各类政务服务事项的网上办理通道和运行数据逐级接入,实现全省“一张网”联动运行。

整合提升,共建共享。充分整合、利用存量信息化资源,搭建全省统一的政务服务平台,打破各地、各部门服务资源和信息系统的条块分割,实现政务服务数据的汇聚和共享。

突出重点，统筹推进。根据网上政务服务特点，突出重点，狠抓难点，充分发挥试点示范引领作用，不断提升网上政务服务的覆盖面和应用深度。

对接需求，动态优化。以政府职能转变和服务人民群众需要引领江苏政务服务网发展方向，细分服务群体，分类分析用户行为和满意度变动，实现精准优化，深化政务服务模式变革。

(三) 工作目标。充分运用云计算、大数据等现代信息技术，建设省、市、县三级统一的江苏政务服务网，按照“网上批、快递送、不见面”要求，打通各级各部门业务办理系统，推进部门协同办理，大力精减办事申请材料，切实减少企业和群众跑动次数，不断提升政务服务整体水平。争创国家“互联网＋政务服务”试点示范省份，用1—2年时间，建成政务服务“一网一门一端一号一码”，打造纵横全覆盖、事项全口径、内容全方位、服务全渠道、用户全参与、资源全共享、各级全衔接、跨区全支持、过程全监控、考评全实时的网上政务服务平台，实现政务服务标准化、精准化、便捷化、平台化、协同化，确保我省“互联网＋政务服务”工作走在全国前列。

提升一网：升级改造江苏政务服务网，省、市、县、乡、村五级联动，面向自然人、法人和其他社会组织，提供行政审批、公共服务、信用监管、绩效评价、公共资源交易等服务功能。

优化一门：整合优化各级政务服务中心、公共资源交易中心和便民服务中心功能，对接江苏政务服务网，构建线上线下一体化服务平台，精简优化办事流程，强化业务协同办理，逐步实现“进一个门、办所有事”。

建设一端：建设江苏政务服务移动客户端和微信公众号等，对接江苏政务服务网，面向自然人、法人和其他社会组织，提供服务同项、数据同源的移动化服务。

整合一号：建设江苏12345在线服务平台，整合省各职能部门单位、各市县政务服务热线资源，力争实现全省一个号码对外，统一提供咨询、办理等服务。

使用一码：以居民身份证号作为自然人办事唯一标识，以统一社会信用代码作为法人办事唯一标识，构建统一身份认证体系，建设电子证照库，避免重复递交材料。

二、主要任务

（一）统一技术支撑体系。

1. 制定全省统一的技术方案和业务规范。全面引入开放、互动、共享、平等、免费的互联网思维，以企业和群众用户为中心，制定江苏政务服务网总体技术方案。制定跨地区、跨部门、跨层级的审批事项信息、证照交换规范；制定统一用户和交叉验证、统一申报查询服务等规范；制定政务服务云平台技术规范；修订完善电子监察业务规范；制定相关政策文件，明确使用电子签名、电子公章的操作办法。

2. 建立全省统一的政务服务门户。按照统一标识、统一栏目设置、统一搜索服务、统一咨询评议、统一身份认证的要求，建成江苏政务服务总门户，并与政府门户网站前端整合。各地现有的政务服务门户以及各地、各部门网站上的政务服务栏目要与江苏政务服务总门户进行整合，开设网上分厅，打造"政务淘宝"。

3. 建设统一的江苏政务服务客户端。依托江苏政务服务移动客户端和微信公众号的开放平台，丰富各地网上政务分厅移动应用。广泛应用场景式办事导航体系、智能检索、智能标签、电子地图、搜索优化等智能化互联网技术，提升网上办事服务的便捷度和使用率。各级、各部门加快将已建成的移动客户端和微信公众号应用整合或迁移至江苏政务服务客户端。

4. 建立全省统一的身份认证系统。综合运用身份证实名认证、社会保障卡认证、手机验证、第三方支付认证、企业数字证书验证、社会信用代码验证等技术手段，实现自然人和法人统一身份信息在线校验核对，逐步做到全省网上政务服务"一次认证、全网通行"，各地、各部门不再重复认证。发展改革、经济和信息化、公安、人力资源社会保障、工商、税务、民政等部门加快推进人口、法人、社会信用等基础信息库按需向政务服务门户实时开放数据接口，完成全省统一身份认证系统和"实名认证"体系建设。

5. 建设全省统一的公共支付平台。制定业务接入实施指南和技术规范，建成统一的网上公共支付平台，为缴款人提供开放便捷安全的缴费渠道,逐步实现政府非税收入一网式缴纳。

6. 建设全省统一的电子证照批文管理系统。制定全省统一的信息编码和证照批文分类鉴别管理规则,建设全省统一的电子证照批文库。省级各部门证照批文信息通过省级政务服务数据共享平台归集、比对和存储,并实现与市级证照批文信息的共享;市、县(市、区)、乡镇(街道)的证照批文信息,统一通过市级政务服务数据共享平台归集、比对和存储。

7. 建设全省统一的快递服务渠道。建立全省统一的快递物流平台,提供全省政务服务申请快递揽收和办理结果快递送达服务。通过物流信息数据交换接口,全省各级政务服务综合管理平台与快递物流平台无缝对接,实时交换快递服务申请数据和物流状态信息。

8. 建设全省统一的企业和个人用户中心。依托统一身份认证系统,为企业和个人实名用户开设个性化专属空间,并提供管理功能。对接各级、各部门政务服务信息资源,集聚企业或个人的基本信息、证照信息、第三方报告及其自制信息,用户可查看自己的办事记录、咨询记录、投诉记录、评价记录等。采用消息中心、智能引擎、数据分析技术实现对用户服务的个性化推荐和提醒。

(二)优化再造政务服务。

1. 优化网上服务流程。优化简化服务事项网上申请、受理、审查、决定、送达等流程,涉及多个部门的事项实行一口受理、网上运转、并行办理、限时办结,降低企业和群众办事成本。按照"凡是能通过网络共享复用的材料,不得要求企业和群众重复提交;凡是能通过网络核验的信息,不得要求其他单位重复提供;凡是能实现网上办理的事项,不得要求必须到现场办理"的要求,推进办事材料目录化、标准化、电子化,开展在线填报、在线提交和在线审查。建立网上预审机制,及时推送预审结果,对需要补正的材料一次性告知。积极推动电子证照、电子公文、电子签章等在政务服务中的应用,开展网上验证核对。

2. 推进政务服务事项"应上尽上"。梳理行政许可、行政征收、行政给付、行政确认、行政奖励、其他权力等政务服务事项,发布"应上尽上"政务服务事项清单。政务服务事项原则上均要具备预约、申报、办理、查询等在线申办功能,并建立在线申办工作制度,逐步全流程网上运行。

3. 创新网上服务模式。加快政务信息资源互认共享,推动服务事项跨地区远程办理、跨层级联动办理、跨部门协同办理。梳理多图联审、多评合一、联合踏勘、联合验收等需要跨部门、跨层级联动审批的事项清单,优化事项办理流程,明确牵头办理单位,推进网上并联审批。

4. 促进实体政务大厅与网上服务平台融合发展。适应"互联网+政务服务"发展需要,进一步提升实体政务大厅服务能力,加快与网上服务平台融合,形成线上线下功能互补、相辅相成的政务服务新模式。推进实体政务大厅向网上延伸,整合业务系统,统筹服务资源,统一服务标准,做到无缝衔接、同城通办、异地可办。

5. 加强对政务服务数据信息的分析运用。运用大数据、云计算等信息技术,建立智能化数据挖掘和分析预测模型,强化对政务服务数据的深度开发与社会化运用,推进政务服务流程优化,提升网上服务精准化水平,为深化"放管服"改革提供决策依据,切实增强用户体验。

(三)丰富政务服务内容。

1. 升级改造政务服务管理平台。依据国家相关技术规范和业务要求,统一省、市政务服务管理平台技术架构和数据接口,按照数据处理分析、任务分发、在线监管、安全防护等功能需求进行升级改造,支持在线受理、办理、反馈及现代物流快递、在线支付等应用。原则上,政务服务管理平台由省、市统建,县(市、区)不再单独建设,加快向乡镇(街道)延伸覆盖,有条件的地区延伸至村(社区)。

2. 改造拓展部门审批业务办理系统。各级、各部门要升级改造本条线或本部门审批业务办理系统,将政务服务事项办件基本信息、过程信息、结果信息(含批文、证照)等电子数据,通过数据交换逐级汇总至政务服务网,做到审批业务办理系统省、市、县、乡四级全覆盖,逐步实现政务服务事项跨地域、跨层级、跨部门办理。

3. 建立健全政务服务事项在线动态管理系统。按照《省政府办公厅关于印发江苏省行政权力事项清单管理办法的通知》(苏政办发〔2015〕136

号),对照行政权力事项清单、公共服务事项清单、部门责任清单、行政审批中介服务事项清单、财政专项资金管理清单、收费目录清单、企业投资负面清单、便民服务事项清单、职业资格资质认定目录清单等,建立完善基于政务服务网的全省政务服务事项在线动态管理机制。按照“三级四同”(省市县三级行政权力名称、编码、类型、依据相同)的原则,实施行政权力在线分级动态管理。

4. 完善全省统一的江苏12345在线服务平台。依托整合上线的江苏12345在线服务平台,深入对接融合各设区市、省各部门和单位服务热线,在初步实现统一接听、按责转办、限时办结,统一督办、统一考核的基础上,积极强化全媒体服务、智慧管理和数据分析能力,探索推动全省12345体系由热线向在线、由咨询向办事的两个跨越,为政府决策提供服务。

5. 建设全省统一的公共资源交易平台。整合省本级各类电子交易管理平台和行政监督平台,打造全省统一、终端覆盖市县的公共资源交易信息化平台。为市场主体、社会公众、行政监管部门提供信息发布、交易保障、行政监管、信用核查和决策支撑等综合服务。

6. 深化投资项目在线审批监管平台。按照国家发展改革委关于推进平台运行先进地区深化应用试点工作及技术规范要求,扎实组织二期工程建设,进一步拓展软件功能,加强与政务服务网数据对接,加快实现企业投资项目备案直接办理和核准并联办理。

7. 改造完善行政权力电子监察系统。完善现有省电子监察系统功能和接口规范,实现对省级政务服务事项的全过程实时监察监控和预警纠错、督察督办、投诉处理、满意度采集等功能。推进市、县两级电子监察平台的完善,通过与省级平台的数据对接,实现对全省各级政府政务服务运行过程的“一站式”监管。

(四)提升用户体验感知。

1. 建立政务服务网服务评估体系。紧紧围绕企业和群众体验和感受,从服务方式完备度、服务事项覆盖度、办事指南准确度、在线服务深度、在线服务成效度等方面,评估网上政务服务的可达性、可见性、可用性、可办性，掌握网上政务服务的实施效果，及时发现用户的“痛点”和“兴奋点”，为政务服务网持续迭代升级提供决策支撑。建设政务服务网用户中心和网上政务服务评估系统，定期形成政务服务网运行报告，进行横向纵向比较分析，公开详细运行数据。

2. 建立企业和群众需求“零距离”收集机制。充分发挥媒体监督、专家评议、第三方评估等作用，畅通群众投诉举报渠道，通过模拟办事、随机抽查等方式，深入了解线上线下服务情况。要对企业分行业、分规模开展“大走访”活动，聚焦创业创新，从具体的办事场景入手，进行全链条分析，深入排查政务服务网建设中的薄弱环节，有针对性地解决问题，打通政务服务“最后一公里”。在政务服务网设立曝光纠错栏目，公开群众反映的办事过程中遇到的困难和问题，及时反馈处理结果。

3. 鼓励创新创优。梳理发布“不见面”政务服务事项清单和“见一次面”政务服务事项清单，通过流程优化和业务创新，不断增加“不见面”和“见一次面”政务服务事项数量。省级部门对本条线“三级四同”行政权力逐项开展办事指南和审查工作细则标准化，并对申请材料、承诺办结时限、收费标准、办理流程等实行限高，做到企业申请开办时间再压缩、投资项目审批再提速、群众办事再简化。

4. 实现关键突破。公安、民政、人力资源社会保障、工商、地税、国税等 6 个条线部门，首批与政务服务网线上线下、前台后端深度对接，首批在政务服务网开设“旗舰店”，首批做到“一次认证、全网通行”。各级、各有关部门将利企惠民政策、住房公积金查询、社保查询、考试成绩查询、违章查询、开证明以及补证换证等高频、刚需、面广的应用汇聚到政务服务网 PC 端和移动端，将政策服务、数据服务、办事服务等精准推动到位。

三、实施步骤

按照统一规划、试点先行、逐步推广的原则，分三个阶段组织实施。

第一阶段(2017 年 1 月至 2017 年 6 月)：成立领导小组和专题工作组，制定实施意见，进行任务分解。各地、各部门根据任务分工组织实施江苏政务服务网建设各项工作。贯通省、市、县三级的江苏政务服务网正式上线运行，基本建成“一网一端一号一码”线上政务服务框架。

第二阶段(2017年6月至2017年12月)：推动“一门”与“一网”深度融合，不断完善江苏政务服务网功能，提升线上线下一体化政务服务能力。扩大“一网一端一号一码”应用范围和应用深度，推进各项服务上网运行，及时发现存在问题，落实整改措施，不断提升用户体验，让政府服务更智慧。

第三阶段(2018年1月至2018年12月)：不断完善全省网上网下一体化政务服务体系，推动各地、各部门实现更多政务服务事项全流程在线办理，大力发展面向移动互联网的政务服务应用，加快提升基层办事服务能力，着力推进跨区域通办。依托政务服务网，扎实推进全省统一的政务服务数据平台建设，加强大数据资源的关联分析和挖掘利用，推进网上协同治理、精准服务。

四、推进措施

(一) 加强组织领导。成立江苏政务服务网建设协调推进小组，由省政府分管省长担任组长，省政府秘书长、分管副秘书长担任副组长，省各有关部门主要负责同志为成员，统筹协调政务服务网建设。协调推进小组下设政务服务网建设推进办公室，设在省政务服务管理办公室，具体负责协调推进、数据管理、督促检查和运行保障工作。各市、县(市、区)和省各部门都要成立相应的组织领导机构和工作班子，抓好任务落实。加强政务服务网经费保障，为工作顺利开展创造条件。

(二) 加强考核监督。将政务服务网建设工作列入年度重点工作和重点督查事项，纳入政府绩效考核体系，明确分值权重。定期组织专项督查，加大问责力度，对重视不够、落实不力的地区和部门亮“红牌”，进“黑名单”；对综合评价高、实际效果好的，按照有关规定予以表彰奖励。

(三) 加强工作协同。政务服务网建设要与“放管服”改革同步规划、协调推进。在开展行政审批标准化、相对集中行政许可权改革、商事制度改革、“并联审批”“不再审批”改革等工作时，要充分利用政务服务网，更好地实现群众办事全程在线，“不见面、零跑动”。

(四) 加强宣传推广。发动媒体广泛宣传政务服务网的服务功能、建设成效，提高社会认知度和认可度。以社会需求和群众满意为导向，面向广大服务对象，在省、市、县三级政务服务中心组织开展江苏政务服务网上线试运行推广宣传活动，广泛征求意见建议，不断提升政务服务质量和效率。

江苏省人民政府

2017年4月28日

省政府关于公布国家级开发区全链审批赋权清单的决定

苏政发〔2017〕86 号

各市、县(市、区)人民政府,省各委办厅局,省各直属单位:

为贯彻落实全国深化简政放权放管结合优化服务电视电话会议和《国务院办公厅关于促进开发区改革和创新发展的若干意见》(国办发〔2017〕7号)精神,推进开发区内涉企投资审批扁平化、标准化、便利化,省人民政府决定公布《国家级开发区全链审批赋权清单》,依照法定程序赋予国家级开发区 220 项设区市级经济管理权限,其中,行政许可 204 项,其他行政权力 16 项。

各设区市要依据《国家级开发区全链审批赋权清单》,通过委托、下放等赋权形式,切实做好国家级开发区赋权衔接工作,不得截留审批事项,确保相关权力事项受理、审查、发证等所有审批环节依法委托下放到位,并同步明确相关部门及其工作人员的法律责任、追责情形和免责事项。各国家级开发区要按照权责一致的原则,依法承担承接事项的审批责任和管理职责,规范行政审批程序,切实提高承接能力和审批效率,主动接受上级部门的指导监督,确保权力运行顺畅高效。要坚持"谁审批、谁负责""谁主管、谁监管""谁行权、谁担责"的原则,严格落实监管责任,切实加强事中事后监管,特别是加强对事关人民身体健康、生命财产安全、环境保护和妨碍市场公平竞争事项的监管。省各有关部门要加强指导和服务,及时解决赋权工作中出现的困难和问题,推动赋权工作顺利开展。

江苏省人民政府

2017 年 6 月 29 日

省政府关于推进“证照分离”改革试点工作的通知

苏政发〔2017〕159号

各市、县(市、区)人民政府,省各委办厅局,省各直属单位:

为深化行政审批制度改革,加快政府职能转变,充分激发市场主体创业创新活力,破解“办照容易办证难”“准入不准营”等突出问题,根据《国务院关于在更大范围推进“证照分离”改革试点工作的意见》(国发〔2017〕45号)文件精神,按照《中共江苏省委江苏省人民政府关于深化行政审批制度改革加快简政放权激发市场活力的意见》(苏发〔2016〕42号)有关要求,决定在苏南国家自主创新示范区、南京江北新区及全省各国家高新技术产业开发区、国家级经济技术开发区开展“证照分离”改革试点,推进试点地区构建稳定公平透明可预期的营商环境。

一、总体要求

认真贯彻落实党的十九大精神,按照党中央、国务院决策部署,紧紧围绕简政放权、放管结合、优化服务改革要求,以打造审批事项最少、办事项率最高、创业创新活力最强的区域为目标,通过开展“证照分离”改革试点,着力解决企业准营环节办证多、办证难等问题,进一步完善市场准入,使企业办证更加便捷高效。对企业能够自主决策的经营活动,取消行政审批,或改为备案管理;对暂时不能取消审批的行政许可,简化审批方式,实行告知承诺制;对不适合采取告知承诺制的行政许可事项,简化办事流程,公开办事程序,提高审批的透明度和可预期性;对涉及国家安全、公共安全等特定领域,继续强化市场准入管理,加强风险防范。建立健全事中事后监管体系,推进转变行政理念,提升政府治理能力,激发商事主体创新创业活力,增强经济发展动力。

二、改革方式

落实国发〔2017〕45号文件要求,全面复制推广上海市浦东新区“证照分离"改革成功经验做法，将100项行政许可事项(国务院批复上海实施的116项事项中，删除国务院及部委已取消或调整事项13项、我省没有的事项3项)，根据不同情况，采取五类管理方式。

(一)取消审批。对不影响人民生命财产安全、具备充分的市场自由竞争条件、通过行业协会等自治组织能够实现自律管理的，取消行政审批，实行行业自律管理，企业取得营业执照后可直接开展经营活动。包括出版物出租经营备案等5项行政许可事项。

(二)取消审批，改为备案。对政府需要及时、准确获取相关信息并以此为线索开展跟踪管理、维护公共利益的事项，改为备案管理。企业将备案规定的相关材料报送政府有关部门后，即可开展相关经营活动，政府部门不再对备案材料进行核准或许可，若发现企业有违法违规行为，通过加强事中事后监管，予以纠正或处罚。包括首次进口非特殊用途化妆品行政许可等2项行政许可事项。

(三)简化审批，实行告知承诺制。对需要符合一定条件，经现场验收、样品检测等实质审查合格后方可开展生产经营活动的事项，通过事中事后监管能够纠正不符合审批条件的经营行为且风险可控的，实行告知承诺制。对实行告知承诺的行政许可事项，由行政审批机关制作告知承诺书，告知企业办理审批需提交的材料和不能取得审批的后果，企业承诺符合审批条件并提交有关材料，即可办理相关审批事项。企业达到法定许可条件后，方可开展许可经营活动。在后续监管中，如果审批机关发现企业未达到许可条件即开始经营的，取消其审批文件并纳入信用监管。如从事出版物零售业务许可、保安培训许可证核发等23项行政许可事项。

(四)提升审批的透明度和可预期性。对暂时不能取消审批，也不适合采取告知承诺制的行政许可事项，公开行政审批事项目录和程序，明晰具体受理条件和办理标准，列明审查要求和时限，实现服务事项标准化，以最大程度减少审批的自由裁量权，实现办理过程公开透明、办理结果有明确预期。大力推广并联审批、证照联办，切实打通企业办事环节。包括国内水路运输业务经营审批、港口经营许可等37项行政许可事项。

(五)对涉及公共安全等特定活动，加强市场准入管理。对涉及国家安全、公共安全、生态环境保护，以及直接关系人身健康、生命财产安全等特定活动的行政许可事项，继续强化市场准入管理，加强风险防范，依法办理相关许可证，但必须在法定或承诺期限内办结。如设立经营性互联网文化单位审批、开办药品生产企业审批等 33 项行政许可事项。

按照国务院要求，对于 100 项行政许可事项以外，不涉及修改法律、行政法规、国务院文件的行政审批等事项，由试点地区根据实际情况提出需要纳入改革试点的，报省政府批准后实施。

三、建立与“证照分离”相适应的监管机制

在实行“证照分离”改革、放宽市场准入条件的同时，必须切实加强事中事后监管。各相关部门要克服只管有证的、不管无证的、不审批就不监管、出了问题就暂停审批等错误认识，做到不管部门发不发证、不管企业有没有证，都要认真履行监管职责，管好是尽责，不管是失责，出现问题要追责。推进市场监管制度化、规范化、程序化，坚决防止审批与管理脱节，确保无缝衔接、不留死角。

（一）厘清监管职责，落实监管责任。按照“谁审批谁监管、谁主管谁监管”原则，审批部门、主管部门、监管部门都要负起监管责任。对于取消审批或审批改为备案、实行告知承诺制等事项，相关部门要逐项研究细化自律准则和标准，建立制度体系，切实加强监管，防止“自由落体”。善于运用科学化、信息化、现代化手段履行监管职责，把该管的事情管住管好，真正实现“宽进严管”。

（二）推进信息共享，实行协同监管。进一步完善市场监管信息平台，为相关部门提供信息共享，为联合监管、监督检查和执法办案提供有力的信息化支撑。工商部门在市场主体注册后，落实“双告知”制度，通过书面告知办事者领照后需办理相关许可，通过信息平台将有关信息告知相关许可部门。构建工商登记信息、行政许可信息以及部门监管信息的共享机制，加强风险防范，提高协同监管能力，实现登记和监管的无缝衔接，有效推进“宽进严管”。通过市场监管信息平台归集各部门在履行职责中产生的行政许可、监督检查、行政处罚、黑名单及其他依法应当公示的企业信息，实现部门间信息实时传递和无障碍交换。

（三）完善“双随机一公开”抽查机制，推进综合监管。试点地区要全面建立健全“双随机一公开”抽查机制，制定并公布“双随机”抽查事项清单，法律法规规章规定的检查事项全部纳入清单，并将随机抽查结果归入市场主体的社会信用记录。对投诉举报多、安全隐患大、列入经营异常名录、有失信行为、有违法违规记录等情形的市场主体，应增加抽查频次，加大检查力度。

（四）实行信用监管，强化风险研判。落实企业年度报告公示、经营异常名录和严重违法企业名单制度。通过随机抽查、数据监测、社会举报等多渠道、多途径，开展大数据综合比对和关联分析，预测监管风险，对市场主体进行风险分类，实现科学化、协同化、精细化监管。

（五）加强部门联动，实施联合惩戒。全面落实部门间各项联合惩戒合作备忘录，建立健全信息沟通共享机制和案件协查移送机制，对市场主体实施惩戒的信息实现部门间实时共享。加强跨部门联动响应和失信惩戒，构建“一处违法，处处受限”的联合惩戒机制。探索对特定的“黑名单”市场主体在相关领域的准入环节启动实质性审查，增加失信者进入市场的成本。

四、保障措施

“证照分离”改革是厘清政府与市场关系，创新政府管理方式，发挥市场主体作用的重要举措。要通过“证照分离”改革，改变以审批发证为主要方式的传统管理体制，使审批更简、监管更强、服务更优。

（一）积极开展试点。“证照分离”改革政策性强，涉及面广。根据国务院和省委、省政府有关文件精神，在苏南国家自主创新示范区、南京江北新区及全省各国家高新技术产业开发区、国家级经济技术开发区先行试点，试点期截至 2018 年 12 月 22 日。省编办（省审改办）、省工商局、省法制办要牵头做好改革推进和组织协调工作，省各有关部门要支持试点地区的改革，帮助解决改革遇到的困难和问题。试点地区要加强改革协调，制定“证照分离”改革的具体实施方案，并于 2018 年 1 月底前报省编办（省审改办）备案。

（二）统筹协调推进。统筹推进“证照分离”和“多证合一”等相关改革。

按照能整合的尽量整合、能简化的尽量简化、该减掉的坚决减掉的原则，全面梳理、分类处理各类涉企证照事项。将“证照分离”改革后属于信息采集、记载公示和管理备查类的各种证照进一步整合到营业执照上，实行“多证合一、一照一码”。对市场机制能够有效调节、企业能够自主管理的事项，以及通过事中事后监管可以达到原设定涉企证照事项目的的，逐步取消或改为备案管理。

（三）建立评估机制。建立“证照分离”改革试点评估机制，可委托第三方机构对照改革预期目标进行评估，全面分析改革在释放市场活力、激发创业动力、助推创业富民、支持就业增长、优化产业结构和促进经济发展等方面的实际成效，总结经验，不断完善工作措施，确保改革落地生效。

江苏省人民政府

2017 年 12 月 12 日

省政府办公厅印发关于全省推行不见面审批(服务)改革实施方案等四个文件的通知

苏政办发〔2017〕86 号

各市、县(市、区)人民政府,省各委办厅局,省各直属单位:

《关于全省推行不见面审批(服务)改革实施方案》《关于全省推行企业投资项目多评合一的指导意见》《关于全省推行施工图多图联审的指导意见》《关于全省推行不动产登记一窗受理集成服务工作的指导意见》已经省政府推进职能转变协调小组会议审议通过,现印发给你们,请结合实际,认真贯彻执行。

江苏省人民政府办公厅

2017 年 6 月 5 日

关于全省推行不见面审批(服务)改革实施方案

为深化“放管服”改革,进一步提高政府办事效率,激发市场活力,增强企业和群众获得感,根据《中共江苏省委江苏省人民政府关于深化行政审批制度改革加快简政放权激发市场活力的意见》(苏发〔2016〕42 号),现就推行“不见面审批(服务)”制定本实施方案。

一、总体要求

认真落实党的十八大和十八届三中、四中、五中、六中全会精神,全面贯彻习近平总书记系列重要讲话和治国理政新理念新思想新战略,牢固树立新发展理念,坚持以人民为中心发展思路,建设服务型政府、法治政府,在全省建立"不见面审批(服务)"体系,依托江苏政务服务网,加快推进"网上办、集中批、联合审、区域评、代办制、不见面"。各市、县(市、区)人民政府和省级部门全面梳理公布"不见面审批(服务)"事项清单,除法律法规规定和暂不具备条件网上办理事项外,按照"外网受理、内网办理、全程公开、快递送达、网端推送、无偿代办"的方式开展审批,到 2017 年 10 月底前,实现 80%的审批服务事项"网上办",进一步简化优化审批流程,尽快实现"企业 3 个工作日内注册开业、5 个工作日内获得不动产权证、50 个工作日内取得工业生产建设项目施工许可证"的"3550"目标,全力打造审批事项最少、办事效率最高、创新创业活力最强的区域。

二、工作任务

(一) 推进网上全程办理。全面推行"在线咨询、网上申请、网上审批、网端推送、快递送达"办理模式,除涉密或法律法规有特别规定外,基本实现审批事项网上全程办理,大幅提高网上办事比率。推进审批材料目录化、标准化、电子化,推动电子证照、电子公文、电子签章等在政务服务中的应用。建设统一的公共支付平台。进一步优化简化网上申请、受理、审查、决定、送达等流程,缩短办理时限,降低企业和群众办事成本。凡是能通过网络共享复用的材料,不得要求企业和群众重复提交;凡是能通过网络核验的信息,不得要求其他单位重复提供;凡是能实现网上办理的事项,不得要求必须到现场办理。开展网上监督评价、办理进度、结果实时查询。依托"12345"在线平台统一省、市、县、乡(镇)政务咨询投诉举报监管平台,凡是群众和企业到政府办理的审批事项和公共服务事项,都可通过"12345"政务服务热线电话或网上咨询,详细了解办事流程、所需材料和其他相关事项。

牵头单位:省政府办公厅、省编办(审改办)、省政务服务管理办公室、省发展改革委、省经济和信息化委。

责任单位:省有关部门,各市、县(市、区)人民政府。

(二) 推进集中高效审批。积极稳妥扩大相对集中行政许可权改革试点,推广南通市、苏州工业园区、盱眙县、盐城市大丰区等地做法,通过集中审批,整合优化机构职责,集成共享信息资源,进一步优化审批流程,简化审批程序,最大限度减少群众和企业必须上门办理的次数。加快推进苏州市、无锡市、泰州市、淮安市和19个省级以上开发区相对集中行政许可权改革试点。其他地区可以借鉴行之有效的经验做法,突出问题导向,坚持务实创新,切实提高集中审批便利化水平。省政府各相关部门要主动服务,加强对试点地区审批部门的工作指导、业务培训、文件传达、端口开放、信息传递和数据推送,确保相对集中行政许可权改革取得实效。

牵头单位:省编办(审改办)、省法制办。

责任单位:省有关部门,各市、县(市、区)人民政府。

(三)大力推行企业投资项目"预审代办制"。各地要借鉴南京市江宁区"模拟审批""预审代办制"和泰州市高港区"代办制"经验,在各类开发区、乡镇(街道)普遍建立代办制度,为办事企业提供咨询、指导、无偿代办服务。对暂时不能实行全程网上审批及服务的事项,要统一开展代办服务;各地要公布代办事项目录,实行首问负责制、限时办结制、服务承诺制等制度,建立代办服务评价、企业联系卡等制度。加强代办队伍专业培训和内部管理,强化工作激励与风险防控,提高代办服务的规范化水平。

牵头单位:省编办(审改办)、省政务服务管理办公室。

责任单位:各市、县(市、区)人民政府。

(四)大力推行联合评审。进一步规范涉审中介服务,推广常州"五联合一简化"、镇江"多评合一"、淮安"网上联合审图"、苏州工业园区"电子踏勘"等创新做法,加快推动联合评估、联合勘验、联合测绘、联合验收等,推行施工图"多图联审"、企业投资项目"多评合一",努力实现工业生产建设项目7个工作日内完成审图、40个工作日内完成评估。

牵头单位:省编办(审改办)、省发展改革委、省环保厅、省住房城乡建设厅。

责任单位:省有关部门,各市、县(市、区)人民政府。

(五)探索试点区域评估。选择部分开发区、高新区开展区域评估,试点园区管委会牵头组织编制土地勘测定界、地质灾害危险评估、建设项目压覆矿产资源评估、地震安全性评价、环境影响评价、节能评估、水土保持方案审查、气候论证、文物评估、地价评估、土地复垦方案等区域性专项评估、评审报告,评估报告 5 年内有效,由落户该区域内的项目免费共享,降低企业投资成本。政府在出让土地前,统一组织开展各类中介评估,费用纳入土地出让金,原则上不再对企业建设项目进行重复评估。

牵头单位:省商务厅、省科技厅、省发展改革委、省环保厅、省国土资源厅、省编办(审改办)。

责任单位:省有关部门,各市、县(市、区)人民政府。

(六) 推行审批(服务)结果"不见面"送达。推行审批(服务)结果"两微一端"推送、快递送达、代办送达等服务模式,让办事企业和群众少跑腿。

牵头单位:省政务服务管理办公室。

责任单位:省有关部门,各市、县(市、区)人民政府。

三、相关措施

(一) 全面梳理"不见面审批(服务)"事项。依据标准化行政权力清单,省级有关部门、承担行政职能的事业单位,各市、县(市、区)人民政府及其部门、承担行政职能的事业单位,要全面梳理、规范和公开实施"不见面审批(服务)"事项清单,明确审批部门、项目(含子项)名称、办理要件、申请材料(含表单模板)、办理流程、办理时限、收费标准和具备网上办理的条件和要求等,接受社会监督。首批"不见面审批(服务)"事项清单由各级人民政府于 6 月底前向社会公布。

(二) 加强事中事后监管。坚持放管结合,按照"谁审批、谁负责""谁主管、谁监管""谁行权、谁担责"的原则,建立以权责清单为边界,以"双随机一公开"为抓手,以信用监管为核心,以网格化管理为基础,以大数据为支撑,以综合执法为手段,以线上线下相结合的制度链为保障的严格有效监管体系。2017 年全省实现"双随机一公开"监管全覆盖。建立奖励举报、惩罚性赔偿、联合惩戒等制度,切实提高监管的效能。

(三) 明确部门任务分工。省政府办公厅负责协调各地、各部门加快推进"不见面审批(服务)"改革中的重大问题,牵头做好各信息系统整合。省编办(审改办)负责加快推进"不见面审批(服务)"改革日常工作。省发展改革委负责牵头项目投资在线审批的改革优化。省财政厅负责公共支付平台建设,构建线上线下一体化支付体系。省公安厅负责户口办理、出入境有关证照办理、车辆和驾驶人员证照办理以及相关资格资质证明、身份认定等许可和便民服务事项"不见面审批(服务)"改革。省人力资源社会保障厅负责牵头推进职业资格"不见面审批(服务)"改革。省工商局负责牵头推进工商登记全程电子证照、"不见面审批(服务)"改革。省国土资源厅会同省住房城乡建设厅、省地税局推进不动产交易登记"一窗受理,集成服务"。省质监局负责推进"不见面审批(服务)"事项标准化工作。省各有关部门根据各自职责做好本单位加快推进"不见面审批(服务)"改革工作,并加强对本系统的督促指导。

(四) 加大监督考核力度。"不见面审批(服务)"改革列入省级各部门绩效考核和市县创业创新环境评价。建立"不见面审批"改革督查制度,省政府督查室、省审改办负责推进"不见面审批(服务)"改革督查工作,对于不认真履行职责、工作明显滞后的地区和部门,要启动问责、约谈机制。各地、各部门也要建立相应的考核督查机制,强化制度刚性约束,确保改革顺利推进。省编办(审改办)适时组织省有关部门和第三方参与评价。

各地、各部门主要负责人作为第一责任人,要切实加强组织领导,做到改革工作亲自部署、重要方案亲自把关、关键环节亲自协调、落实情况亲自督察,加快推动改革落地。省政府推进职能转变协调小组负责"不见面审批(服务)"改革的组织协调、督促落实。各地、各部门要充分利用报纸、电视、互联网和新媒体广泛宣传"不见面审批(服务)"改革,及时准确发布改革信息和政策法规解读,正确引导社会预期,积极回应社会关切,创新社会参与机制,拓宽公众参与渠道,凝聚各方共识,营造良好氛围。

关于全省推行企业投资项目多评合一的指导意见

根据《中共江苏省委江苏省人民政府关于深化行政审批制度改革加快简政放权激发市场活力的意见》(苏发〔2016〕42 号)和《中共江苏省委江苏省人民政府关于深化投融资体制改革的实施意见》(苏发〔2017〕4 号),现就进一步整合投资项目报建手续,开展企业投资项目"多评合一"提出以下意见。

一、总体要求

以全面提高行政效能、提升政务服务水平为目标,深化行政审批制度改革,整合优化投资项目评估审批流程,将各项评估由串联调整为并联,探索开展区域评估,实行统一受理、同步评估、同步评审、同步审批、统一反馈服务模式。

二、实施内容

企业投资项目实施"多评合一",主要包括投资项目前期所涉及的节能评估、地质灾害危险性评估、航道通航条件影响评价、水土保持方案、洪水影响评价类论证、水资源论证、取水许可、排污口设置论证、环境影响评价、安全评价、气候可行性论证、地震安全性评价、文物保护方案审批等事项。

因项目类型不同,部分项目无需开展上述所有事项。纳入"多评合一"的事项,应根据法律法规的新增、变更、废止及时作相应调整。

三、工作流程

"多评合一"的工作流程主要包括统一受理、同步评估、同步评审、同步审批、统一反馈。整个周期控制在 40 个工作日以内。

(一) 统一受理(1 个工作日)。以"江苏省政务服务平台"和"江苏省投资项目在线审批监管平台"为依托,在政务服务中心设立投资项目"多评合一"审批窗口,实行一个窗口受理项目建设单位提交的申报材料,在线赋予项目代码,并交由各相关部门审核。根据各部门审核情况,"多评合一"审批窗口于 1 个工作日内作出是否受理的决定,并出具受理决定通知书。

(二) 同步评估(18 个工作日)。项目建设单位根据"多评合一"审批窗口告知的报建评估事项清单和工作要求,同步进行各项评估报告的编制工作,相关报告的公示与报告编制同步开展。对报告编制周期较长的评估事项,在统一受理前,项目建设单位应先期启动并完成报告编制工作。部分需要以其他评估事项结论作为依据的,在相关评估基本完成时可先期介入,同步开展编制报告。除有特别规定外,项目建设单位可以根据区域评估结果简化相关评估报告内容。对未列入报建评估事项清单和工作要求的,"多评合一"审批窗口不再要求项目建设单位补充办理。

(三) 同步评审(4 个工作日)。根据受理决定,相关部门同步组织进行第三方评审或组织专家评审。特殊情况需要延长修改完善评估报告时间的,项目建设单位应征求"多评合一"审批窗口意见。

(四) 同步审批(16 个工作日)。各相关部门根据相关评估报告、评审意见及法定要求提交材料,立即同步组织开展相关工作,在同一时间段内出具相关审批或意见文件,法律有明确规定前置条件的,在同一个工作日内按规定先后顺序出具审批文件。同步审批时间控制在 16 个工作日以内,特殊情况需要延长评审时间的,各相关部门可事先征求"多评合一"审批窗口意见。

1. 发展改革部门对固定资产投资项目进行节能评估审查(15 个工作日)。

2. 经济和信息化部门对固定资产投资项目(改扩建类项目)进行节能评估审查(15 个工作日)。

3. 国土资源部门进行地质灾害危险性评估(8 个工作日)。

4. 交通运输部门进行航道通航条件影响评价审核(16 个工作日)。

5. 水利部门进行水土保持方案审批、洪水影响评价类审批、水资源论证、取水许可及排污口设置审批(16 个工作日)。

6. 环保部门进行环境影响评价报告公示及审批(16 个工作日)。

7. 安监部门根据安全评价报告审查项目安全生产条件(10 个工作日)。

8. 气象部门进行气候可行性论证报告评审(16 个工作日)。

9. 地震部门进行地震安全评价备案(5 个工作日)。

10. 文物部门进行文物保护方案审批(15 个工作日)。

(五) 统一反馈(1 个工作日)。"多评合一"审批窗口根据相关部门审批结果,统一向项目建设单位反馈。

因项目类型不同,部分项目无需经过上述所有流程,各地可结合实际优化整合评估环节,压缩审批周期,提高审批效率。

四、任务分工

(一) 形成工作机制。

1. 制定开展“多评合一”实施细则,建立“多评合一”审批窗口。加强全过程网上监控,建立快速反应机制,对不符合继续推进条件的,立即通知终止相关工作流程,并及时反馈项目建设单位。(牵头部门:省政务服务管理办公室)

2. 组织固定资产投资项目节能评估与其他评估“多评合一”工作,规范相关中介服务。(牵头部门:省发展改革委)

3. 组织固定资产投资项目(改扩建项目)节能评估与其他评估“多评合一”工作,规范相关中介服务。(牵头部门:省经济和信息化委)

4. 组织地质灾害危险性评估与其他评估“多评合一”工作,规范相关中介服务。(牵头部门:省国土资源厅)

5. 组织航道通航条件影响评价与其他“多评合一”工作,规范相关中介服务。(牵头部门:省交通运输厅)

6. 组织水土保持方案、洪水影响评价类论证、水资源论证、取水许可及排污口设置论证与其他评估“多评合一”工作,规范相关中介服务。(牵头部门:省水利厅)

7. 组织环境影响评价与其他评估“多评合一”工作,规范相关中介服务。(牵头部门:省环保厅)

8. 组织安全生产条件审批与其他评估“多评合一”工作,规范相关中介服务。(牵头部门:省安监局)

9. 组织气候可行性论证与其他评估“多评合一”工作,规范相关中介服务。(牵头部门:省气象局)

10. 组织地震安全性评价与其他评估“多评合一”工作,规范相关中介服务。(牵头部门:省地震局)

11. 组织文物保护评估与其他评估“多评合一”工作,规范相关中介服务。(牵头部门:省文物局)

(二) 规范中介服务。

1. 清理规范行政审批中介服务,打破中介垄断,加强对中介服务事项清单管理。(牵头部门:省编办)

2. 推进现有中介服务性质的事业单位改革,积极培育中介服务市场,每一个行业的中介机构应在2家以上,减少区域垄断。(牵头部门:省编办)

3. 清理行政审批中介服务收费,引导中介服务机构自觉执行价格法律法规和收费政策,规范收费行为。行政许可中介服务收费实行目录清单管理,动态调整并及时向社会公布。(牵头部门:省物价局、省财政厅)

4. 从2017年起,针对相关评估报告组织审查涉及的中介技术服务,严格按照法律法规规章有关限定范围实施,不得随意扩大。评估报告审批部门委托开展的中介服务费用,由审批部门支付并按规定纳入部门预算。(牵头部门:省财政厅、省物价局)

5. 规范中介市场发展,倡导价格诚信,维护公平竞争,制止中介机构价格违法行为。查处行业协会组织诱导本行业中介机构相互串通、操纵市场价格或者推动中介机构价格过快、过高上涨等行为,防止出现中介服务质量下降、质价不符等问题。(牵头部门:省物价局)

6. 进一步加强评估中介组织信用管理体系建设,完善信用评价服务,建立市场退出机制。(牵头部门:省信用办)

(三) 实行区域评估。

1. 积极推进区域评估试点。鼓励有条件的开发区开展区域评估。(牵头部门:省商务厅、省环保厅)

2. 共享区域评估成果。重点督查区域评估落实情况、项目审批过程中区域评估结果的应用情况。(牵头部门:省审改办、省政府督查室)

五、保障措施

(一) 强化部门和地区联动。进一步完善"江苏省政务服务平台"和"江苏省投资项目在线审批监管平台"功能,强化多部门协同配合,保障"多评合一"实施效果。在"多评合一"实施过程中,评估同时涉及到设区市、县两级相关部门的,由设区市、县两级同时进行。

(二) 规范项目评估行为。建立快速反应机制,对国家调整或取消的评估事项,及时修订完善我省管理办法。对现有行政审批前置环节的技术审查、评估、鉴证、咨询等有偿中介服务进行全面清理,着力解决中介评估环节多、耗时长、收费乱、走过场、垄断性强等突出问题，进一步降低企业制度性交易成本。

(三) 认真落实区域评估制度。在“多评合一”基础上，以开发园区为责任主体，对相关水土保持、地质灾害评估、地震安全性评价、区域雷电灾害、文物保护等评估事项实行区域评估，并由开发区购买服务，承担相关评估费用，进一步减轻企业负担。对报国家审批的项目，确需单独出具相关评估报告的，由各有关部门与开发区协调承担区域评估的中介机构出具评估报告，并出具相关审批文件，但不得再收取任何费用。有关区域评估结论5年内有效，法律法规另有规定的，从其规定。

(四) 加强全过程督查考核。加强对项目咨询、受理、评审、审批和反馈进行全过程监控，将各部门履行“多评合一”制度情况列入年度绩效考核目标。加大对中介机构的监督力度，促进行业自律，加强中介行业管理，建立守信激励、失信惩戒和市场退出机制，提高中介机构的服务质量和服务效率。

省各有关部门要积极支持各地开展“多评合一”工作，各市、县(市、区)要制定本地区投资项目“多评合一”具体实施办法，进一步简化评估报告，减少评估环节，优化审批流程，压缩审批时间，提高评估效率和质量，提升政府服务水平。

关于全省推行施工图多图联审的指导意见

根据《中共江苏省委江苏省人民政府关于深化行政审批制度改革加快简政放权激发市场活力的意见》(苏发〔2016〕42号)和相关法律法规要求，现就在全省推行施工图多图联审制度，提出如下意见。

一、总体要求

坚持问题导向，着力务实创新，依托“互联网+政务服务”，以房屋建筑和市政基础设施工程项目为对象，将住房城乡建设部门管理的房屋建筑和市政基础设施施工图设计文件审查，公安消防部门管理的消防设计审核，气象部门实施的防雷装置设计审核进行全面整合，实行统一接收、集中办理、分工负责、并联审查、一次告知、整体反馈，全面提升审图质量和审查效率。2017 年 6 月底前全面实施施工图多图联审。

二、主要工作

(一) 联审范围。推行施工图多图联审制度的范围包括：住房城乡建设主管部门管理的房屋建筑和市政基础设施施工图设计文件审查，公安消防部门管理的消防设计审核，气象部门实施的防雷装置设计审核。各地可以根据实际情况，将法律法规规定的其他图纸审查事项纳入多图联审的范围。

按照省级“不再审图”的改革要求，原承担具体审图业务的省级部门及其所属审图机构不再承担具体审图业务，要结合事业单位分类改革，加快推进职能转变，由承担具体审图业务过渡到对全省具有设计资质、审图资质单位的监管。

超限高层建筑工程项目的施工图审查工作由经过认定、具备条件的审查机构承担。市、县(市、区)要培育公平竞争、诚实守信的市场环境，提升设计、审图水平和质量。一类施工图审查机构可在全省范围内跨地区承接审查业务，并可申请从事超限高层建筑工程项目施工图审查业务。

(二) 统一接收。各级政务服务中心设置施工图多图联审窗口，负责统一接收建设单位报送的审图材料。提交的图纸及相关材料齐全完整的，统一出具书面接收凭证；提交图纸及相关材料不齐全或不完整的，一次性告知需补正的内容。

(三) 集中办理。各级政务服务中心负责提供多图联审所需的办公场所，并全程参与、全程协调、全程监督联合审图工作。参与多图联审的部门和审图机构各自派员进驻政务服务中心，按照各自审图内容同时进行审查。报审图纸需要修改的，审图部门和机构及时向建设单位出具书面审查意见，并对建设单位修改后的图纸进行再次审查。审查结束后，审图部门和机构各自或联合做出的审查结论或抽查意见，连同施工图纸等材料由多图联审窗口统一反馈、返还建设单位。

(四) 精简材料。省审改办会同省政务服务管理办公室组织省住房城乡建设、消防、气象等参与多图联审的部门系统梳理图纸审查内容和申报材料。通过减少、整合、简化、优化，形成于法有据、内容清晰、全省统一、完整规范的图纸审查标准和申报材料目录清单。各地要在此基础上，编制联合审图指南，并可结合各自实际，进一步简化审图环节，减少不必要的申报材料，做到能省则省、能减则减、能简则简。

（五）缩短时限。企业投资工业生产建设项目在7个工作日内完成初次审查，技术特别复杂的其他项目不超过10个工作日。根据书面修改意见对图纸进行修改后再次报送审查的，审查时限为：住房城乡建设部门不超过7个工作日，气象部门不超过5个工作日，消防部门不超过7个工作日，技术特别复杂的不超过20个工作日。各地要结合开展多图联审工作的实际情况，积极优化流程，通过引入电子审图、网上审图等先进方式，进一步提高审查效率，缩短审图时间。

（六）规范收费。审图收费标准应当在政务服务中心公开，凡未列入行政许可中介服务收费目录清单的审图事项，一律不得向建设单位收费。

（七）改进方式。各级政务服务中心要根据“互联网+政务服务”建设进程和实施“网上审批”等工作要求，会同参与多图联审的部门，充分借鉴吸收已开展电子审图、网上审图地区的经验，研制开发“网上联合审图系统”，为实现网上审图提供平台支撑和数据维护，推动除涉密工程之外的建设工程项目实现无纸化“网上联合审图”。

（八）健全制度。参与多图联审的部门或机构应当制定包括审查时限、审查标准、审查流程、审查要件、工作规范、岗位职责以及岗位责任风险点防控在内的施工图审查责任制度。有关审图业务主管部门应当采用“双随机一公开”检查方式、建立信用管理制度等手段，切实加强对施工图多图联审工作的事中事后监管。发现建设单位、设计单位、施工图审查机构存在违反法律法规及国家强制性标准的，要依法依规予以处理，记入失信行为记录并向社会公布；造成严重质量安全责任事故的，依法依规追究相应部门、单位及个人的责任。

三、保障措施

（一）加强组织领导。全面推进施工图多图联审改革是深化行政审批制度改革，提升企业投资项目审批效率，激发市场活力的重要举措。各地、各部门要充分认识这项改革的重要意义，在当地政府的统一领导下，建立协同工作机制，强化组织领导和统筹协调，及时解决改革中出现的问题，加强经费和人员保障。省级相关部门要依据各自职责，加强对多图联审制度改革工作的指导和支持。

（二）明确职责分工。各地审改办和政务服务管理办公室要加强对联合审图工作的组织协调、整体推进和督促检查，力争实现审图质量最优、环节最少、效率最高。住房城乡建设部门牵头制作联合审图办事指南，公示审图依据、审图标准、提供材料、办理程序、办理时限、收费标准及依据，提高工作透明度。审图部门和机构不得强制要求建设单位到本部门单独办理图审。

（三）强化监督考核。各地、各有关部门要将推进施工图多图联审作为本部门深化“放管服”改革的重要内容，列入绩效考核。对不认真履行职责、工作明显滞后的地区，要启动追责机制。各地、各部门要建立相应的考核督查机制，确保顺利推进施工图多图联审工作。

关于全省推行不动产登记
一窗受理集成服务工作的指导意见

为贯彻落实党中央、国务院关于不动产统一登记制度改革的要求，根据《中共江苏省委江苏省人民政府关于深化行政审批制度改革加快简政放权激发市场活力的意见》（苏发〔2016〕42 号），现就房屋交易、税收、不动产登记全过程“一窗受理、集成服务”提出如下意见。

一、总体要求

坚持问题导向、需求导向、目标导向，充分运用“互联网＋政务服务”和大数据技术，全面推进不动产交易、税务、登记部门自身改革，促进不动产交易、税收、登记体制机制创新，使不动产交易、税收、登记办事环节明显减少，办事程序明显优化，办事效率明显提高，全面实现不动产登记全业务、全过程“一窗受理、集成服务”。“全业务”是指涵盖不动产登记所有业务。“全过程”是指涵盖交易、税收、登记全部过程。“一窗受理、集成服务”是指在一个窗口一人接件,统一受理不动产登记以及相关的房屋交易、缴税材料,通过部门之间信息共享和业务协同,让企业和群众不重复排队和提交材料,取得不动产权证书。

二、工作目标

2017年9月底前,各市、县(市、区)全面实现房屋交易、税收、不动产登记"一窗受理、集成服务"。2017年6月底前,全省全面实现实体经济企业5个工作日取得不动产权证书。

除政府组织开展的农村不动产登记和非公证的继承、受遗赠等复杂的不动产登记以及大宗批量不动产登记30个工作日办结以及查封登记、异议登记即时办结外,各地要在保证不动产登记依法、规范、准确的前提下进一步提高工作效率,压缩登记时间。2017年9月底前,无锡、南通、连云港、盐城、宿迁等5个设区市本级实现全部登记类型7个工作日内办结。72个独立登记发证的县(市、区)有一半以上实现全部登记类型7个工作日内办结。2017年12月底前,所有设区市本级、县(市、区)全面实现全部登记类型7个工作日内办结。设区市本级增设1个以上"一窗受理、集成服务"网点,各县(市、区)中心所(分局)所在乡镇(街道)设立"一窗受理、集成服务"网点。2018年6月底前,全省全面实现全部登记类型5个工作日内办结,尽可能提前实现。各地要按照窗口布局科学、服务半径合理的要求,"一窗受理、集成服务"网点再有明显增加,常态化满足当地业务办理和企业群众办事需求。

对涉及征税需上门评估、单位转让不动产涉税事项和企业改组改制等涉及不动产等特定事项,以及需补正材料、权籍调查和公告的不动产登记,可根据实际情况适当延长时限,但应清楚、及时告知当事人。

三、工作内容

(一)一窗受理业务。调整优化现有窗口设置,设立"一窗受理"窗口,一人统一收取房屋交易、税收申报和不动产登记所需全部材料,实现集成办理。以房屋交易、税收、登记所需的申报材料为基础,按照不重、不漏原则,制作统一的申报材料目录并对外公布。各地应区分只涉及不动产登记、涉及税收与不动产登记、涉及房屋交易、税收、不动产登记等三种类型，开展相关工作。要加快推动房产交易网签工作，减少群众办事环节。不动产权证书等可通过当事人自愿申请快递方式送达。

（二）推进“四全”服务。按照全流程优化审批、全区域便民服务、全业务网上办理、全节点效能监督的不动产登记“四全”理念，推广扬中市“四全”服务模式，增设的不动产登记“一窗受理、集成服务”网点应实现交易、税收、登记部门共同入驻，异地办理、同城通办。推广宿迁市做法，在银行、公积金网点增设不动产抵押登记便民服务点。

（三）优化缴费方式。对依法需要缴纳相关费用（除缴税）的，在受理环节即预缴相关费用。审查后符合受理条件的，办事企业和群众可选择是否即时预缴相关费用，或采取快递、中介代缴、网上申报支付等方式。

（四）实现信息共享。各地要加快资料移交和存量数据整合，逐步实现网上预约、预申请和预受理。2018 年 6 月底前，房屋交易、税务、不动产登记、婚姻登记、拆迁、公安等部门应实现信息共享，提高办事效率和管理水平。

（五）统一公布时限。房屋交易、税务、登记部门应当按照“依法依规、便民利民”原则，依法确定办事事项，简化办事流程，提高办事效率，承担相应责任，共同商定办理时限并对社会公示和承诺。

（六）分别存档管理。房屋交易、税务、登记部门按照各自规定对需要存档的申报材料、审核材料及办理结果等分别进行存档。

四、工作要求

（一）加强组织领导。各地、各部门要迅速统一思想和行动，切实增强责任感和紧迫感。各地要抓紧成立由当地政府牵头，相关部门参加的工作领导小组，制定工作方案，分解任务，落实责任，向社会做出承诺，共同推进工作。

（二）强化协同配合。在政府的统一领导下，各部门要加强协同配合，按照一窗受理业务、增设“四全”网点的要求抓紧调整窗口、增设网点，按照“全业务”要求抓紧公布不动产登记“一窗受理、集成服务”业务类型。区分不动产登记业务类型抓紧制定申报材料目录。要加强办事大厅咨询服务，向群众做好解释，引导好群众办事，确保平稳过渡。坚持权责一致，交易、税务、登记部门既按照各自职责进行认真审核、严格把关，对各自事权设置、流程设置、办理时限承担相应责任，又集于一窗，再造流程，优化服务，提高效率。

（三）加强监督检查。省国土资源厅、住房城乡建设厅、地税局等相关部门对各地工作推进情况开展联合督查，对推进不力、相互推诿造成未完成工作任务的，或者弄虚作假谎报完成工作任务的，将严肃追究有关单位和有关人员责任。

（四）加强宣传引导。各地要充分利用报纸、电视、互联网和新媒体广泛宣传不动产登记"一窗受理、集成服务"，及时准确发布有关信息和开展政策法规解读，正确引导社会预期，积极回应社会关切，凝聚各方共识，营造良好氛围。

省政府办公厅转发省审改办等部门关于全省推行“3550”改革意见的通知

苏政办发〔2017〕92 号

各市、县(市、区)人民政府,省各委办厅局,省各直属单位:

省审改办、省政务服务管理办公室、省工商局、省国土资源厅、省住房城乡建设厅等部门围绕“开办企业 3 个工作日内完成、不动产登记 5 个工作日内完成、工业建设项目施工许可 50 个工作日内完成”的目标,制定《关于全省推行“3550”改革的意见》,已经省人民政府同意,现转发给你们,请结合实际,认真贯彻落实。

江苏省人民政府办公厅

2017 年 6 月 20 日

关于全省推行“3550”改革的意见

省审改办　省政务服务管理办公室　省工商局

省国土资源厅　省住房城乡建设厅

为贯彻落实全国深化简政放权放管结合优化服务改革电视电话会议部署,按照李克强总理提出“为促进就业创业降门槛,为各类市场主体减负担,为激发有效投资拓空间,为公平营商创条件,为群众办事生活增便利”的要求,全面落实省委、省政府明确的“开办企业 3 个工作日内完成、不动产登记 5 个工作日内完成、工业建设项目施工许可 50 个工作日内完成”目标,制定“3550”改革意见。

一、关于加快推行开办企业 3 个工作日内完成的意见

(一) 工作目标。

新设立企业办理营业执照、刻制公章、开立银行账户、办理涉税事项 3

个工作日内完成。

（二）优化流程。

1. 探索企业名称登记改革。工商部门要积极开展企业名称自主申报和近似名称承诺制改革试点，探索将企业名称预核与企业的设立登记合并办理。在试点基础上，逐步在全省推开。申请人可在网上自主查询、选择和申报名称，并承诺自行承担相应的法律责任。

2. 深化“互联网＋登记服务”。工商部门要进一步完善网上名称查询自主申报系统、网上智能引导系统、网上扫描系统和全程电子化登记系统等 4 个“互联网＋登记服务”业务系统。大力推进“方式任你选、三日内办结”的工商注册便利化措施，将登记事项全部“搬上网”，实现区域、主体和业务三个“全覆盖”。同时在网络身份认证核查、移动端登记和电子签名应用、电子档案管理、电子营业执照应用、企业开办全过程电子化等五个方面取得突破。

3. 推广在线刻制公章。公安部门要加快推广在线刻制公章新模式，全面做到企业凭电子营业执照刻制公章，公章刻制企业通过电子营业执照登录网上公章刻制备案系统下载印模并现场完成公章刻制。

4. 实行在线申领发票。税务部门在完成企业持电子营业执照免注册直接登陆政务服务网国税旗舰店办理涉税手续的基础上，实行在线申领发票，并通过江苏政务专递快递送达。

5. 实行银行电子开户。人民银行不再审核企业开立基本账户所需的纸质营业执照等相关文件，对于需要留存的企业公章印模等资料采取在线调取电子印模的方式获取。进一步深化政银合作，年内将“政银合作”银行免费代办网点增加到 2000 家。

（三）信息共享。

1. 加强市场监管信息平台建设。积极推动涉企服务部门接入省市场监管信息平台和江苏政务服务网，实现涉企部门之间的信息共享，逐步将工商登记全程电子化链条延伸到开办企业的整个过程，有效扩大电子营业执照、电子签章在政府部门的应用，切实简化工商登记后各类涉企事务办理的流程和环节，实现“网上办理、应上尽上”，真正做到用数据推送取代企业跑腿。

2. 实现远程事项就近办。工商部门将冠省市名、外国常驻代表机构登记、外资企业登记法律法规明确需由省或市级工商局办理的登记业务，由当地登记机关就近受理，核准机关通过工商内网远程核准；个体工商户登记在县(市、区)范围内实行全城通办，不受乡镇(街道)市场监管分局辖区的限制。

3. 完善信息资源共享机制。按照政务部门共享、企业开办服务和后续监管服务三个层次，梳理编制企业开办服务《信息资源共享公用表》，政府部门、金融机构、中介机构和企业根据不同授权，分别采用每日推送(实时推送)、在线调用(在线核查、授权调用)等不同方式共享涉企信息资源。

二、关于加快推行不动产登记5个工作日内完成的意见

(一) 工作目标。

推行不动产登记“一窗受理、集成服务”，增设不动产登记“四全”服务网点，积极稳妥压缩不动产登记办理时限，尽快实现不动产登记5个工作日内办结。

(二) 优化流程。

全面实现实体经济企业5个工作日取得不动产权证。不动产登记机构主动获取企业投资建设信息，提前上门服务，指导企业做好申请登记材料准备工作。所有不动产登记窗口均要张贴醒目标识，确保实体经济企业办事人员进入窗口可以清楚知晓办事流程。对于实体经济企业无法及时提供相关材料的，经不动产登记中心负责同志审查批准后，可启动容缺受理机制先行受理，由申请人按承诺期限在领证前补交到位。不能容缺受理的，应及时记录原因，做好解释建议工作。实体经济企业不动产登记申请材料齐全、符合要求的，应在规定办理时限内提速办理，力争1—3个工作日内办结；不能1—3个工作日内办结的，必须按要求在5个工作日内办结。不动产登记机构要对实体经济企业申请不动产登记办理情况进行回访，对于办理质量和效率不高、服务态度不好及其他违法违纪行为，一律按相关规定予以追责。

实现不动产登记“一窗受理、集成服务”。各地不动产登记机构要在当地政府的领导下,会同住建(房管)、税务、政务办等相关部门,整合业务流程,调整窗口设置,将原先的多部门、多窗口工作环节优化为同一个窗口内的内部协同流程,让群众少跑窗口、少排队、少递交材料。要按照一窗受理业务、后台联合审核、优化缴费方式、公布统一时限和分别存档管理等工作要求,结合本地实际情况,细化房屋交易、税收、不动产登记"一窗受理、集成服务"实施方案,加快推动实施。登记、交易一体化的地区应发挥自身优势,率先实现。窗口柜台布局调整要充分考虑后台联审的便利、群众等待区的必要空间,合理增设材料预审、业务咨询以及应急机动柜台。2017 年 9 月底前,全省各地全面实现不动产登记全业务、全过程"一窗受理、集成服务"目标。

(三) 信息共享。

在实施不动产登记中要加快数据整合,各地应加快整合土地、房屋、林地、海域等各类不动产登记存量数据,为信息共享、社会查询创造条件,并做好数据整合与日常登记业务的有效衔接,及时将整合成果应用到登记中。各地应按照省级确定的部门信息共享清单,建立联系协调机制,迅速开展信息共享工作。部门之间信息共享原则上由地方部门横向之间共享,需在省级部门之间实现信息交换的,通过省政务外网等联通。各地要高度重视信息安全,在信息共享、社会查询中要保证信息安全以及权利人的财产隐私。2017 年 9 月底前,不动产登记"一窗受理、集成服务"需要的信息应全面实现互联互通、部门共享。对信息共享不配合、不通畅的地区,省政府办公厅会同省有关部门开展督查督办。

三、关于加快推行工业建设项目施工许可 50 个工作日内完成的意见

(一) 工作目标。

以工业生产建设项目为重点对象,通过整合优化办理流程,落实多评合一、多图联审、并联审批等改革措施,实现工业建设项目 50 个工作日内获得施工许可证。其他建设项目也要在优化流程、信息共享的基础上,压缩施工许可办理时限。

(二) 优化流程。

1. 上下联动,落实重点改革措施。省住房城乡建设厅会同省相关部门通过对办理流程进行分析总结，完善简化链条，清理材料目录，形成指导性流程图、相关申请材料目录和信息共享目录。各地区要以此作为基础，相互借鉴先进经验，积极有效地将集中审批、多评合一、多图联审、区域评估、并联审批、预审代办多项改革措施逐步整合到流程中，不断优化、提升施工许可流程的办理效率。

2. 提前介入，构建预审服务制度。各地要以重点工业生产建设项目为对象，学习推广“预审代办制”经验，构建预审服务制度，帮助建设单位实现技术方案和许可要件的同步准备。各相关管理部门可以在建设项目取得土地之前，提前介入项目前期准备，了解项目情况，提供项目准备指导，对相关审批环节进行预先审查，在各项条件具备后一次性换发正式批准文件或者证件。各地还应当在此基础上，积极探索和实施项目代办制度，指导和帮助建设单位办理施工许可前各项准备工作。

3. 多评合一，优化各类评估流程。各地要按照《关于全省推行企业投资项目多评合一的指导意见》，整合项目前期所涉及的节能评估、地质灾害危险性评估、水土保持方案、安全评价等十类事项的评估办理流程，将串联模式调整为并联模式，实行统一受理、同步评估、同步评审、同步审批、统一反馈、控制周期。同时，要积极探索区域评估制度，进一步提高评估事项的办理效率。

4. 多图联审，提升施工图审查效率。各地要根据《关于全省推行施工图多图联审的指导意见》，实施施工图设计文件联合审查。实行设计文件统一接收、集中办理、分工负责、并联审查，统一反馈，实现一般项目 7 个工作日内完成初次审查，技术特别复杂的不超过 10 个工作日。在推行和实施多图联审的基础上，各地要积极探索和推进无纸化审图、网上审图，不断提高施工图审查效率和审查质量。

5. 并联审批，整合施工许可证办理环节。对与施工许可证颁发相关的合同备案、质量报监、安全报监、现场踏勘等环节实施网上并联审批，建立施工许可电子化申报系统实行“一站式申报、业务系统审批、结果信息共享”的并联工作机制，实现施工许可证颁发 8 个工作日内完成。

（三）信息共享。

以优化再造后的流程图和各环节申请材料目录为基础，提炼涵盖各部门、各环节的信息共享目录，依托江苏政务服务网和省政务外网实现办理流程相关环节之间的数据联通和信息共享。

各地各部门要充分认识“3550”改革的重要性紧迫性，坚决服从改革大局，密切协调配合，“一把手”要亲自抓，实施方案要亲自把关，遇到矛盾要亲自协调，进展情况要亲自督查。各地要细化措施，明确时间表、路线图和责任人。加强改革督查，对行动快、措施实、效果好的地方要通报表扬，对工作不力、进展缓慢的要提前预警、督促落实。要鼓励基层大胆创新，在依法依规、保证质量的前提下，能简则简、能并则并、能快则快，最大限度利企便民。要善于总结基层典型经验，加快面上复制推广，更多更快地把改革“盆景”变成“风景”。

本意见适用于办理事项的通常状态，情况特别复杂的除外。

省政府办公厅关于全面推进“多证合一”改革的实施意见

苏政办发〔2017〕122 号

各市、县(市、区)人民政府,省各委办厅局,省各直属单位:

为进一步营造国际化、法治化、便利化营商环境,推动大众创业、万众创新,努力把我省打造成审批事项最少、办事效率最高、创新创业活力最强的区域,现根据《国务院办公厅关于加快推进“多证合一”改革的指导意见》(国办发〔2017〕41 号)要求,结合我省实际,就全面推进“多证合一”改革,提出如下意见。

一、梳理涉企证照事项,扩大证照整合范围

按照能整合的尽量整合、能简化的尽量简化、该减掉的坚决减掉的原则,全面梳理、分类处理涉企证照事项,在全面实施营业执照、组织机构代码证、税务登记证、社会保险登记证、统计登记证、公章备案“多证合一”的基础上,将信息采集、记载公示、管理备查类的一般经营项目,以及企业登记信息能够满足政府部门管理需要的 14 个涉企证照事项进一步合并取消,实行“二十证合一、一照一码”,被整合的审批、备案事项及相关证号均不再保留。

对于目前尚不具备整合条件的其他涉企证照事项,特别是审批频次较高、办理周期较长、企业意见反映比较集中的,要进一步精简审批要件,简化办事环节和流程。对于市场能够有效调节、企业能够自主管理以及通过加强事中事后监管能够达到原设定事项目的的,要逐步取消或改为备案管理。对于关系公共安全、经济安全、生态安全、生产安全、意识形态安全的涉企证照事项继续予以保留,要实行准入清单管理。对于没有法律法规依据、未按法定程序设定的涉企证照事项一律取消。

二、建立涉企证照事项清单目录，因地制宜稳步推进改革

实行“多证合一”改革涉企证照事项清单动态化管理，对暂未纳入清单的事项，要积极创造条件，成熟一批、公布一批、实施一批。各地依据本地区经济发展特点以及区域产业发展情况，对涉及省级以下行政权力的事项，进一步梳理、整合，扩大本地区“多证合一”改革的覆盖范围。

三、简化申请材料，优化工作流程

全面实行“一窗受理、一套材料、一份档案、信息共享、核发一照”的工作模式，不断优化工作机制及技术方案。统一“多证合一”登记申请表格样式和“多证合一”注册登记提交材料清单。申请人在办理企业注册登记时，由政务服务中心综合窗口统一收件，并按照“多证合一”要求一次性采集、录入数据。登记部门注册登记后，企业登记信息通过市场监管信息平台实时推送给相关部门共享使用，并在企业信用信息公示系统进行公示。登记部门核发加载统一社会信用代码的营业执照，该营业执照同时具有实行“多证合一”的其他部门原证照功能，申请人不再另行办理相关审批或备案手续。

四、整合业务系统，优化网上服务流程

各有关部门要主动适应“多证合一”改革登记模式的变化，升级改造本部门业务系统，保证各相关系统与市场监管信息平台无缝对接，实现部门间信息的实时传递与无障碍交换。各级政务服务中心要大力推进“互联网＋政务服务”，加快实现“多证合一”申请、受理、审查、核准、公示、发照等全程电子化登记管理，提高行政审批的透明度和可预见性。

五、规范信息采集，推进信息共享互认

制定江苏省数据采集和数据交换标准，建立我省“多证合一”改革数据标准体系。以企业的统一社会信用代码为唯一标识，实现企业基本登记信息和相关部门信息互联互通互认和实时共享。各级政务服务中心要全面公开涉企证照信息和办事程序，明确受理条件和办理标准，能通过信息共享获取的信息和前序流程已收取的材料，不得要求企业和群众重复提交；

能通过网络核验的信息，不得要求其他单位和申请人重复提交；应由行政机关及相关机构调查核实的信息，由部门自行核实，确保实现相同信息"一次采集、一档管理"，避免让企业重复登记、重复提交材料。对于企业登记基础信息无法满足管理需要以及个性化信息采集需求的，应由相关部门在监管过程中进行采集。

六、推动"多证合一"营业执照共享互认，拓展应用领域

实行"多证合一"改革后，企业以加载统一社会信用代码的营业执照作为唯一身份证明，凭该营业执照可在政府机关、金融、保险等机构证明其主体身份、办理相关事项。各部门要强化对"多证合一"营业执照的认可，并积极推广应用，确保让企业"'一照一码'走天下"。

七、加强登记窗口建设，提升服务能力

各级政务服务中心和注册登记部门要优化力量配置，做好人员、设施、经费保障工作。配足配强窗口人员队伍，必要时可采用政府购买服务等方式，提升窗口服务能力和办事效率。加强窗口工作人员培训，提高业务素质。各级政务服务中心综合窗口要进一步完善各部门的咨询服务内容，统一受理条件和办理标准，实现窗口服务标准化、规范化管理，不断提高"多证合一"登记服务的水平和能力。

八、严格落实监管责任，创新监管方式方法

全面推行"双随机、一公开"监管，按照"谁审批、谁监管，谁主管、谁监管"的原则，强化主动监管、认真履职意识，明确监管责任。各行业主管部门要转变理念，创新监管方式，提高监管信息化水平，切实加强事中事后监管，提高监管效能。

九、加强组织领导，推动改革落地

各地各部门要把推进"多证合一"改革摆在重要位置，制定任务清单，明确分工责任，完善配套政策，加强统筹协调。要注重宣传引导，充分利用各类媒体做好"多证合一"改革政策宣传、法律法规解读，积极营造关心改革、支持改革的良好社会氛围。要加强督查考核，将"多证合一"改革落实情况纳入政府工作考核内容，相关部门要适时组织联合督导，及时发现问题、总结经验、推广典型，确保“多证合一”改革在 2017 年 10 月 1 日前落到实处、取得实效。

江苏省人民政府办公厅

2017 年 9 月 1 日

省政府办公厅关于印发江苏省政务信息系统整合共享工作实施方案的通知

苏政办发〔2017〕127号

各市、县(市、区)人民政府,省各委办厅局,省各直属单位:

《江苏省政务信息系统整合共享工作实施方案》已经省人民政府同意,现印发给你们,请认真组织实施。

江苏省人民政府办公厅

2017年9月7日

江苏省政务信息系统整合共享工作实施方案

为贯彻落实《国务院关于印发政务信息资源共享管理暂行办法的通知》(国发〔2016〕51号)、《国务院办公厅关于印发政务信息系统整合共享实施方案的通知》(国办发〔2017〕39号,以下简称《实施方案》)等文件精神,从全局和根本上解决政务信息系统建设中存在的"各自为政、条块分割、烟囱林立、信息孤岛"问题,加快全省政务信息系统整合共享工作,明确责任分工和时间节点,加强统筹协调和督查考核,结合我省关于"十三五"期间信息化建设相关要求和省情实际,制定本实施方案。

一、总体要求

全面贯彻党的十八大和十八届三中、四中、五中、六中全会精神,深入贯彻习近平总书记系列重要讲话精神和治国理政新理论新思想新战略,坚决落实党中央、国务院和省委、省政府决策部署,牢固树立和践行新发展理念，紧紧围绕政府治理和公共服务的改革需要，着力推进“放管服”纵深发展，以最大程度利企便民、让企业和群众少跑腿好办事不添堵为目标，以数据集中和共享为途径，遵循“五个统一”基本原则，落实“十件大事”，坚持“内外联动、点面结合、上下协同”，加快推进全省政务信息系统整合共享，加快建设全省统一的“大平台、大数据、大系统”，为推进“两聚一高”新实践、建设“强富美高”新江苏创造更加优良的政务环境。

纳入整合共享范畴的政务信息系统包括由政府投资建设、政府与社会企业联合建设、政府向社会购买服务或需要政府资金运行维护的，用于支撑政府业务应用的各类信息系统。政务信息系统整合共享工作需按照“五个统一”的原则，有效推进，切实避免各自为政、自成体系、重复投资、重复建设。

（一）统一工程规划。落实省政府办公厅关于促进电子政务协调发展的实施意见，建设“大平台、大数据、大系统”，形成覆盖全省、统筹利用、统一接入的数据共享大平台，建立物理分散、逻辑集中、资源共享、政企互联的政务信息资源大数据，构建深度应用、上下联动、纵横协管的协同治理大系统。

（二）统一标准规范。注重数据和通用业务标准的统一，依据国家政务信息化总体标准，编制我省政务信息化标准，促进跨地区、跨部门、跨层级数据互认共享。建立动态更新的政务信息资源目录体系，扎实推进政务信息有序开放、共享、使用。

（三）统一备案管理。实施政务信息系统建设和运维备案制，推动政务信息化建设和运维经费审批在同级政府政务信息资源共享主管部门的全口径备案。

（四）统一审计监督。开展常态化的政务信息系统和政务信息资源共享审计，加强对政务信息系统整合共享成效的监督检查。

（五）统一评价体系。研究制定我省政务信息资源共享评价指标体系，建立政务信息资源共享评价与行政问责、部门职能、建设经费、运维经费约束联动的管理机制。

二、工作目标

按照国家《实施方案》提出的目标任务和工作要求，认真落实推进政务信息系统共享“十件大事”，促进全省政务信息系统实现“网络通、数据通、应用通”。一是整合一批、清理一批、规范一批，完成部门内部政务信息系统清理工作，部门内部信息系统全面整合，实现内部信息共享。二是政务信息系统整合在一些重要领域取得显著成效，各省级部门接入省级数据共享交换平台，各设区市接入市级数据共享交换平台，同时建立市级数据共享交换平台与省级数据共享交换平台的对接，实现跨部门、跨层级信息系统基本联通。三是建立全省政务信息资源目录体系，建设以政务信息资源共享交换为核心的全省大数据共享交换平台，重点领域数据共享初步实现，率先实现人口、法人、地理和自然资源、电子证照、社会信用等基础信息的共享。四是通过建设“大系统、大平台、大数据”，实现省级各部门集中部署的业务办理系统和省级大数据共享交换平台互联互通，逐步实现基础、主题信息数据和服务事项的交换共享和联动办理。五是为“放管服”改革重点领域提供数据服务，实现大数据共享交换平台对跨部门业务应用的支撑，变“群众跑腿”为“数据跑路”。在完成以上阶段性目标的基础上，逐步拓展政务信息系统共享范围，深化信息资源应用，进一步支撑“放管服”改革，提升政府治理能力。

2017 年 12 月底前，完成省级各部门内部政务信息系统“审”“清”工作，基本完成部门内部信息系统清理整合工作，初步建立全省政务信息资源目录体系，政务信息系统整合共享在一些重要领域取得明显成效，一些涉及面宽、应用广泛、有关联需求的重要政务信息系统实现互联互通。2018 年 6 月底前，实现省级各部门整合后的政务信息系统接入省级数据共享交换平台，基本完成省级数据共享交换平台与国家数据共享交换平台的对接。完善项目建设运维统一备案制度，加强信息共享审计、监督和评价，推动政务信息化建设模式优化，政务数据共享和开放在重点领域取得突破性进展。2018 年 12 月底前，完成市级数据共享交换平台建设并与省级平台对接，基本形成国家、省、市三级数据共享交换平台的互联互通，政务信息资源共享与业务协同，大数据汇聚整合和关联分析取得阶段性成果。

三、重点任务

认真落实国家《实施方案》要求，按照“先联通、后提升”的原则，坚持“内外联动、点面结合、上下协同”，落实“自查、编目、清理、整合、接入、共享、协同”等重点工作，加快建设完善“一网络、一平台、两网站”，建设“大系统、大平台、大数据”，实现“网络通、数据通、应用通”，全面推进我省政务信息系统整合共享工作。重点推进落实五个方面15项具体任务：

（一）摸清底数，“审”“清”结合，加快部门内部信息系统清理整合。

1. 摸清全省政务信息系统底数。组织开展政务信息系统整合共享专项检查，全面摸清各部门政务信息系统情况。2017年10月底前，省发展改革委牵头，省审计厅、省网信办、省经济和信息化委、省财政厅等部门配合，省政府各部门负责对本部门政务信息系统建设应用情况进行全面自查，内容包括但不限于：信息系统数量、名称、功能、使用范围、使用频度、审批部门、审批时间、经费来源等，形成自查报告。同时，提出本部门清理整合的信息系统清单和接入共享平台的信息系统清单。2017年11月底前，省审计厅牵头，省发展改革委、省网信办、省经济和信息化委、省财政厅等部门配合，补充完成对省政府各部门的政务信息系统审计，实现部门全覆盖，全面摸清各部门政务信息系统的底数，为政务信息系统整合共享工作奠定基础。

2. 摸清全省政务信息资源底数。2017年10月底前，省发展改革委牵头，各部门、各地区配合，开展全省政务信息资源大普查，各部门、各地区依据国家《政务信息资源目录编制指南》，编制完成本部门、本地区政务信息资源目录，梳理所掌握信息资源，摸清数据底数，明确可共享的信息资源，逐步构建全省政务信息资源目录体系。省编办推进和完善权力清单、责任清单的编制，明确全省行政权力事项的动态管理。

3. 清除“僵尸”信息系统。2017年12月底前，各部门基本完成对系统使用与实际业务流程长期脱节、功能可被其他系统替代、所占用资源长期处于空闲状态、运行维护停止更新服务，以及使用范围小、频度低的“僵尸”信息系统的清理工作。

4. 加快部门内部信息系统整合。2017年12月底前，省政府各部门原则上将分散、独立的信息系统整合为一个互联互通、信息共享、业务协同的“大系统”,杜绝以处室等内设机构名义存在的独立信息系统。

(二)设施共建,整合提升,加快“一网络、一平台、两网站”建设。

1. 开展政务信息系统向省政务内网和外网迁移工作。深化电子政务内网的部署和应用,全面促进各部门涉密政务信息系统向电子政务内网迁移。2018年6月底前,省政府办公厅牵头,继续推进省电子政务外网建设,拓展网络覆盖范围,满足应用需求,提升电子政务网络支撑能力,全面促进各部门非涉密政务信息系统向省电子政务外网迁移整合。

2. 建立全省统一的数据共享交换平台。2018年6月底前,省发展改革委牵头,省大数据管理中心负责,省经济和信息化委和省政府办公厅电子政务部门配合,加快建设全省统一的以政务信息资源共享交换为核心的大数据共享交换平台,形成全省统一的政务信息共享交换渠道,实现省级数据共享交换平台与国家数据共享交换平台的对接。2018年12月底前,基本形成国家、省、市三级互联互通的共享交换平台体系,促进各行业各部门信息向各级政府部门共享。

3. 建设省公共数据开放网站。2018年6月底前,省发展改革委牵头,省网信办、省经济和信息化委、省大数据管理中心等部门按职责分工负责,依托电子政务外网和省政府门户网站,建设统一规范、互联互通、安全可控的江苏省公共数据开放网站。基于政务信息资源目录,构建公共信息资源开放目录,按照公共数据开放有关要求,推动政府部门和公共企事业单位的原始性、可机器读取、可供社会化再利用的数据集向社会开放,鼓励和引导社会化开发利用。

4. 建设省政务信息共享网站。2018年6月底前,省发展改革委牵头,省大数据管理中心负责,依托省电子政务外网,建设江苏省政务信息共享网站,将其作为省级数据共享交换平台的门户,支撑政府部门间跨地区、跨层级的信息共享与业务协同应用。2018年12月底前,实现各部门、各地区政务信息共享服务。

(三)协同对接,促进交换,推动政务信息资源共享。

1. 加快接入统一的数据共享交换平台。省发展改革委牵头,省大数据管理中心负责,省经济和信息化委和省政府办公厅电子政务部门配合,各部门、各地区统一接入省级数据共享交换平台,实现跨部门、跨层级、跨区域的信息共享。2018年6月底前,依托省级数据共享交换平台,初步提供公民、社会组织、企业、事业单位的相关基本信息,同时逐步扩大信息共享内容,完善基础信息资源库的覆盖范围和相关数据标准,优化便捷共享查询方式。2018年12月底前,各政务信息系统和数据资源按必要程序审核或评测审批后,统一接入省级数据共享交换平台。2018年起,凡已明确须接入而实际未接入共享平台的部门政务信息系统,财政部门原则上不予安排运维经费。

2. 推动政府部门间的信息共享和交换。2018年6月底前,省发展改革委牵头,省大数据管理中心负责,省经济和信息化委、省政务服务管理办公室、省信用办、省公安厅、省民政厅、省工商局、省人力资源社会保障厅、省交通运输厅、省环保厅、省水利厅、省旅游局、省测绘地理信息局等有关部门配合,实现自然人(基础数据以及社保、民政、教育等业务数据)、法人(基础数据及业务数据)、空间地理、信用体系、公共资源交易、投资、价格、能源(电力等)、交通、环保、水利、旅游等基础数据和重点领域数据的共享服务。2018年12月底前,实现各部门政务数据基于省政务信息共享网站的共享服务。

(四)上下联动,强化服务,建立全省一体化政务服务平台。

1. 加快江苏政务服务网建设。2017年12月底前,省政务服务管理办公室牵头,各设区市政府负责,聚焦政务服务平台建设,进一步推进江苏政务服务网建设,全面整合省、市、县分散的政务服务系统和资源,全面建成全省一体化网上政务服务平台。按照国家要求,省政务服务平台主动与中央政府门户网站和省政府门户网站对接,实现与国家政务服务平台的数据共享和资源接入。

2. 深入开展“互联网+政务服务”。2017年12月底前,省政务服务管理办公室牵头,各设区市政府负责,聚焦政务服务,围绕“互联网+政务服务”的主要内容和关键环节,组织开展培训交流和试点示范。加快实施信息惠民工程,大力推进“一号一窗一网”试点。试点城市初步实现跨地区、跨部门、跨层级的政务服务。

（五）统一标准，强化安全，完善政务信息管理体系建设。

1. 建设完善共享交换相关标准规范。省质监局牵头，省网信办、省发展改革委、省经济和信息化委等有关部门配合，建立健全政务信息资源数据采集、数据质量、目录分类与管理、共享交换接口、共享交换服务、多级共享平台对接、平台运行管理、网络安全保障等方面的地方标准，推动标准应用工作。依据国家制定的人口、法人、电子证照等标准，做好贯彻落实工作。2017 年 9 月底前，省政府办公厅、省发展改革委牵头，省经济和信息化委、省大数据管理中心配合，编制出台《江苏省政务信息资源共享管理暂行办法》，作为我省相关工作的实施依据和准则。

2. 加强安全体系建设。省网信办牵头，省经济和信息化委、省公安厅等部门配合，强化政务信息资源共享网络安全管理，推进政务信息资源共享风险评估，推动制定完善个人隐私信息保护的法律法规，切实按照相关法律法规要求，保障政务信息资源使用过程中的个人隐私。2017 年 12 月底前，省经济和信息化委、省公安厅牵头，提出我省政务信息系统整合共享工作与党政机关电子公文系统安全可靠应用工作衔接的网络安全保障方案。各部门、各地区负责开展本单位运营、使用的政务信息系统的信息安全等级保护工作，公安机关加强对有关工作的监督检查和指导。各部门、各地区加强政务信息资源采集、共享、使用的安全保障工作，加强统一数据共享交换平台安全防护，完善安全防护机制，不断提高核心设备自主可控水平。

3. 建立统一备案和项目管理制度。相关部门申请政务信息化项目建设和运维经费时，应及时向同级政府政务信息资源共享主管部门全口径备案。加强项目立项建设和运行维护信息采集，掌握项目名称、建设单位、投资额度、运维费用、经费渠道、数据资源、应用系统、等级保护和分级保护备案情况等内容，在摸清底数的前提下，加大管理力度。对不符合共建共享要求的项目，相关部门不予审批，不拨付运维经费。加大对统一电子政务网络、数据共享交换平台等公共性基础性平台的运维经费保障力度，逐步减少直至取消信息孤岛系统和利用程度低的专网的运维经费。2018 年 6

月底前，省财政厅牵头，省发展改革委、省经济和信息化委配合，依据国家制定的电子政务采购管理相关政策规定，制定我省电子政务服务采购管理相关办法。完善政府购买信息系统、数据中心、数据资源等信息化服务的相关政策。2018 年 6 月底前，省发展改革委牵头，省经济和信息化委、省财政厅配合，根据《国家电子政务工程建设项目管理暂行办法》相关规定，编制江苏省电子政务工程建设项目管理暂行办法。

各设区市依据以上重点任务和时序进度要求，抓紧制定本地区工作落实方案，同步推进政务信息系统整合共享工作。

四、组织保障

（一）加强组织领导。成立省政务信息系统整合共享工作领导小组，统筹协调政务信息系统整合和政务信息资源共享工作。领导小组由常务副省长任组长，下设办公室，设在省发展改革委，承担政务信息资源整合共享日常工作。各设区市政府要建立健全本辖区内政务信息系统统筹整合和政务信息资源共享开放管理制度，加强统筹协调，明确目标、责任、牵头单位和实施机构。强化省、市政府各部门主要负责人对政务信息系统统筹整合和政务信息资源共享工作的责任，原则上各级各部门主要负责人为第一责任人。对责任不落实、违反国家和省《政务信息资源共享管理暂行办法》规定的，予以通报并责令整改。

（二）狠抓工作落实。各设区市政府、省政府各部门要按照国家和省《政务信息资源共享管理暂行办法》有关要求，把信息共享有关工作列入重要日程，按照本方案要求统筹推动本地区、本部门政务信息系统整合共享工作，抓紧制定推进落实的时间表、路线图、责任主体，加强台账和清单式管理，精心组织实施，每年 1 月底前向省政务信息系统整合共享工作领导小组报告上一年度政务信息资源共享情况，切实保障工作进度。每年 2 月底前，省政务信息系统整合共享工作领导小组办公室汇总我省政务信息资源共享情况形成年度报告，提交省政府审定后，报送国家促进大数据发展部际联席会议。优化建设模式，推动政务信息化建设投资、运维和项目建设模式改革，鼓励推广云计算、大数据等新技术新模式的应用和服务，提升集约化水平，避免重复投资。加强经费保障，政务信息资源整合共享相关项目建设资金纳入政府固定资产投资，政务信息资源整合共享相关工作经费纳入部门财政预算，并给予优先安排。

（三）强化评价考核。建立政务信息共享工作评价常态化机制，督促检查政务服务平台体系建设、政务信息系统统筹整合和政务信息资源共享工作落实情况。2017 年 12 月底前，省政府督查室牵头，省网信办、省编办、省发展改革委、省经济和信息化委、省财政厅等有关部门配合，组织制定政务信息共享工作评价办法，每年对各部门提供和使用共享信息情况进行评估，并公布评估报告和改进意见。

（四）加强审计监督。省审计厅牵头，省网信办、省发展改革委、省经济和信息化委配合，参照国家相关要求，探索政务信息系统审计的方式方法，2018 年 6 月底前形成具体工作方案。审计部门结合省直部门预算执行审计，要依法履行职责，对政务信息系统专项资金使用的真实性、合法性和效益性开展监督，推动完善相关政策制度落实，审计结果及时报省政府。

（五）强化人才和技术支撑。加强各级政府和部门信息化人员的培养、激励、考评和管理，分层次、有计划地培养引进人才，建设一支业务熟、技术精、素质高的专业化电子政务管理和服务队伍，为全省政务信息资源整合共享提供人才支撑。省发展改革委会同有关部门和单位，切实加大网络与共享平台接入、目录编制、数据对接、工作进度填报等工作的技术支撑保障力度。省发展改革委、省质监局、省大数据管理中心和省政府办公厅电子政务部门负责组织做好有关技术、标准培训工作，保障政务信息系统整合共享工作顺利实施。

省委办公厅 省政府办公厅 印发《关于深入推进审批服务便民化的实施方案》的通知

（苏办〔2018〕45 号）

各市、县（市、区）党委和人民政府，省委各部委，省各委办厅局，省各直属单位：

《关于深入推进审批服务便民化的实施方案》已经省委、省政府领导同志同意，现印发给你们，请结合实际认真贯彻落实。

中共江苏省委办公厅
江苏省人民政府办公厅
2018 年 9 月 4 日

关于深入推进审批服务便民化的实施方案

为深入贯彻落实《中共中央办公厅国务院办公厅印发〈关于深入推进审批服务便民化的指导意见〉的通知》（厅字〔2018〕22 号）精神，进一步放大我省“放管服”改革效应，切实提升全省各级各部门审批服务便民化水平，结合我省实际，制定本方案。

一、总体要求

坚持以习近平新时代中国特色社会主义思想为指导，深入贯彻党的十九大、十九届二中、三中全会精神，认真落实省委十三届四次全会部署，坚持以人民为中心、坚持改革与法治辩证统一、坚持放管并重放管结合、坚持体制创新与“互联网+”融合促进，进一步加大转变政府职能和“放管服”改革力度，以更快更好方便企业和群众办事创业为导向，围绕直接面向企业和群众、依申请办理的行政审批和公共服务事项，推动审批服务理念、制度、作风全方位深层次变革，着力打造“宽进、快办、严管、便民、公开”的审批服务模式，持续深化“不见面审批(服务)”改革，不断优化办事创业和营商环境，切实增强政府公信力和执行力，打造人民满意的服务型政府，推动全省实现更高质量、更有效率、更加公平、更可持续的发展。

二、主要任务

(一) 进一步完善“不见面审批(服务)”，全面推行“马上办、网上办、就近办”

1. 大力推进“不见面审批(服务)”。出台《“不见面审批”标准化指引》，制定地方标准，在“不见面审批”事项的清单公布、实现方式、基本流程、申请材料、办理时限、缴纳费用等方面实现省市县三级标准统一。在市县政府公布“不见面审批”事项的基础上推动省级部门牵头，以条线为单位编制“不见面审批”标准化事项清单，拓宽实现“不见面审批”的途径，2018 年年底前总结一批成熟的经验在全省面上复制推广。要采取有效措施持续推进“不见面审批(服务)”，逐步实现审批服务事项全部“不见面”、全程“不见面”。(牵头单位:省委编办、省政务服务办。责任单位:省各有关部门，各市、县(市、区)人民政府。完成时间:2018 年年底前)

2. 合法合规的事项“马上办”。通过精简审批事项、优化审批流程、完善审批方式，对审批事项逐项分析清理，剔除非法定事项、删减非关键要件、合并非必要流程。符合法定受理条件、申报材料齐全的，原则上当场办结，简易事项办理时间不超过 1 小时，减少企业和群众现场等候时间。2018 年 10 月底前，以省级条线部门为单位公布省市县三级“马上办”审批服务事项清单。(牵头单位:省政务服务办、省委编办。责任单位:省各有关部门，各市、县(市、区)人民政府。完成时间:2018 年 10 月底前)

3. 全面推行“网上办”。依托江苏政务服务网，加快实现企业和群众办事“一网通办”。除法律法规有特别规定外，2018 年年底前省市县三级 80%以上审批服务事项实现网上能办。凡与企业生产经营、群众生产生活密切相关以及办件量较大的审批服务事项“应上尽上、全程在线”。已在实体大厅办理的事项,不得要求企业和群众补填网上流程。进一步完善江苏政务服务网功能,支撑“马上办”“网上办”“就近办”和“不见面审批(服务)”。(牵头单位:省政务服务办、省委编办。责任单位:省各有关部门,各市、县(市、区)人民政府。完成时间:2018 年年底前)

4. 面向个人的事项“就近办”。规范乡镇(街道)、村(社区)实体服务大厅,乡镇(街道)各站所面向企业和群众的事项全部进驻窗口办理,推动基层建立全科政务服务模式。完善基层综合便民服务平台功能,将审批服务延伸到乡镇(街道)、村(社区)等,2018 年年底前,具备条件的乡镇(街道)80%在省政务服务平台上设立端口,具备条件的村(社区)50%在省政务服务平台上设立服务站点,公开审批服务事项和办事指南,实现就近能办、多点可办、少跑快办。(牵头单位:省政务服务办。责任单位:省各有关部门,各市、县(市、区)人民政府。完成时间:2018 年年底前)

(二) 深入推进审批服务标准化

5. 推进审批事项流程标准化。按照国家和省推进审批服务标准化的有关要求,科学细化量化审批服务标准,压缩自由裁量权,完善适用规则,推进同一事项无差别受理、同标准办理。构建和完善形式直观、易看易懂的审批服务事项办理流程图(表),实现网上可查、电话可询,为企业和群众办事提供清晰指引。有条件的地方可以探索制定审批服务运行评价标准,建立相应考核评价机制。(牵头单位:省质监局、省委编办、省政务服务办。责任单位:省各有关部门,各市、县(市、区)人民政府。完成时间:2018 年年底前)

6. 突出重点领域重点事项。重点聚焦不动产登记、市场准入、企业投资、建设工程、民生事务等办理量大、企业和群众关注的事项,按照减环节、减材料、减时限、减费用的要求,逐项编制标准化工作规程和办事指南,推行一次告知、一表申请。(牵头单位:省政务服务办。责任单位:省发展改革委、省经济和信息化委、省工商局、省国土资源厅、省住房城乡建设厅、省公安厅、省民政厅、省人力资源社会保障厅、省环境保护厅、省水利厅、省商务厅、省交通运输厅、省文化厅、省税务局,各市、县(市、区)人民政府。完

成时间:2018 年年底前)

7. 消除审批服务中的模糊条款,属于兜底性质的"其他材料""有关材料"等,应逐一加以明确,不能明确且不会危害国家安全和公共安全的,不得要求申请人提供。上一个审批服务环节已收取的申报材料,不再要求重复提交。(牵头单位:省法制办、省政务服务办。责任单位:省各有关部门,各市、县(市、区)人民政府。完成时间:2018 年年底前)

(三) 持续开展"减证便民"行动

8. 全面清理烦扰企业和群众的"奇葩"证明、循环证明、重复证明等各类无谓证明,凡没有法律法规依据的一律取消,能通过个人现有证照来证明的一律取消,能采取申请人书面承诺方式解决的一律取消,能被其他材料涵盖或替代的一律取消,能通过网络核验的一律取消,开具单位无法调查核实的证明一律取消。清理过程中需要修改法律法规的,及时提出修改建议,按照法定程序提请修改。(牵头单位:省法制办、省政务服务办。责任单位:省各有关部门,各市、县(市、区)人民政府。完成时间:2018 年年底前)

9. 建立"证明事项"清单。确需保留的证明事项,要广泛征求意见,充分说明理由,2018 年年底前,省市县三级公布保留的"证明事项"清单,逐项列明设定依据、索要单位、开具单位、办理指南等,严格实行清单式管理。对保留的证明,要加强互认共享,减少不必要的重复举证。(牵头单位:省法制办、省政务服务办。责任单位:省各有关部门,各市、县(市、区)人民政府。完成时间:2018 年年底前)

(四) 大力推行审批服务集中办理

10. 深化和扩大相对集中行政许可权改革试点。整合优化审批服务机构和职责,市、县(市、区)和省级以上开发区都要设立行政审批局,实行"一枚印章管审批"。依法设立的行政审批局办理的行政许可等事项具有法律效力,原主管部门不得要求企业和群众再加盖本部门印章,杜绝重复盖章。省委、省政府已批复全市域开展相对集中行政许可权改革的地区,2018 年年底前要全部挂牌成立行政审批局。(牵头单位:省委编办、省法制办。责任单位:各市、县(市、区)人民政府。完成时间:2018 年年底前)

11. 优化提升各级政务服务大厅“一站式”功能。对于没有划转到行政审批局、实行“三集中三到位”的审批服务事项，要将部门分设的办事窗口整合为综合窗口，完善“前台综合受理、后台分类审批、综合窗口出件”工作模式，实行一窗受理、集成服务，实现“一窗通办”。（牵头单位：省政务服务办。责任单位：各市、县（市、区）人民政府。完成时间：2018 年 10 月底前）

12. 建立健全全科政务服务机制。乡镇（街道）、村（社区）为民（便民）服务中心设置全科窗口，并进行合理授权，强化上下层级、线上线下工作协同，持续提高服务人员综合业务素质和服务能力，实现由“单一窗口”向“全科窗口”转变，由“一专多能”向“全科全能”转变，实现“一口清”导办、“一窗式”受理、“一条龙”服务。对重点区域重点项目可有针对性地提供个性化定制化服务。（牵头单位：省政务服务办。责任单位：各市、县（市、区）人民政府。完成时间：2018 年 10 月底前）

13. 完善政务服务效能监督，全面推行审批服务过程和结果公开公示，接受社会监督。建立健全考评考核机制，将政务服务效能纳入部门绩效考核体系，加大考核权重。（牵头单位：省政务服务办、省委编办。责任单位：各市、县（市、区）人民政府。完成时间：2018 年年底前）

（五）着力提升“互联网+政务服务”水平

14. 强化政务信息系统“清理”“整合”。省级部门、各设区市要加快完成对系统使用与实际业务流程长期脱节、功能可被其他系统替代、所占用资源长期处于空闲状态、运行维护停止更新服务，以及使用范围小、频度低的“僵尸”信息系统的清理工作，要对“清理”“整合”进行专项审计；推动分散隔离的政务信息系统加快整合形成“大系统”，接入本级共享交换平台，实现内部信息共享。（牵头单位：省大数据管理中心、省审计厅。责任单位：省各有关部门，各市、县（市、区）人民政府。完成时间：2018 年年底前）

15. 构建完善数据共享交换体系。加快省、市两级数据共享交换平台建设，推动省级部门、设区市接入省级大数据共享交换平台，建设完善全省统一的数据共享交换平台。按照规范要求加快省级平台统一接入国家数据共享交换平台，形成国家、省、市、县（市、区）四级互联互通的数据共享交换体系。（牵头单位：省大数据管理中心。责任单位：省各有关部门，各市、

县(市、区)人民政府。完成时间:2018 年年底前)

16. 构建数据资源安全保障体系。完善信息保护的法规规章,制定数据安全管理办法,明确数据采集、传输、存储、使用、共享、开放等环节安全保障的措施、责任主体和具体要求。建立健全省大数据共享交换平台的安全防护体系,保障数据安全。推进政务信息资源共享风险评估和安全审查,强化应急预案管理。(牵头单位:省委网信办、省法制办、省大数据管理中心。责任单位:省各有关部门,各市、县(市、区)人民政府。完成时间:2018 年年底前)

17. 推动政务信息共享和公共数据开放。加快建设政务信息共享网站,根据《江苏省政务信息资源共享管理暂行办法》等相关文件要求,以共享为原则,不共享为例外,推动政务信息资源归集共享。加快建设公共数据开放网站,制定完善公共数据开放相关法规规章和标准规范,提出数据公共服务实施方案,各级政务部门摸底数据资源收费情况和外包托管情况,推动全面清理有偿数据服务,构建公共数据开放目录,依法依规实现公共数据向社会开放。(牵头单位:省大数据管理中心、省法制办。责任单位:省各有关部门,各市、县(市、区)人民政府。完成时间:2018 年年底前)

18. 建立全省统一认证平台。建立全省政务实名认证统一管理平台,为各级政务系统提供法人和自然人实名身份认证服务。加快社会法人库、自然人库、电子证照库等六大基础数据库的建设,实现所有法人、自然人、电子证照“一次采集、一库管理、多方使用、即调即用”。(牵头单位:省政务服务办、省大数据管理中心。责任单位:省各有关部门,各市、县(市、区)人民政府。完成时间:2018 年年底前)

19. 明确电子证照、电子公文、电子印章法律效力。推动地方立法,符合有关法律、法规、规章规定,并按照安全规范要求生成的电子文件(含证照),与纸质文件具有同等效力,可以作为法定办事依据和归档材料。(牵头单位:省法制办、省政务服务办、省大数据管理中心、省档案局。完成时间:2018 年年底前)

20. 推动省级部门审批服务系统向各级政务服务机构开放端口、权限。通过全省一体化的数据共享交换体系共享数据,打通数据查询互认通道,实现对自然人和企业身份核验、纳税证明、不动产登记、学位学历证明、资格资质、社会保险等数据共享需求。(牵头单位:省大数据管理中心、省政务服务办。责任单位:省公安厅、省工商局、省税务局、省国土资源厅、省教育厅、省人力资源社会保障厅。完成时间:2018 年 10 月底前)

21. 推进国家数据接口申请。依托政务服务“一网通办”群众办事百项堵点疏解行动,建立数据申请机制,按照国家部委有关规定,依法依规申请国家数据接口,提供数据资源查询核验等服务,初步实现国务院部门向省级政务部门、设区市开放共享数据,满足各级政务服务对自然人和企业身份核验、婚姻、出生、学位学历证明等约 500 项数据查询核验等需求。(牵头单位:省大数据管理中心、省政务服务办。责任单位:省各有关部门,各市、县(市、区)人民政府。完成时间:2018 年年底前)

22. 加快政务资源数据归集。基于《江苏省省级政务信息资源目录(2017 版)》,按照国家和省有关规定,依托省大数据共享交换平台,开展省级政务数据资源归集,对目录中所有无条件共享和有条件共享的数据资源以及政务服务“一网通办”群众办事堵点所涉及的数据资源实现一站式归集共享。(牵头单位:省大数据管理中心、省政务服务办。责任单位:省各有关部门,各市、县(市、区)人民政府。完成时间:2018 年年底前)

23. 整合省级各部门信息建设资金资源和管理职能,加快推进信息建设项目预审和联审制,加快实现全省域“一平台、一张网、一个库”。加快成立省大数据发展工作领导小组,加强省级各部门政务信息资源管理,进一步深化政务信息资源整合成果的应用。除因特殊需要并经省政府批准外,各级行政机关不得新建业务专网。(牵头单位:省大数据管理中心、省政务服务办、省财政厅、省委编办。责任单位:省各有关部门,各市、县(市、区)人民政府。完成时间:2018 年年底前)

24. 建设审批服务大数据处理和分析系统。依托现有的政务服务网及 12345 在线服务数据资源,建立涵盖办件(过程、结果、评价)、材料、电子证照、邮递、用户投诉反馈及处理、指标数据等业务办理全方位信息的审批服务主题分析库。建设包括数据清洗、数据整合及关联比对加工、主题分析数据模型、指标评估等大数据处理和分析平台,从部门单一办理事项、内部审批流程优化、部门服务水平分析入手，逐步向部门联办事项、外部服务能力及满意度、区域性服务水平比对分析深化。（牵头单位:省政务服务办、省大数据管理中心。责任单位:省各有关部门，各市、县（市、区）人民政府。完成时间:2018年年底前）

（六）创新便民利企审批服务方式

25.全面实现“3550”改革目标。全力推进“证照分离”改革试点，扎实推动“照后减证”，推广“证照联办”，建立企业开办“一站式”服务窗口，积极做好泰州市取消企业银行开户行政许可试点，拓展深化政银合作，进一步压缩企业开办时间，2018年年底前，工商注册登记全部实现3个工作日内办结。加快出台《江苏省不动产登记条例》，将“一窗受理，集成服务”和不动产登记“不见面审批”改革立法固化，加快推动信息共享，2018年年底前，不动产交易登记全部实现5个工作日内办结。全面推动建设工程领域实行联合勘验、联合审图、联合测绘、联合验收，推广数字化审图。积极做好南京市工程建设项目审批制度改革试点，2018年年底前，工业建设项目施工许可全部实现50个工作日内办结。（牵头单位:省委编办、省工商局、省国土资源厅、省住房城乡建设厅。责任单位:省各有关部门，各市、县（市、区）人民政府。完成时间:2018年年底前）

26. 实行企业投资项目“多评合一”、并联审批。对国家鼓励类企业投资项目探索不再审批，试点开展企业投资项目信用承诺制。探索创新以政策性条件引导、企业信用承诺、监督有效约束为核心的管理模式，推动确立企业投资主体地位，2018年年底前要有项目按照承诺制管理模式落地投产，并形成可复制的制度性成果。（牵头单位:省环境保护厅、省发展改革委、省经济和信息化委。责任单位:省各有关部门，各市、县（市、区）人民政府。完成时间:2018年年底前）

27. 在各类开发区推行由政府统一组织对一定区域内土地勘测、矿产压覆、地质灾害、水土保持、文物保护、洪水影响、地震安全性、气候可行性等事项实行区域评估，切实减轻企业负担。加快推进“多规合一”，探索“规划同评”，以“一张蓝图”统筹各类规划。（牵头单位:省商务厅。责任单位:省国土资源厅、省住房城乡建设厅、省文物局、省水利厅、省环境保护厅、省

地震局、省气象局,各市、县(市、区)人民政府。完成时间:2018 年 10 月底前)

28. 加快推进居民身份证、驾驶证、出入境证件、医保社保、住房公积金等便民服务事项互联互通、在线可查、异地可办,实现线上线下一网受理、整体服务。简化社保关系转移接续流程,提升异地就医直接结算管理服务水平。(牵头单位:省政务服务办。责任单位:省公安厅、省人力资源社会保障厅、省住房城乡建设厅,各市、县(市、区)人民政府。完成时间:2018 年 10 月底前)

29. 推广容缺后补、绿色通道、首席服务官、告知承诺、邮政或快递送达等便利化措施,推行预约办理、一网通办、同城通办、异地代办、跨层联办、智能导办、一对一专办等多种服务方式,多渠道多途径提高办理效率和服务水平,切实解决企业和群众反映突出的排号等号、耗时长、来回跑等问题。(牵头单位:省政务服务办。责任单位:省各有关部门,各市、县(市、区)人民政府。完成时间:2018 年 10 月底前)

30. 对量大面广的个人事项可利用银行、邮政等网点实现服务端口前移。针对交通不便、居住分散、留守老人多等农村地区实际,积极开展代缴代办代理等便民服务,在村庄普遍建立网上服务站点,加快完善乡村便民服务体系。(牵头单位:省政务服务办。责任单位:各市、县(市、区)人民政府。完成时间:2018 年 10 月底前)

（七）深化行政审批中介服务改革

31. 完善行政审批中介服务事项清单,建立动态调整机制,无法定依据的一律取消,不再作为行政审批的前置条件。对保留的审批中介服务事项要明确办理时限、工作流程、申报条件、收费标准并对外公开。政府部门在审批过程中委托开展的技术性服务活动,必须通过竞争方式选择服务机构,服务费用一律由部门支付并纳入部门预算。(牵头单位:省委编办、省物价局、省财政厅。责任单位:省各有关部门,各市、县(市、区)人民政府。完成时间:2018 年年底前)

32. 加快推进中介服务机构与主管部门脱钩。制定中介服务机构与主管部门脱钩的意见,切断利益关联。(牵头单位:省委编办、省经济和信息

化委、省民政厅。责任单位:省各有关部门,各市、县(市、区)人民政府。完成时间:2018 年年底前)

33. 放宽中介服务市场准入。鼓励支持各类资本进入中介服务行业和领域,破除中介服务垄断。严禁限额管理中介服务机构数量,营造服务高效、公平竞争、监督有力的中介服务市场。企业自主选择中介服务机构,政府部门不得强制指定或变相指定。(牵头单位:省政务服务办。责任单位:省各有关部门,各市、县(市、区)人民政府。完成时间:2018 年年底前)

34. 对导致垄断的行业政策进行合法性合理性审查清理,除法律法规有特别规定外,各部门设定的区域性、行业性和部门间中介服务机构执业限制一律取消。(牵头单位:省物价局、省法制办、省委编办。责任单位:省各有关部门,各市、县(市、区)人民政府。完成时间:2018 年年底前)

35. 依托政务服务网开发建设中介服务网上交易平台,中介服务机构"零门槛、零限制"入驻,实现网上展示、网上竞价、网上中标、网上评价。强化中介服务监管,全面开展中介服务信用评价,建立健全中介服务机构退出机制。加快建设全省涉审中介服务机构信用信息平台,实现信用信息的交换共享和查询服务。(牵头单位:省政务服务办、省信用办。责任单位:省各有关部门,各市、县(市、区)人民政府。完成时间:2018 年年底前)

(八)切实加强事中事后监管

36. 按照权责对等、权责一致和"谁审批谁负责、谁主管谁监管"原则,厘清审批和监管权责边界,强化落实监管责任,健全工作会商、联合核验、业务协同和信息互通的审管衔接机制。(牵头单位:省委编办。责任单位:省各有关部门,各市、县(市、区)人民政府。完成时间:2018 年年底前)

37. 加快建立以信用承诺、信息公示为特点的新型监管机制,加强市场主体信用信息归集、共享和应用,实现"事前管标准、事中管检查、事后管处罚、信用管终身"。推进市场主体在政务服务"一张网"申办事项时进行信用承诺,大力推动行政审批信息系统和公共信用信息系统网络联结和数据交换。建立健全失信联合惩戒机制,加快建设省联合奖惩系统,编制联合奖惩措施清单,明确联合奖惩事项、发起部门、实施部门、应用方式等。(牵头单位:省信用办。责任单位:省各有关部门,各市、县(市、区)人民政府。

完成时间:2018年年底前)

38. 以“双随机、一公开”为原则,积极推进综合监管和检查处罚信息公开。进一步落实抽查事项的主体责任,建立清单动态调整机制,对未列入随机抽查事项清单的其他检查事项,也要贯彻“双随机”理念,杜绝任性执法。积极探索跨部门双随机抽查,在一些热点领域或行业探索跨部门“双随机”联合检查。探索智慧监管、包容审慎监管,提高监管的公平性、规范性、简约性。(牵头单位:省工商局。责任单位:省各有关部门,各市、县(市、区)人民政府。完成时间:2018年年底前)

39. 梳理行政处罚、行政强制、行政征收、行政检查等执法类职权事项,规范程序、行为和自由裁量权,推进严格公正规范文明执法。(牵头单位:省法制办、省委编办。责任单位:省各有关部门,各市、县(市、区)人民政府。完成时间:2018年年底前)

40. 深入推进综合行政执法体制改革,整合各类执法机构、职责和队伍,大幅减少市县政府执法队伍种类,在县域整合组建5—7支综合行政执法队伍,进一步推动力量下沉、重心下移。整合优化基层治理网格,实现“多网合一、一员多能”,提升基层监管执法能力。(牵头单位:省委编办、省法制办。责任单位:省各有关部门,各市、县(市、区)人民政府。完成时间:2018年年底前)

三、组织实施

(一) 加强组织领导。各级党委政府要高度重视深入推进审批服务便民化工作,把这项工作列入重要议事日程,做好与地方机构改革统筹结合,把握改革方向,蹄疾步稳扎实推进。市、县两级政府要制定具体实施办法,将改革任务清单化、项目化,明确施工图、时间表、责任链,层层压实责任,确保改革措施落地生效。各市、县(市、区)实施办法由设区市统一汇总后于2018年10月底前报省委编办备案。

(二) 做好上下结合。鼓励各地、各部门因地制宜大胆探索,形成各具特色的经验做法。建立健全协作攻关机制,对不动产登记、市场准入、企业投资、建设工程、综合行政执法等重点领域改革事项和政务信息共享等重点难点问题,各设区市及省级有关部门要积极组织力量进行集中攻关,尽快实现突破。各地要积极做好实施工作,及时反馈实施中遇到的新情况、新问题。省级有关部门要及时总结经验,加强工作指导,主动服务基层,对不适应实践发展的法律法规和政策规定积极提出进行清理、修改和完善的建议,按法定程序提请修改,为地方改革创新提供及时有效的制度支持。

(三) 抓好督查落实。严格责任落实,明确工作要求,做细做实各项工作,防止空喊口号、流于形式。进一步激励广大干部担当作为,对落实到位、积极作为的典型要通报表扬、给予奖励。严禁上级部门以考核评优、经费划拨、数据端口、印章效力等方式干预基层改革创新。将深入推进审批服务便民化的相关情况作为地方党政领导干部综合考核评价的重要参考,列入重点督查事项。协同推进政府职能转变和作风建设,省政府办公厅适时组织开展督查督办、明察暗访和评估检查,着力革除“管卡压”、“推绕拖”和官僚主义、部门本位主义等“四风”新表现形式。对不作为的,抓住典型,严肃问责。

(四) 强化宣传引导。各级各有关部门要加强信息报送,充分利用报纸、广播、电视、网络、新媒体等载体宣传典型经验和做法,加大总结推广力度,促进相互学习借鉴提高。将改革宣传与信息公开、政策解读、社会监督等结合起来,多渠道听取企业群众意见建议。建立健全企业群众满意度评价机制,运用营商环境评价、电子监察、现场和在线评价、统计抽样调查、第三方评估等多种方式开展满意度调查。正确引导社会预期,积极回应社会关切,广泛凝聚社会共识,营造良好改革氛围。

省政府关于印发在全省推开“证照分离”改革实施方案的通知

苏政发〔2018〕137号

各市、县(市、区)人民政府,省各委办厅局,省各直属单位:

现将《在全省推开“证照分离”改革实施方案》印发给你们,请认真贯彻执行。

江苏省人民政府

2018年11月10日

在全省推开“证照分离”改革实施方案

为贯彻落实《国务院关于在全国推开“证照分离”改革的通知》(国发〔2018〕35号)要求,在全省推开“证照分离”改革,进一步破解“准入不准营”问题,激发市场主体活力,加快推进政府职能转变,营造法治化、国际化、便利化的营商环境,结合我省实际,特制定本实施方案。

一、总体要求

(一)指导思想。

全面贯彻党的十九大和十九届二中、三中全会精神,坚持以习近平新时代中国特色社会主义思想为指导,按照党中央、国务院决策部署,牢固树立和贯彻落实新发展理念,紧紧围绕简政放权、放管结合、优化服务,全面落实“证照分离”改革要求,推动商事制度改革不断深化,进一步厘清政府与市场关系,积极改革审批方式,精简涉企证照,加强事中事后监管,创新政府管理方式,大力营造稳定、公平、透明、可预期的市场准入环境,为建设“强富美高”新江苏、推动高质量发展走在前列提供有力保障。

（二）基本原则。

——坚持照后减证。除涉及国家安全、公共安全、金融安全、生态安全和公众健康等重大公共利益的行政审批事项外，分别采用适当管理方式将许可类的“证”分离出来，能减尽减，能合则合，尽可能减少审批发证，有效区分“证”“照”功能，着力破解“准入不准营”难题。

——坚持放管并重。该放给市场和社会的权一定要放足、放到位，该政府管的事一定要管好、管到位。要做好“宽进”和“严管”的有机衔接，进一步推动政府管理重心向事中事后监管转变，提升监管效能。

——坚持依法改革。依法推动对涉企行政审批事项采取直接取消审批、审批改为备案、实行告知承诺、优化准入服务等改革方式，对其中涉及地方性法规、政府规章和规范性文件修改的，要按法定程序修改后实施，确保改革于法有据。

（三）工作目标。

2018 年 11 月 10 日起，在全省范围内对国务院公布的《第一批全国推开“证照分离”改革的具体事项表》（见附件 1）中 106 项涉企行政审批事项分别按照直接取消审批、审批改为备案、实行告知承诺、优化准入服务等四种方式实施“证照分离”改革，让更多市场主体持照即可经营。加强事中事后监管，建立部门间信息共享、协同监管和联合奖惩机制，形成全过程综合监管体系。建立长效机制，构建完善适应“证照分离”改革要求的工作机制，按照国务院统一部署，逐步减少涉企行政审批事项，最终对所有涉及市场准入的行政审批事项按照“证照分离”改革模式进行分类管理，为企业进入市场提供便利。

二、工作任务

（一）明确改革范围。

改革的区域范围由苏政发〔2017〕159 号文中确定的苏南国家自主创新示范区、南京江北新区及全省各国家高新技术产业开发区、国家级经济技术开发区等 45 个试点园区扩大至全省；改革的事项由试点的 100 项调整为 106 项。

（二）制定管理措施。

涉及到“证照分离”改革事项的省级部门，要结合实际，针对国务院确定的第一批 106 项“证照分离”改革事项，逐一制定具体管理措施。对直接取消审批的事项，市场主体办理营业执照后即可开展相关经营活动，有关部门落实具体管理措施。对审批改为备案的事项，市场主体报送材料后即可开展相关经营活动，有关部门不再进行审批，但需要依法明确备案的环节、条件、材料、时限以及加强事中事后监管的具体管理措施。对实行告知承诺的事项，有关部门要一次性告知申请人审批条件和所需材料，并提供告知承诺书的示范文本，对申请人承诺符合审批条件的，当场办理审批；有关部门实行全覆盖例行检查，发现实际情况与承诺内容不符的，依法撤销审批并予以从重处罚。对实行优化准入服务的事项，要制定出台精简环节、压缩材料、优化流程的工作程序、工作流程和办事指南，进一步提高市场准入的便利化程度。对于“证照分离”改革事项中属于国家层面审批发证的事项，省级主管部门要告知审批发证的依据、条件，并落实好事中事后监管措施；属于省级主管部门委托市、县行使审批监管职能的，由委托机关制定具体管理措施；属于依法由市、县管理的事项，亦由省级主管部门出台全省统一的事中事后监管措施。在“证照分离”改革试点过程中已经制定具体管理措施的部门，要对照国发〔2018〕35 号文件的要求，补充完善相关措施。目前尚未制定具体管理措施的，要尽快制定出台相关措施。

（三）推进信息共享。

全省各地各相关部门要依托江苏省市场监管信息平台，实现审批备案、监督检查、行政处罚、黑名单等信息的实时传输，落实“双告知、双反馈”等信息共享制度。市场监管部门在市场主体注册后，要将注册信息及时推送至江苏省市场监管信息平台，供有关部门掌握，并跟进管理措施。对于审批部门、行业主管部门已提供推送信息相关字词的，可直接推送至相关部门名下。审批部门、行业主管部门要将审批备案、监督管理信息及时反馈至江苏省市场监管信息平台。要进一步健全市场监管部门与审批部门、行业主管部门对审批备案事项目录的动态维护机制，畅通市场主体基础信息和相关信用信息在部门间的推送、反馈、公示通道。

(四) 明确监管要求。

健全完善以信息归集为基础、以信用承诺为特点、以信息公示为手段、以信用约束为核心的新型监管机制。全面贯彻国务院“谁审批、谁监管,谁主管、谁监管”的原则,进一步强化审批实施部门和行业主管部门的监管责任,明确监管履职标准和监管权责,避免出现监管真空。推进跨部门“双随机、一公开”联合监管,构建全省统一的“双随机”抽查工作机制和制度规范,进一步拓展“双随机”抽查事项,逐步实现跨部门“双随机”联合抽查常态化,依托江苏省市场监管信息平台,实现抽查检查信息统一归集和全面公开。加强信用约束,落实企业年度报告公示、经营异常名录和严重违法企业名单制度。探索利用大数据分析等新型监管手段,提升市场监管科学化水平。探索对新技术、新产业、新模式、新产品、新业态采取包容审慎的监管方式,努力为新动能成长营造良好政策环境。强化企业的市场秩序第一责任人意识,建立完善信用修复机制,引导社会力量共同参与市场秩序治理,逐步构建完善多元共治格局。

(五) 做好改革衔接。

此次国务院确定的106项涉企行政审批事项,与我省在“证照分离”改革试点时实施的100项事项相比,新增加22项、减少13项、与其他事项合并3项、改变管理方式68项(见附件2)。各地要重视做好在全省推开“证照分离”改革与前期改革试点之间的有机衔接,对于此次国务院新增的22项改革事项,以及原改革试点中改革方式与推开实施后不一致的涉企行政审批事项,按照国发〔2018〕35号文件的要求执行。对于我省100项“证照分离”改革试点事项中未纳入此次国家第一批“证照分离”改革事项的13项,属于完全取消审批、全面实行告知承诺制等改革方式的,在试点期限届满时,国家未调整相关法律、法规的,仍按照现行法律、法规执行;对于采取强化准入监管改革方式的,可按照原先确定的改革方式继续执行。

三、保障措施

(一) 加强组织领导。

各市、县(市、区)人民政府要加强统筹,层层压实责任,积极稳妥推进

“证照分离”改革。省各有关部门要按国发〔2018〕35 号文件要求制定出台有针对性的“证照分离”改革事项具体管理措施，由省市场监管局汇总报市场监管总局备案。

（二）加强宣传培训。

各地各部门要运用电台电视、报刊、网站等多种形式，采取通俗易懂的宣传方式，做好改革政策宣传解读工作，提高各项改革政策的知晓度，及时回应社会关切，营造有利于改革的良好氛围。要加强培训，提升工作人员业务素质和服务意识，确保改革顺利推进。

（三）加强考核督查。

各地各部门要以钉钉子精神全面抓好改革任务落实，健全激励约束机制和容错纠错机制，充分调动推进改革的积极性和主动性，鼓励和支持创新开展工作。要加强对“证照分离”改革工作的督促指导，对落实到位、大胆创新、积极作为的典型要适时予以表彰；对遇到的困难和问题要加强指导、帮助解决；对敷衍塞责、延误改革、工作不力、刁难企业的要严肃问责。

省政府办公厅关于印发
进一步简化流程优化服务
提升企业开办便利度实施方案的通知

苏政办发〔2018〕81号

各市、县(市、区)人民政府,省各委办厅局,省各直属单位:

《进一步简化流程优化服务提升企业开办便利度实施方案》已经省人民政府同意,现印发给你们,请认真贯彻落实。

江苏省人民政府办公厅

2018年10月25日

进一步简化流程优化服务
提升企业开办便利度实施方案

为贯彻落实《国务院办公厅关于进一步压缩企业开办时间的意见》(国办发〔2018〕32号),统筹推进我省压缩企业开办时间工作,切实简化流程、优化服务,不断提升企业开办的便利度,现结合江苏实际,制定如下实施方案。

一、总体要求

全面贯彻党的十九大和十九届二中、三中全会精神,坚持以习近平新时代中国特色社会主义思想为指导,牢固树立和贯彻落实新发展理念,深化"放管服"改革,在全面落实国务院压缩企业开办时间各项任务和省委、省政府"3550"改革要求的基础上,以进一步简化企业开办流程、优化服务为重点,切实提高审批的透明度、可预期性,进一步降低企业开办的制度性交易成本,积极促进大众创业、万众创新,为推动高质量发展走在前列、建设“强富美高”新江苏营造法治化、国际化、便利化的良好营商环境。

二、工作目标

切实简化企业开办的环节和所需提交的材料，大力推进企业开办从工商登记、印章刻制、银行开户、涉税事项办理到职工参保登记全流程网上办理。鼓励各地在坚持全省统一的工作标准和工作要求的前提下，进一步简化环节、优化流程，不断提高“互联网＋政务服务”水平，切实提升便利度，确保2018年年底全面实现开办企业三个工作日内完成的目标。

三、主要任务和工作措施

(一) 大力推行“一窗受理、一表填报”。各地在保留企业登记、涉税事项办理等专业服务窗口的基础上，增设“企业开办”一站式受理窗口，负责企业申请材料的受理和传递，为企业提供“一站式”办理工商登记、刻章备案、银行开户、涉税事项、社会保险登记等集成服务，并对各部门的办件效率、办件质量进行督查督办。推进“企业开办”申请一表填报，以企业工商登记申请表为主表，将其他涉企信息整合为附表，一次填报，申请人无需重复提交材料。鼓励有条件的地区进一步拓展“企业开办”一站式受理窗口功能，归集汇总营业执照、公章、税务发票，并统一向申请人送件。（省市场监管局牵头，省政务办、省公安厅、人民银行南京分行、省税务局、省人力资源社会保障厅等按职责分工负责。）

(二) 优化“企业开办”网上流程。积极推进“企业开办”全程网上办理，由申请人通过江苏企业网上登记平台(以下简称平台)一次性提交申请材料，市场监管部门审核通过后，通过平台将企业相关信息推送给公安、人民银行、税务、人力资源社会保障等部门，并行办理工商登记、公章备案、发票申领、银行开户等涉企事项，实现“一次提交材料、一网信息共享、承诺限时办结、反馈办件信息”的涉企事项全程网上办理。公安部门在平台上公布印章制作单位名录、地址、联系方式等信息，由申请人自主选择印章刻制网点，刻章单位应限时完成刻制及备案。人民银行南京分行要尽快在全省推广泰州市取消企业基本存款账户开户许可证核发的试点经验，积极支持商业银行将开户资料信息通过电子化传递方式报送当地人民银行。税务部门依据共享的企业登记信息，及时为企业完成电子税务局在线自动开户，并提供新办企业套餐首次申领发票的线上申请功能。人力资源社会保障部门对企业用工登记实行网上办理、自助办理和柜台办理相结合，并限时办结。市场监管、公安、税务、人民银行、人力资源社会保障等涉企事项的办理部门，要及时向平台及江苏省政务服务网反馈相关办件信息，各级政务服务管理部门对企业开办政务服务事项全过程实时监察监控、预警纠错和投诉处理，推进市、县两级电子监察平台的完善，实现对政务服务过程的“一站式”监管。（省市场监管局牵头，省政务办、省公安厅、人民银行南京分行、省税务局、省人力资源社会保障厅等按职责分工负责。）

（三）打通信息化融合瓶颈。优化部门间信息共享的深度和广度，加快建立电子证照库，省政务办要归集营业执照、生产经营许可证及相关备案信息，协调相关审批、登记部门通过江苏省政务服务网以在线调用等方式，获取申请人的登记、许可信息，相关部门不再要求申请人提供纸质许可证、营业执照、相关许可文件及其复印件，切实解决群众来回跑腿、反复提交各种证明等问题。市场监管部门年内率先实现从电子证照库调用保安服务许可证、经营个人征信业务的征信机构设立审批、营利性民办学校办学许可证等 3 项前置审批事项的电子证照；人力资源服务许可、道路货运经营许可、设立营利性医疗机构设置审批等后置许可审批部门在线调用电子营业执照。大力推动开展网上验证核对，建立市场监管部门企业登记系统、公安部门人口基础信息库、印章备案系统以及自然资源部门不动产登记信息库的关联，积极运用人脸识别等现代技术手段实现企业自然人股东、法定代表人、董事、监事等人员的实名认证；积极探索在取得产权人授权委托的前提下，在线核验申请人提交的住所(经营场所)产权人与登记的产权人是否一致，房屋的性质属性是否与登记的一致；全面做到在线核验申请人提交材料上加盖的公章是否合法备案。搭建涉企信息共享库，依托省市场监管信息平台，利用电子营业执照实现企业的身份认证、电子签名、信息共享、授权调用、信息核验校对等功能，扩大部门间信息共享范围，提高数据利用率。（省市场监管局牵头，省政务办、省公安厅、人民银行南京分行、省工业和信息化厅、省教育厅、省人力资源社会保障厅、省交通运输厅、省卫生健康委、省自然资源厅等按职责分工负责。)

四、保障措施

(一) 加强组织领导。要充分认识压缩企业开办时间,提升企业开办便利度,对于优化区域营商环境的重要意义,将其作为推进政府职能转变,提升政府服务水平的重要任务,加强组织领导,强化部门协同,有序有力推进。县级以上人民政府要切实承担主体责任,负责协调本行政区域内的各项工作,健全工作机制,加强投入保障,为提升企业开办便利度创造良好条件。省市场监管局作为牵头部门,要加强统筹协调,做好重大问题的调查研究、重点工作的组织实施、重要事项的推进落实。各相关部门要主动担当、积极作为,切实加强协作配合,理顺工作机制,实施流程再造,确保完成工作目标。

(二) 加强宣传培训。各地各相关部门要采取多种形式,广泛宣传压缩企业开办时间,提升企业开办便利度的重要意义,做好政策解读和舆论宣传。加强相关政策规定、操作流程的业务培训,不断提升相关工作人员的业务能力和水平。

(三) 加强服务建设。各地要及时更新完善"企业开办"办事指南并在政府网站和办事窗口公开,要通过在政务大厅设置专门咨询区域、在政务大厅自助服务区配备"企业开办""导办"队伍、提供网上智能咨询、热线电话咨询等多种方式,为办事群众提供"企业开办"全流程的业务咨询和现场指导,不断提升"一站式"服务质量。

(四) 加强督查指导。坚持把企业和群众的获得感作为衡量工作实效的重要标准,切实加强对各地各部门压缩企业开办时间,提升企业开办便利度的督查和指导。省市场监管局要逐月汇总企业工商登记、刻章、银行开户、办理涉税事项、社会保险登记等用时数据,定期向各设区市人民政府通报;及时研究、推动解决工作中遇到的新情况、新问题,总结推广基层的好经验、好做法。各设区市人民政府要及时了解所辖县(市、区)的工作进展情况,并在全市范围内通报,形成工作倒逼机制,推动各项要求落到实处。

省政府办公厅关于印发进一步推进"互联网+政务服务"深化"不见面审批(服务)"改革工作方案的通知

苏政办发〔2018〕96号

各市、县(市、区)人民政府,省各委办厅局,省各直属单位:

《进一步推进"互联网+政务服务"深化"不见面审批(服务)"改革工作方案》已经省人民政府同意,现印发给你们,请认真贯彻实施。

江苏省人民政府办公厅

2018年11月18日

进一步推进"互联网+ 政务服务"深化"不见面审批(服务)"改革工作方案

为贯彻落实《国务院关于加快推进全国一体化在线政务服务平台建设的指导意见》(国发〔2018〕27号)和《国务院办公厅关于印发进一步深化"互联网+政务服务"推进政务服务"一网、一门、一次"改革实施方案的通知》(国办发〔2018〕45号)精神,结合我省"不见面审批(服务)"改革实际,提出以下工作方案。

一、总体要求和工作目标

深入贯彻党的十九大和十九届二中、三中全会精神,以习近平新时代中国特色社会主义思想为指导,深化"放管服"改革,进一步推进"互联网+政务服务",依托江苏政务服务网,加快构建一体化网上政务服务体系,推进跨层级、跨地域、跨系统、跨部门、跨业务的协同管理和服务,推动企业和群众办事线上"一网通办",线下"只进一扇门",在更高层次实现"不见面审批(服务)”,更大程度地利企便民,不断优化我省营商环境。

到 2018 年底,省级政务服务事项网上可办率不低于 90%,市县级政务服务事项网上可办率不低于 80%;省、市、县级政务服务事项进驻综合性实体政务大厅比例不低于 80%,50%以上政务服务事项实现“一窗”分类综合受理;实现凡与企业群众生产生活密切相关以及办件量较大的政务服务事项“应上尽上、全程在线”,必须到现场办理的事项“最多跑一次”。到 2019 年底,力争在全省范围内实现政务服务事项全部具备“不见面审批(服务)”能力(法律法规另有规定或涉密的除外);除对场地有特殊要求的事项外,政务服务事项进驻综合性实体政务大厅基本实现“应进必进”,80%以上政务服务事项实现“一窗”分类综合受理。

二、以整合促便捷,推进政务服务“一网通办”

(一) 加快完善全省一体化在线政务服务平台。按照国家政务服务平台统一标准规范,在江苏政务服务网基础上,整合升级各类办事服务平台,统一政务服务入口和出口、统一政务服务事项管理、统一身份认证、统一电子印章、统一电子证照、统一公共支付,建成部门协同、上下联动,覆盖省、市、县、乡、村五级的在线政务服务平台,实现线上线下一网受理、整体服务。江苏政务服务网全面对接国家政务服务平台,与国家政务服务平台的政务服务门户形式统一规范、内容深度融合,实现事项集中发布、身份集中认证、服务集中提供,让企业和群众网上办事“一次认证、全国漫游”。

(二) 加快实现政务服务事项标准化。省政务办全面梳理和编制全省公共服务事项清单,制定事项编码规则。省各有关部门按条线负责公共服务事项编码管理并动态调整。省审改办负责全省“三级四同”标准化行政权力事项清单的统一管理,制定完善清单动态管理办法。市县政府门户网站、各级部门网站、各级政务服务中心网站、各级实体政务大厅、江苏政务服务网要实现政务服务事项信息“五位一体”,政务服务事项目录、办事指南、办件查询公示等一数一源,线上线下信息一致。

(三) 加快丰富“不见面审批(服务)”场景。加大“不见面审批(服务)”应用推进力度,各市、县(市、区)要分别梳理涉及多部门、多事项、多证照审批(服务)场景,制定工作方案,推进网上审批,推行一窗受理、网上运转、并行办理、限时办结,避免重复提交材料和循环证明。要按照不见面审批标准化指引要求,逐个编制不见面审批(服务)办事指南,全面、系统地在网上及时公开公示。对省、市、县三级高频政务服务事项,要按照“一证通办”(身份证件)或“一照通办”(统一社会信用代码)的要求,推进办事材料目录化、标准化、电子化,开展在线填报、在线提交和在线审查,实现“凡是能通过网络共享复用的材料,不得要求企业和群众重复提交;凡是能通过网络核验的信息,不得要求其他单位重复提供;凡是能实现网上办理的事项,不得要求必须到现场办理”。省政务办负责省、市、县三级高频政务服务事项清单动态管理。拓展深化统一公共支付平台应用,开通江苏政务服务网“不见面审批(服务)”事项的电子缴款服务,接入全省财政部门非税收入收缴系统和教育、公安、司法、交通等主要的政务缴费专用收费系统,保障群众支付方式选择权,实现“支付通全省”。

(四) 加快拓展政务服务移动应用。以公安、教育、民政、卫生健康、社保、医保、公积金、市民卡、交通运输、税务、生态环境、市场监管、公用事业等领域为重点,梳理公布移动办事事项目录,制定适宜移动端办理的业务流程。按照江苏政务服务网建设相关规范,完成各类移动办事应用开发,统一通过江苏政务服务移动客户端提供服务,做到应上尽上。依托江苏政务服务网实名认证体系和法人单位的业务经办人授权体系,建设申请人(经办人)个人或法人用户中心,不得要求申请人(经办人)二次登录业务办理系统,不得要求重复提交个人或法人用户中心已经具备的材料。建立完善移动端综合服务旗舰店,有条件的设区市或省级部门要打造移动端“不见面审批(服务)”地区或部门品牌。加强与银联、支付宝、微信等机构或平台的合作,拓展政务服务渠道。

三、以集成提效能,推进线下“只进一扇门”

(一) 推动实体大厅“多门”变“一门”。按照应进必进、能进必进的原则,推行一个行政机关的审批事项向一个处(科)室集中、行政审批处(科)室向政务服务大厅集中、行政审批事项向网上办理集中,做到事项进驻大厅到位、授权到位、电子监察到位。优化提升政务服务大厅“一站式”功能,完善省、市、县、乡镇综合性政务大厅集中服务模式,推动将垂直管理部门在本行政区域办理的政务服务事项纳入综合性政务大厅集中办理，加快实现“一窗受理、分类审批、综合出件”，实现企业和群众必须到窗口办理的事项“只进一扇门”。除因安全等特殊原因外，原则上各地不再单独设立部门的服务大厅。

(二) 不断提升政务大厅的服务水平。根据企业和群众办件频率、办事习惯，不断优化调整窗口设置。对涉及多个部门的事项，建立健全部门联办机制，探索推行全程帮办制。通过预约、轮休等办法，为企业和群众办事提供错时、延时服务和节假日受理、办理通道，积极探索实行“5＋X”工作日模式。对重点区域、重点项目可有针对性地提供个性化、定制化服务。各地在保留企业登记、涉税事项办理等专业服务窗口的基础上，增设“企业开办”一站式受理窗口，不断拓展受理功能，进一步提升企业开办便利度。完善政务服务效能监督，全面推行审批服务过程和结果公开公示，接受社会监督。

(三) 推进实体政务大厅与网上服务平台融合发展。适应“互联网＋政务服务”发展需要，进一步提升实体政务大厅服务能力，加快与网上服务平台融合，形成线上线下功能互补、相辅相成的政务服务新模式。推进实体政务大厅向网上延伸，整合业务系统，统筹服务资源，统一服务标准，做到无缝衔接、合一通办。

四、以创新促精简，深化“不见面审批(服务)”改革

(一) 深入推进“不见面审批(服务)”改革。在“不见面审批(服务)”事项的清单公布、实现方式、基本流程、申请材料、办理时限、缴纳费用等方面实现省、市、县三级标准统一。省级部门牵头梳理本部门系统“不见面审批(服务)”标准化事项清单，确定本系统省、市、县三级“不见面审批(服务)”事项名称及数量。省级部门公布的“不见面审批(服务)”标准化事项清单，各地必须全部做到“不见面”。省级部门没有公布的事项，而地方政府可以做到“不见面”的，可以纳入本地区“不见面审批(服务)”标准化事项清单。

(二) 持续开展“减证便民”行动。各地各部门全面梳理排查本行政区域内、本部门实施的证明事项，本着尽可能取消的原则，全面清理“奇葩”证明、循环证明、重复证明等各类无谓证明，大力减少各种繁琐环节和手续。

各设区市对本地区自行设定的证明事项，除设区市地方性法规设定的外，最迟于 2018 年底前取消；对设区市地方性法规设定的证明事项，也要根据实际情况，尽可能予以取消。省各有关部门要对省级地方性法规、省政府规章、省政府规范性文件设定的证明事项，提出取消或保留建议；对本部门规范性文件设定的各类证明事项，原则上均要取消。对可直接取消的，要作出决定，立即停止执行，同时启动修改或废止规范性文件程序。对应当取消但立即取消存在困难的，应采取必要措施，确保最迟在 2018 年底前取消。

(三) 积极推动百姓办事“就近办理”。整合现有各类资源，通过新建、购买、置换、改(扩)建、项目配套和整合共享等方式，充分利用党政机关服务设施、党群组织活动场所、村(社区)服务设施等场地，规范推进乡镇(街道)、村(社区)实体服务大厅建设。推广“集中办理、一站式办结”模式，乡镇(街道)各站所工作人员全部集中办公，事项全部进驻窗口办理。推动基层建立全科政务服务模式，各乡镇(街道)、村(社区)建立健全全科政务服务机制，由“单一窗口”向“全科窗口”转变，由“一专多能”向“全科全能”转变，实现“一口清”导办、“一窗式”受理、“一条龙”服务。在各乡镇(街道)为民服务中心、村(社区)便民服务中心设置全科窗口，对全科窗口合理授权，加强全科人员的选拔、教育、培训和管理，提高综合业务素质和服务能力。

五、以共享筑根基，让“数据多跑路”

(一) 扎实推进全省政务信息资源体系建设。遵循“一数一源、多源校核、动态更新”原则，各地要构建完善政务数据资源体系，持续完善数据资源目录，不断提升数据质量，扩大共享覆盖面，提高服务可用性。按照国家和省政务信息资源标准规范进行政务信息资源的采集、存储、交换和共享工作。建立健全省、市级政务信息资源目录体系，对目录中所有无条件共享和有条件共享的数据资源实现全目录一站式共享。对暂未落地无法提供的数据资源，部门应积极争取，寻求解决办法；对不在目录范围内，但属于“一网通办”所需的数据，一并归集。建立完善政务信息资源共享管理机制和工作评价机制，加强对政务信息采集、共享、使用全过程的身份鉴别、授权管理和安全保障。

（二）构建全省一体化的数据共享交换体系。按照国家标准要求，加快建设省、市级数据共享交换平台，形成全省统一的政务信息共享交换渠道，强化平台功能，建立管理规范，构建全省一体化的数据共享交换体系。加快接入国家和省数据共享交换平台，形成国家、省、市三级互联互通的国家数据共享交换体系，具备跨层级、跨地域、跨系统、跨部门、跨业务的数据调度能力。全面摸清数据共享需求，通过国家数据共享交换体系，打通数据查询互认通道，利用已共享的各级政务信息资源，简化业务流程，创新服务模式，变“群众跑腿”为“数据跑路”，切实解决群众办事堵点问题。

（三）加快政务信息系统改造接入。开展政务信息系统专项审计监督，加快完成对系统使用与实际业务流程长期脱节、功能可被其他系统替代、所占用资源长期处于空闲状态、运行维护停止更新服务，以及使用范围小、频度低的“僵尸”信息系统的清理工作；推动分散隔离的政务信息系统加快整合形成“大系统”，杜绝以处室等内设机构名义存在的独立信息系统。按照“谁建设系统、谁负责对接”的原则，省级、设区市各部门审批服务系统尽快向各级政务服务机构开放端口、权限，各级政务部门、政务服务大厅加快改造自有的业务系统，并与各级数据共享交换平台对接，实现数据互联互通，避免数据和业务“两张皮”，减少在不同系统中重复录入，提高基层窗口工作效率。各级政务信息化建设项目审批部门和运维经费审批部门要联合建立政务信息系统清单制度，加强清单式管理，对未按要求改造对接的，不审批新项目，不拨付运维经费。各级政务信息化建设项目审批部门会同共享交换平台管理部门加强新建政务信息系统预审工作，对政务信息系统不接入共享交换平台、不符合建设标准的，对政务信息资源不纳入全省政务信息资源目录体系和数据共享交换体系管理的，不予审批。

（四）推进事中事后监管信息“一网通享”。充分利用江苏省市场监管信息平台，积极推进“双随机、一公开”监管信息跨部门共享和信用联合奖惩，依托“信用中国”网站和国家企业信用信息公示系统，提供登记备案、行政许可、行政处罚、经营异常名录、严重违法失信企业名单、监督检查、质量抽检等信用信息查询和共享服务。加快各级数据共享交换平台与市场监管信息平台对接，推进事中事后监管信息、信用信息与政务服务深度融合，整合市场监管相关数据资源，加强对市场环境的大数据监测分析和预测预警，推进线上线下一体化监管。

（五）加强数据共享安全保障。研究制定数据安全管理办法，对数据采集、传输、存储、使用、共享、开放等环节，明确安全保障的责任主体和管理措施。强化政务信息资源共享网络安全管理，推进政务信息资源共享风险评估和安全审查，强化应急预案管理，切实做好数据安全事件的应急处置。提高电子政务外网、省市数据共享交换平台的安全防护能力。制定和完善个人和市场主体隐私信息保护的法律法规。

六、保障措施

（一）加强组织保障。各地各部门要认真贯彻落实党中央、国务院和省委、省政府关于“互联网＋政务服务”的工作部署，不断完善我省“不见面审批(服务)”改革。切实加强统筹协调和上下沟通，合力推进工作开展。各地要根据本方案，细化工作措施，明确牵头单位、责任单位和完成时间。要根据目标任务，倒排时序进度，加强督促检查，对责任不落实的要通报批评并责令整改。

（二）建立健全“一网通办”的标准规范。按照国家有关人口、法人、电子证照等基础数据共享标准和规范要求，规范电子证照库、人口综合库、法人综合库、公共信用库等建设，加快电子证照应用推广和跨部门、跨区域互认共享。建立健全政务信息资源数据采集、数据质量、目录分类管理、共享交换接口、共享交换服务、平台运行管理等方面的标准。研究制定涉及“一网、一门、一次”项目建设立项审批、政府采购、绩效评价等管理办法，防止新的信息孤岛产生。

（三）建立完善监督举报投诉机制。依托全省12345在线服务平台，完善“一号答”监督举报投诉服务体系，提供“7×24”全媒体服务，实现高效便捷的咨询办事、效能监督和大数据决策支持。统一受理群众和企业的咨询、投诉、举报和建议，建立限时办结、全程监督、闭环管理的服务机制。对涉及“不见面审批(服务)”和“一网、一门、一次”服务事项，实现办理全过程的开放式评价，重点分析办事堵点，持续增强服务体验，促进各地、各部门政务服务能力不断优化，打造统一联动、智慧开放的政务服务“总客服”

品牌。

（四）开展百项问题疏解和政务服务改革创新成果推广行动。按照国家统一部署，开展百项问题疏解行动，聚焦企业和群众关注的身份和教育证明、商事服务、社保低保、就业创业、居住户籍等方面的堵点难点问题，形成分级覆盖、热点聚焦的百项问题清单，逐项研究解决。开展江苏政务服务改革创新成果评选活动，分析总结先进经验，在全省范围内复制推广。

关于印发《加快推进“不见面审批(服务)”进一步优化营商环境的实施意见》的通知

苏审改办〔2018〕29 号

省各委办厅局,省各直属单位,各市、县(市、区)审改办:

为进一步优化我省营商环境,根据省领导指示,省审改办研究制定了《加快推进“不见面审批(服务)”进一步优化营商环境的实施意见》,省市场监管局制定了《关于进一步压缩企业开办时间的行动方案》,省自然资源厅制定了《关于进一步优化不动产登记的行动方案》,省住建厅制定了《关于进一步优化工业建设项目施工许可的行动方案》、《关于进一步优化用水接入的行动方案》、《关于进一步优化燃气接入的行动方案》,省电力公司制定了《关于进一步优化电力接入的行动方案》,省税务局制定了《关于进一步推进纳税便利化的行动方案》,南京海关制定了《关于进一步优化报关通关的行动方案》,省地方金融监管局制定了《关于改善中小微企业融资服务的行动方案》,省大数据管理中心制定了《关于加快推进信息共享应用的行动方案》。现印发给你们,请结合实际认真抓好贯彻落实工作,并于 2019 年 2 月底前将贯彻落实情况报省审改办。

江苏省行政审批制度改革联席会议办公室

2018 年 12 月 18 日

加快推进“不见面审批(服务)”进一步优化营商环境的实施意见

2017 年以来,我省以“不见面审批(服务)”为抓手,以实现“3550”改革为目标,加快推进简政放权、放管结合、优化服务,取得了显著成效。为进一步贯彻落实党中央、国务院关于优化营商环境的系列要求，对标国际一流营商环境地区，找问题、补短板、求突破、重实效，放大我省“不见面审批(服务)”改革效应，努力营造稳定、公平、透明、可预期的营商环境，不断提升审批服务便民化，切实减轻企业负担，降低制度性交易成本，加快构建现代化经济体系，经省领导同意，现就加快推进“不见面审批(服务)”，进一步优化营商环境提出如下意见：

一、总体要求

（一）总体目标

全面贯彻党的十九大和十九届二中、三中全会精神，以习近平新时代中国特色社会主义思想为指导，紧紧围绕统筹推进“五位一体”总体布局和协调推进“四个全面”战略布局，牢固树立和贯彻落实新发展理念，坚持以人民为中心的发展思想，坚持“两手抓、两手都要硬”的战略方针，紧扣社会主要矛盾变化，牢牢把握高质量发展的要求，深入推进“两聚一高”新实践，加快转变政府职能，深化“简政放权、放管结合、优化服务”改革，建立健全“互联网+政务服务”体系，进一步深化以“网上办、集中批、联合审、区域评、代办制、不见面”为主要内容的“不见面审批(服务)”改革，全面实现“3550”改革目标，加快推进审批服务便民化，力争 2019 年年底开办企业、不动产登记、办理施工许可、纳税、跨境贸易、获得信贷、获得用水、获得用电、获得用气等指标达到国际先进水平，开启优化营商环境高质量走在前列新征程，为“强富美高”新江苏建设作出贡献。

（二）基本原则

——坚持标杆引领。坚持学习借鉴先进经验与江苏实际相结合，以国际公认的营商环境排名靠前经济体为标杆，把企业和群众办理审批服务全流程便利度作为衡量标准，从解决突出问题入手，努力营造规范、透明、便利的营商环境。

——坚持问题导向。聚焦企业反映集中的办事环节的痛点、堵点、难点，把疏通制度瓶颈和解决体制机制问题作为优化营商环境的重点，形成政府、企业、社会共同构建开放型经济新体制的良性互动。

——坚持改革集成。以全国推广复制“不见面审批”为契机，巩固提升优化营商环境建设成果，集成各领域改革举措，优化审批环节，形成系统化、全链条审批服务机制，使优化营商环境持续推进，各项改革举措有机衔接，推进整体性、协同性制度创新。

——坚持法治思维。运用法治思维和法治方式着力破除阻碍优化营商环境的体制机制障碍，加快推进相关政策法规修改完善，构建科学规范、运行有效、便利快捷的审批服务体系。

二、主要任务

（一）推动“不见面审批”标准化、规范化

1. 加快推进“不见面审批”标准化建设。落实《“不见面审批”标准化指引》的要求，规范和引导行政审批实施部门依据法律法规，运用标准化原理、方法和技术，不断优化“不见面审批”流程、减少环节、缩短时限、精简材料，构建标准统一的审批服务模式；不断改进审批方式和提高审批效率，约束行政权力，规范行政行为，限制自由裁量权，建立规范统一的审批服务体系；不断推进审批服务可预期、可操作、可验证、可统计分析、可评估考核、可监测监管，形成科学合理的审批服务评价机制，为行政相对人提供更透明、更便捷、更高效、更优质的审批服务。〔牵头单位：省审改办。〕

2. 进一步规范省市县三级“不见面审批”事项清单。在市、县(市、区)政府公布“不见面审批”事项的基础上推动省级部门牵头，以条线为单位编制“不见面审批”标准化事项清单，实现事项的公布、实现的方式、基本的流程、申请的材料、办理的时限、缴纳的费用等六个方面在省市县三级实现标准统一。对法定程序没有要求必须见面的审批事项，一律列入“不见面审批”事项清单，对法定程序要求必须见面的审批事项，通过现代化信息手段可以达到法律要求的，也应列入“不见面审批”事项清单，逐步做到所有行政许可事项全部实现“不见面审批”。对于“不见面审批”事项，当事人可以自由选择“不见面审批”方式办理或者到政务服务大厅现场提供材料的方式办理，各审批机构不得强迫当事人只能采取“不见面”方式办理。省级各部门于 2019 年 2 月底前将本系统省市县三级“不见面审批”标准化事项清单报省审改办汇总，并提请省政府印发。〔牵头单位：省审改办、省政务服务办，责任单位：省级各审批职能部门，各市、县(市、区)人民政府。〕

3. 加快“不见面审批”配套改革的协同推进。一是推进“网上办”。将“不见面审批”标准化全程无缝嵌入江苏政务服务网办事大厅系统，实现行政审批标准体系与网上办事大厅审批系统有机融合。二是深化“集中批”。贯彻落实省委、省政府关于推动相对集中行政许可权改革、组建行政审批局的整体部署，指导和解决市县在相对集中行政许可权改革工作中遇到的难题，推动行政审批局在各项改革工作上发挥示范引领作用，确保改革工作做好做实。三是推广“联合审”，完善数字化审图系统，推广淮安、南通、泰州、盐城等地联合审图经验做法，最大限度并联建设、消防、人防的审图职能，形成“不见面审图”模式。四是扩大“区域评”，总结评估“区域能评、环评+区块能耗、环境标准”取代项目环评、能评试点情况，复制推广“区域评估”试点成果，在全省开发区推进区域评估工作。五是优化“代办制”，全面公布帮办代办事项清单，组建专业化代办队伍，落实项目代办责任制，优化提升南京市江宁区“预审代办”工作方法，在各级政务服务机构组建代办员队伍，免费为企业和群众提供代办服务。六是推广“快递送”，建立适应企业群众需求，通过信息发送、EMS专递将审批结果送达的机制，实现群众办事“不求人”“少跑腿”“零跑动”。加大宣传推广力度，通过各种渠道让企业和群众知晓“不见面审批”办事流程、操作方法和相关政策。〔牵头单位：省审改办，责任单位：省发展改革委、省住建厅、省商务厅、省政务服务办、省级各审批职能部门，各市、县(市、区)人民政府。〕

(二) 进一步提高审批服务效率

1. 进一步优化企业开业手续。贯彻国务院要求，全面推开“证照分离”改革，在全省范围内对国务院公布的106项行政审批事项分别按照直接取消审批、审批改为备案、实行告知承诺、优化准入服务等四种方式实施“证照分离”改革，让更多的市场主体持照即可经营。加强事中事后监管，建立部门间信息共享、协同监管和联合奖惩机制，形成全过程综合监管体系。进一步拓展“多证合一”改革的广度和深度，将更多涉企证照整合到营业执照上。进一步缩减企业涉税事项办理时间，确保新办企业“套餐”服务项目线上办理率98%以上。支持泰州市开展取消企业银行开户行政许可试点工作。在全面实现企业开办全流程3个工作日内完成的基础上，进一步优化流程、精简事项、压缩办理时限。〔牵头单位:省市场监管局、省审改办、省政务服务办,责任单位:省公安厅、人行南京分行、省税务局、省人社厅按职责分工负责,各市、县(市、区)人民政府。〕

2. 进一步优化不动产登记服务。全面实现不动产登记"一窗受理、集成服务"办理模式,总结推广各地经验做法,优化业务流程,推广查询、缴税、缴费自助办理或者网上办理。推动实现信息共享全省全覆盖,按照省政府确定的部门信息共享清单,加快实现不动产登记信息与身份、婚姻、纳税、房产交易、教育、保障、贷款等信息的横向共享。推动不动产登记与税务信息共享,实现税务部门自行查询房屋套数核算税额和完税证明电子化;推广不动产登记与水、电、气、广电、网络等登记和过户的联动办理,将不动产登记涉及的部门在"一个窗口"或一个区域内集中办理,形成"一站式"服务。在全面实现常规不动产登记全流程 5 个工作日内完成的基础上,进一步优化服务、提高效率。〔牵头单位:省自然资源厅,责任单位:省各有关部门,各市、县(市、区)人民政府。〕

3. 进一步优化企业施工许可办理手续。各地要以《省政府办公厅转发省审改办等部门关于全省推行"3550"改革意见的通知》(苏政办发〔2017〕92 号)确定的流程和各环节审批时限为基础,通过继续推广数字化审图、多图联审、多评合一、并联审批、预审代办、容缺受理、联合审评、联合验收等改革举措,进一步优化流程、简化材料、缩短时限、提高效率。建立多部门企业投资项目建设信息共享机制,加快推动多部门统一信息共享网络平台建设,形成一个"集成窗口"受理,各部门并联办理审批模式。开展工程建设项目审批制度改革试点,精简优化审批环节,构建统一规范的审批流程。在确保全面实现一般工业建设项目施工许可全流程 50 个工作日内完成的基础上,2019 年基本建成全省统一的工程建设项目审批体系,进一步提高审批效率。〔牵头单位:省住建厅,责任单位:省各有关部门,各市、县(市、区)人民政府。〕

(三) 进一步完善全省一体化在线政务服务平台建设

1. 统一归集政务信息资源。按照"无条件归集,有条件使用"的原则,统一归集政务信息资源,加快建设横向到边、纵向到底、覆盖全省的一体化的数据共享交换平台体系，打通数据壁垒，最大限度实现办事材料共享复用、网络核验、系统调取，加快推进人口、法人、电子证照、自然资源和空间地理、社会信用、宏观经济等基础信息库互联互通。优化提升省大数据共享交换平台，加快建设各设区市数据共享交换平台，各部门使用的审批服务系统尽快向各级审批局和政务服务机构开放端口、权限。推动市级平台全面接入省级平台，尽快实现省市两级数据资源共享交换。〔牵头单位：省政务服务办。责任单位：省各有关部门，各市、县（市、区）人民政府。〕

2. 加快建设电子证照库和统一身份认证体系。推动全省统一的电子证照库建设，实现“一次采集、一库管理、多方使用、即调即用”。完善以自然人身份证号、统一社会信用代码、权力事项编码“一号二码”为基本标识的网上注册、认证功能和权力事项信息提取功能，实现全省范围内跨部门、跨地区、跨层级“一次认证、共享互认、一网通办”。〔牵头单位：省政务服务办。责任单位：省各有关部门，各市、县（市、区）人民政府。〕

3. 积极推动江苏政务服务网向基层延伸。建设乡镇（街道）

政务服务统一门户和村（社区）网上服务站点，公布乡镇（街道）、村（社区）政务服务事项和便民服务事项办理指南。加强乡镇（街道）、村（社区）为民（便民）服务中心建设，推进基层行政审批服务职能向乡镇（街道）为民（便民）服务中心延引，加快基本公共服务事项进驻村（社区）为民（便民）服务中心，全面建成覆盖省、市、县、乡（街道）、村（社区）五级的政务服务体系，实现“互联网+政务服务”基层全覆盖。〔牵头单位：省政务服务办，责任单位：省级各审批职能部门，各市、县（市、区）人民政府。〕

（四）深入推进投资审批便利化

1. 进一步完善投资项目在线审批监管平台。依托江苏政务服务网，推动各级政府部门项目管理平台（系统）与在线审批监管平台对接，实现投资建设项目全流程优化、数据共享、业务协同。加强在线审批监管平台与信用信息系统等专项领域信息系统数据交换，不断提升信息归集与关联应用水平。〔牵头单位：省发展改革委。责任单位：省各有关部门，各市、县（市、区）人民政府。〕

2. 全面实行准入前国民待遇加负面清单的外资准入制度。全面清理和取消在外商投资负面清单以外对外商投资的准入限制,实现内外资准入标准一致,切实做到法律上平等、政策上一致,实行国民待遇。推行外商投资企业设立商务备案与工商登记“一口办理”改革,切实增强外商投资企业获得感。〔牵头单位:省商务厅、省发展改革委。责任单位:各市、县(市、区)人民政府。〕

(五) 进一步优化纳税服务

1. 全面落实税收优惠、减免和扶持政策。全面落实各项税(费)优惠政策,积极落实调整增值税改革、地方税改革、个人所得税改革等国家系列减税政策,落实我省印花税核定标准调整、城镇土地使用税下调、房产税减免、车辆车船税适用税额调整等地方性减税降费政策,确保社保费职责划转和减负措施落地,充分发挥各类降本减负政策措施的叠加效应,助力江苏经济高质量发展。〔牵头单位:省税务局。责任单位:各市、县(市、区)人民政府。〕

2. 加快推动网上办税。全面实现备案类减免税网上办理、核准类减免税网上预申请,统一网上申请、受理、办理、反馈流程。进一步融入统一政务平台,主要涉税业务实现“一网通办”。依托税收大数据,为纳税人提供申报数据自动带入、校验计算以及政策查询和智能提醒等服务,进一步缩短申报准备时长。依托“互联网+”技术手段,推进电子税务局建设,创新智能咨询服务模式,拓展网上银行、手机银行、支付宝和微信等多元化缴税方式,努力打造智慧办税体系。〔牵头单位:省税务局、省政务办。责任单位:各市、县(市、区)人民政府。〕

3. 打造简约办税模式。落实减并申报频次、进一步取消税务行政许可等举措,实现车购税完税凭证、涉税文书等电子化推送。进一步加强与不动产、住建、民政等部门信息共享,实现不动产业务“一窗受理、集成服务”和二手房交易申报缴税线上线下融合办理。简化注销和迁移办理流程。实现纳税人办税“进一个门,上一个网,排一次队,到一个窗,最多跑一次”。〔牵头单位:省税务局。责任单位:各市、县(市、区)人民政府。〕

(六) 进一步推动跨境贸易便利化

1. 推动大通关建设。加快“互联网+海关”建设,实现海关通关手续无纸化办理。推进报检报关“串联”改“并联”,实行报检、报关同步“并联”受理,取消《入/出境货物通关单》。实施“查检合一”,创建业务架构统一、管理统一、系统统一的口岸监管新模式。深入推进税费自报自缴制度改革。进一步完善重点企业服务制度,加强“一带一路”技术贸易措施企业服务中心建设,完善政企合作平台。全面推进“单一窗口”标准版“一次申报”,简化大通关申报手续,实现进出口整体通关时间较2017年压缩1/3以上的目标。加快建立通关监管、检验检疫、运输物流、电子商务等全链条通关管理精细化服务新机制。推进跨部门一次性联合检查,实施无纸化审批、联网核放、联合登临检查、车辆及邮轮“一站式”便利通关等措施。加快实现“通关+物流”货物跟踪查询应用和覆盖船舶抵离、港口作业、货物通关等口岸作业各环节的全程无纸化通关。推进企业信用等级的跨部门共享,对高信用等级企业降低查验率。公布口岸作业环节收费清单,清单之外一律不得收费。进一步完善由政府承担查验作业服务费的做法。梳理和规范集装箱堆场收费。推广人民币跨境结算便利化“绿色通道”试点经验。〔牵头单位:南京海关、省商务厅、人民银行南京分行。责任单位:省各有关部门。〕

(七)优化水电气接入

1. 进一步优化全省电力客户用电接入。通过推进电力接入申请政企联办,简化电力工程行政审批,实施电力工程标准化作业,加大配套电网资金投入等举措,实现10(20)千伏、400伏电力客户接电环节减至4个和3个,平均接电时间压减至60和10个工作日,平均接电成本压降30%,供电可靠性稳步提升的目标。〔牵头单位:省电力公司。责任单位:省各有关部门,各市、县(市、区)人民政府、各供电企业。〕

2. 进一步优化工商企业用户用水接入。整合优化供水接入流程,简化申请材料目录,通过并联审批、联合踏勘等举措,实现无需增设管线的5个工作日;需增设管线并办理行政审批事项的最长不超过35个工作日完成装表接入,提高用户满意度和获得感。〔牵头单位:省住建厅。责任单位:省各有关部门,各市、县(市、区)人民政府,各城镇公共供水企业。〕

3. 进一步优化工商企业用户燃气接入。整合优化燃气接入流程,简化申请材料目录,通过并联审批、联合踏勘等举措,实现无需增设管线的5个工作日;需增设管线并办理行政审批事项的最长不超过 40 个工作日完成装表接入,提高用户满意度和获得感。〔牵头单位:省住建厅。责任单位:省各有关部门,各市、县(市、区)人民政府,各城镇燃气供应企业。〕

（八）降低中小企业融资成本和提升融资便利度

1. 加快省级综合金融服务平台建设,进一步整合金融产品、融资需求、信息中介、征信服务、扶持政策等资源,实现网络化、一站式融资对接。扎实开展小微企业融资“金惠行动”,年底力争实现小微企业金融知识培训和融资帮扶超过 30000 家,中小微企业转贷平台转贷总额 1000 亿元以上,新增小微企业担保贷款 1000 亿元。继续推进“小微创业贷”政策,增加贷款投放量、扩大受益企业覆盖面。支持民营科技型中小微企业发展,实现发放“苏科贷”贷款超 450 亿元,省科技金融风险补偿资金备选企业库入库企业数超 23000 家。〔牵头单位:省地方金融监管局、人民银行南京分行、江苏银保监局、省科技厅、省财政厅。〕

（九）切实减轻企业收费负担

1. 进一步清理涉企收费,公布清费降本减负政策文件、收费减免或优惠政策,做好取消、免征、降低、转出部分行政事业性收费项目的宣传落实工作。继续实施阶段性降低社会保险费率和发放稳岗补贴等政策。实施电力直接交易 1800 亿千瓦时左右,降低企业电费成本约 35 亿元。支持有条件的设区市申报城市绿色货运配送示范工程,免收进出中欧(亚)班列主要铁路装车点和集货点的集装箱车辆公路通行费。〔牵头单位:省财政厅。〕

（十）加强知识产权保护和运用

1. 实行严格的知识产权保护,探索建立惩罚性赔偿制度。加快知识产权保护立法,探索开展知识产权损害赔偿标准、举证责任分配等方面的研究。加强行政执法与司法有机衔接,建立知识产权侵权、假冒行为查处快速反应机制,健全知识产权信用管理,加大知识产权侵权违法行为惩治力度,专利行政执法结案率达 90%以上。建立健全覆盖全省的知识产权维权援助体系,向社会提供公益性的知识产权咨询、智力援助、受理举报投诉、案件移送等服务。加快建设常州、南京、苏州知识产权保护中心,开展集快速审查、快速确权、快速维权于一体,审查确权、行政执法、维权援助、仲裁调解、司法衔接相联动的产业知识产权快速协同保护工作。推进电子商务平台知识产权保护工作,探索互联网、大数据等新兴领域和业态的知识产权保护规则和制度建设。大力开展知识产权质押融资工作,着力搭建银行对接平台,加快江苏国际知识产权运营交易中心建设,完善知识产权运营网络。加快建立海外知识产权维权援助机制,为我省企业的知识产权海外维权提供信息、法律和资金等支持。〔牵头单位:省知识产权局、省市场监管局、省高级人民法院。〕

(十一)不断强化事中事后监管

1. 创新事中事后监管机制。实行审批、监管信息"双推送",审批信息要实时推送至相关职能机构和部门,各机构、各部门的监管结果及时反馈至审批部门,在审批和监管过程中加大信用信息应用力度,切实将"审批—监管"的传统单向式监管机制转变为"审批—监管—信用记录"全链条回路式的监管机制,实现信息互动、资源共享,确保审批、监管无缝衔接。〔牵头单位:省审改办。责任单位:省各有关部门,各市、县(市、区)人民政府。〕

2. 进一步加快信用体系建设。加快建设覆盖全省的信用信息平台,建立和完善信用联合惩戒机制。完善守信联合激励和失信联合惩戒制度,实现跨区域信用信息交换共享。建立完善跨地域、跨部门、跨行业的信用联合奖惩机制,推进长三角信用合作示范区在旅游、食品药品、产品质量、环境保护等领域的联动奖惩。推动公共信用信息系统与政务服务网对接,推进公共信用信息与金融、市场信用信息融合互补,进一步扩大信用报告的覆盖范围,提升公共信用信息系统对外服务水平。〔牵头单位:省信用办。责任单位:省各有关部门,各市、县(市、区)人民政府。〕

3. 进一步深化"双随机一公开"。建立市场监管部门牵头、有关部门齐抓共管的"双随机、一公开"监管格局,全面推进"双随机一公开"检查事项全覆盖,全年开展双随机抽查比例不低于企业总数的5%。〔牵头单位:省市场监管局。责任单位:省各有关部门,各市、县(市、区)人民政府。〕

4. 统筹开展综合行政执法体制改革。进一步理顺行政执法体制,每个设区市选择一个县(市、区)开展县域综合行政执法。加强设区市与所辖区、县(市、区)与所辖乡镇(街道)的统筹集成,在市场监管、生态环境、文化市场、交通运输、农业等领域整合组建 5—7 支综合行政执法队伍,构建地方综合行政执法体系,大力提升执法效率和监管水平。〔牵头单位:省委编办、省司法厅。责任单位:省各有关部门,各市、县(市、区)人民政府。〕

三、保障措施

(一) 强化组织保障

各地、各部门、各单位要深刻认识营商环境改革的重大意义,主要负责同志作为第一责任人,要亲自研究部署和组织推动营商环境改革工作。各有关部门和单位要根据本意见,按照职责分工,研究制定具体的实施细则和配套措施。各市、县(市、区)要建立相应的推进机制,聚焦本地区营商环境的"痛点""堵点""难点"问题,列出清单,制定措施,分类、分层、分责限期整改,确保取得实效。

(二) 强化法治保障

开展优化营商环境改革措施涉及的法规规章、规范性文件立改废释工作,重点清理与改革要求不一致、制约新产业新业态发展、企业群众反映突出的规定。研究制定《江苏省营商环境优化办法》,从立法层面进一步规范审批流程、促进中小企业发展、保护各类市场主体的合法权益,为全省各项优化营商环境改革举措提供法治支撑和法治保障。

(三) 加强督查考评

加大监督检查力度,通过检查、督查、评估、通报等多种方式,大力推动和督促落实各项改革任务。省、市、县对落实到位、积极作为的要通报表扬、给予激励,对发现的问题要坚决整改,对工作不落实的要严肃问责。要进一步完善营商环境评价体系,在原有开办企业、办理施工许可和办理不动产登记等 3 项指标的基础上,对接国家层面调查评价,增加企业接电、接水、接气、纳税、贷款、破产、通关、知识产权评价等指标,使营商环境指标更加完善。通过评价,以评促改,促进营商环境进一步改善。

(四) 加强宣传引导

通过开辟宣传专栏、微信特刊、举办政策宣讲等形式,加强宣传引导,形成全社会共同优化营商环境的浓厚氛围。积极鼓励企业群众、专家学者等为改善营商环境建言献策。通过驻外办事处、侨团侨领等渠道，向海内外投资者宣传推介江苏的营商环境，与上海、浙江等联合推介长三角，增强国际社会对江苏发展前景的认可度和投资积极性。

（五）营造良好政商关系

各地、各部门要建立联系服务企业的制度，落实责任部门，构建"亲"、"清"新型政商关系。建立党政领导和部门与企业家常态化联系沟通机制，鼓励企业积极主动同各级党委和政府相关部门沟通交流，通过正常渠道反映情况、解决问题，依法维护自身合法权益。建立企业家荣誉制度，加强对优秀企业家先进事迹和突出贡献的宣传报道，展示优秀企业家精神。各地、各部门要充分认识新形势下优化营商环境的重要意义，统筹谋划，扎实推进，确保各项政策落到实处，以改革实效赢得企业和群众认可，努力把江苏打造成为审批事项最少、办事效率最高、创新创业活力最强的区域之一。

省政府办公厅关于印发江苏省“互联网＋监管”系统建设方案的通知

苏政办发〔2019〕21号

各市、县(市、区)人民政府,省各委办厅局,省各直属单位:

《江苏省“互联网＋监管”系统建设方案》已经省人民政府同意,现印发给你们,请认真组织实施。

江苏省人民政府办公厅

2019年2月22日

江苏省“互联网+监管”系统建设方案

为贯彻国务院办公厅关于“互联网＋监管”系统建设和对接工作的部署,创新监管方式,强化顶层设计,加快我省“互联网＋监管”系统建设,做好与国家“互联网＋监管”系统的对接,制定本方案。

一、总体要求

(一)建设目标。

依托全省一体化在线政务服务平台,加快实现省市场监管信息平台、省公共资源交易服务平台、省投资项目在线审批监管平台、省公共信用信息系统等综合监管平台监管数据的归集共享,集约化、规范化推进省“互联网＋监管”系统建设,形成全省联网、全面对接、依法监管、多方联动的监管“一张网”。

2019年6月底前,省“互联网＋监管”系统主体功能建设基本完成,与国家“互联网＋监管”系统初步联通并网;2019年9月底前,省“互联网＋监管”系统上线试运行,建立常态化监管数据归集共享机制。在此基础上,有序推进风险预警、投诉举报、评估评价等应用，为加强和创新“双随机、一公开”、联合监管、重点监管、信用监管、协同监管和智慧监管提供有力平台支撑。

（二）基本原则。

统筹规划，急用先行。按照国家“互联网＋监管”系统建设总体方案和标准规范，统筹全省“互联网＋监管”系统建设。围绕重点领域、重点部门、重点应用，合理确定建设时序，逐步实现承担监管职责部门的监管系统全面接入。

统分结合，集约共享。公共支撑和核心应用采取统建模式，行业监管信息系统采取分建模式。坚持集约利旧，对地方和部门监管信息系统做好清理和整合，充分利用各地各部门现有监管信息资源，促进信息共享和监管协同。

问题导向，着眼长远。着力解决监管业务的基础性、普遍性、全局性问题，聚焦跨地区跨部门跨层级的监管需求，不断拓展“互联网＋监管”应用的广度和深度，提升监管工作精细化和智能化水平。

二、重点任务

（一）全面梳理形成监管事项目录清单。在国务院各部门监管事项目录清单基础上，结合地方性法规和地方政府规章等确定的监管事项，按照“谁审批、谁监管，谁主管、谁监管”的原则，省级相关部门全面梳理本条线监管职能范围内的监管事项，明确监管部门、监管事项主项名称、监管事项子项名称、监管方式、监管措施、监管对象、设定依据、监管流程、监管结果、监管层级等 10 项内容。2019 年 4 月底前，形成监管事项目录清单并统一管理、统一发布。建立监管事项目录清单动态调整机制，并与国务院部门权力和责任清单编制工作做好衔接。（省审改办、省政务办、省市场监管局牵头，各设区市、省有关部门负责）

（二）建设省监管事项目录清单管理系统。按照全国统一的监管事项标准体系，统一建设省监管事项目录清单管理系统，规范监管事项的发布运行，实现监管事项动态化标准化管理。对纳入系统的监管事项统一编码，推动同一监管事项名称、编码、依据、类型等基本要素在全省统一。（省

政务办、省审改办、省市场监管局牵头,各设区市、省有关部门负责)

(三)推进监管数据中心建设。依托省大数据中心,联通汇聚各地各部门监管数据及第三方相关数据,建设省监管数据中心。按照数据来源、类型、结构、用途等,建设监管事项目录清单库、监管对象信息库、执法人员信息库、监管行为信息库、监管投诉举报信息库、信用信息库、互联网及第三方信息库和监管知识库。按照成熟一批、接入一批的原则,通过批量交换、动态采集和服务接口等方式,分批接入各类监管数据。对汇聚数据进行抽取、清洗、去重、比对、校核、标准化转换、关联整合处理,提高数据规范性、准确性和可用性。开展监管大数据分析利用,实现各类监管数据可比对、过程可追溯、问题可监测、风险可预警。已建大数据中心的省有关部门和设区市、县(市)同步建设监管数据中心,并与省监管数据中心互联互通,实时共享。(省大数据管理中心牵头,各设区市、省有关部门负责)

(四)加快监管数据综合应用系统建设。省有关部门依托省监管数据中心归集的监管数据,利用大数据分析、挖掘、可视化展示等技术,牵头建设监管数据综合应用系统,构建分析主题模型,提供重点事件跟踪、查询检索、可视化展示、统计分析等服务。聚焦重点事件和重大案件,跟踪分析事件案件的发生、根源、动态、影响、舆情,以及相关单位响应情况、处置措施和结果,形成对事件案件的全过程记录。生成综合评估报告,分析相关政策执行效果,并提出调整完善建议。(省公安厅、省自然资源厅、省生态环境厅、省住房城乡建设厅、省交通运输厅、省农业农村厅、省文化和旅游厅、省卫生健康委、省应急厅、省政务办、省市场监管局等按职责分工负责)

(五)建设监管投诉举报系统。依托全省 12345 在线服务平台,统一建设省监管投诉举报系统,接收企业群众投诉举报,对监管投诉举报信息进行登记、转办、督办和反馈,汇聚各地各部门有关投诉举报和信访数据,并对接到省监管数据中心,作为风险预警等系统重要数据来源。省市县各相关职能部门的业务系统,要与江苏 12345 在线服务平台实现投诉举报处理流程实时对接和数据交换共享。(省政务办牵头,各设区市、省有关部门负责)

(六)推进数据服务系统建设。建设省数据服务系统,完善政务信息资源共享管理制度，统一受理、审核监管数据、政务服务数据的使用申请，推进政务服务数据和监管数据有序共享使用。支持各地政务服务部门、监管部门实现数据交换和共享。（省大数据管理中心牵头，各设区市、省有关部门负责）

（七）大力推进协同监管。依托省监管数据中心，以市场监管信息平台为支撑，构建协同监管综合系统，提供精准告知、监管任务执行、双随机检查、执法办案监管、联合惩戒、重点事件跟踪反馈、统计分析、可视化展示等功能，全周期记录协同监管过程，实现任务执行全过程“看得见”、可追溯，提高事前预防、事中监管和事后处置能力，有效促进监管信息系统整合共享和业务协同。（省市场监管局、省公安厅、省生态环境厅、省住房城乡建设厅、省交通运输厅、省农业农村厅、省文化和旅游厅、省卫生健康委、省应急厅等按职责分工负责）

（八）强化监管风险预警。依托监管数据中心，建设风险预警系统，围绕重点领域、重点对象，通过对投诉举报数据、互联网及第三方数据、监管行为数据、风险分析数据等挖掘分析，加强风险研判和预测预警，及早发现防范苗头性风险，为辅助决策、开展重点监管、协同监管提供支撑。（各设区市、省有关部门负责）

（九）加强监管效能评估评价。统一建设省监管效能评估评价系统，建立与事中事后监管相对应的综合评价指标体系，围绕监管业务、投诉举报、社会舆情、群众信访、重大事故、群众评价等数据，对各地区有关部门监管工作开展综合评估评价，不断提升监管规范化水平。（省政务办牵头，各设区市、省有关部门负责）

（十）提升综合监管行业监管能力。完善市场监管信息平台功能，加快实现市场监管日常检查“双随机”方式全覆盖，满足单部门双随机综合检查、跨部门双随机联合执法需要。省投资项目在线审批监管平台开展在线监测、现场核查、联合惩戒，对备案项目采取“双随机、一公开”方式现场核查。依托省公共资源交易服务平台，建设省工程建设“e路阳光”监管系统，对工程建设项目进行全生命周期监管。城市管理、治安交通、环保监测、安全生产等各类监管信息系统依托“互联网＋监管”系统，实现行政许可、日常监管、行政处罚信息实时流转、实时抄告、实时监控、实时留痕,做到违法线索互联、监管标准互通、处理结果互认。食品药品、安全生产、生态环境等领域,要充分利用省监管数据中心信息资源,完善应急预案和应对办法,强化应急演练,加强风险监测预警。加快全省检验检测机构监管大数据系统建设,实现各级监管数据互联互通。建设完善江苏省污染防治综合监管平台,整合全省生态环境问题线索,对信访举报、行政许可、监察执法、行政处罚等进行全过程监管。完善专利代理机构信息化管理平台功能,探索创新专利代理监管方式。(省有关部门负责)

(十一) 健全信用监管机制。推进信用承诺、信用审查和联动奖惩信息"嵌入式"应用。公共信用信息系统联通"互联网+监管"系统,开发联合奖惩功能,确保国家联合奖惩备忘录部门全覆盖、措施全落地。健全完善企业信用信息公示系统,加快实现企业信用信息有效归集公示,完善经营异常名录、严重违法失信企业名单制度。充分运用"互联网+监管"系统监管数据资源,推进企业信用风险分类管理,提升企业信用风险预测预警和动态监测能力。(省信用办、省市场监管局牵头,各设区市、省有关部门负责)

(十二) 做好与国家"互联网+监管"系统对接。按照国家"互联网+监管"标准规范,推动省"互联网+监管"系统与国家"互联网+监管"系统网络通、数据通、业务通。对接国家监管事项目录清单,推送地方监管事项目录清单数据,并动态更新。上报监管工作数据资源以及协同监管过程和结果信息,接收国家下发的相关数据,支撑跨部门跨地区的联合惩戒,实时接收、处理相关风险预警信息。与国家"互联网+监管"系统对接举报数据、重点领域投诉数据以及协同监管任务,共享其他省(自治区、直辖市)、国务院部门的监管数据。(省政务办牵头,各设区市、省有关部门负责)

三、保障措施

(一) 加强组织领导。各地各部门要高度重视"互联网+监管"系统建设工作,强化组织保障,建立有效工作机制,落实任务措施,统筹推进系统建设和管理。省有关部门要加强对设区市、县(市)行业监管系统建设的指导协调和督促。

(二) 加快项目实施。省政务办会同省市场监管局等有关部门,编制项目建设方案，履行报批程序后加紧项目实施。各市、县(市)人民政府和省有关部门要抓紧研究制定工作推进方案，将工作任务逐项细化分解，倒排时间表，明确责任人，确保2019年6月底前实现与国家“互联网＋监管”系统数据对接、应用对接。要做好资金保障工作，加强审计监督，提高资金使用绩效。

（三）加强监管系统和数据安全。各地各有关部门要严格执行国家信息安全等级保护制度，建立分级分类数据管理机制，加强统一身份认证、授权、审计的网络信任体系建设，强化数据收集、分析、使用、共享等各环节安全管理，做好网络、应用、数据、运行管理等安全防护，防止数据被破坏、丢失和泄漏，确保监管系统安全和监管数据安全。

省政府办公厅关于印发2019年江苏省深化“放管服”改革工作要点的通知

苏政办发〔2019〕38号

各市、县(市、区)人民政府,省各委办厅局,省各直属单位:

《2019年江苏省深化“放管服”改革工作要点》已经省人民政府同意,现印发给你们,请结合实际认真贯彻执行。

江苏省人民政府办公厅

2019年4月11日

2019年江苏省深化“放管服”改革工作要点

2019年是新中国成立70周年,是我省决胜高水平全面建成小康社会的关键之年,也是深化“放管服”改革,优化营商环境的重要一年。全省“放管服”改革的总体思路是:坚持以习近平新时代中国特色社会主义思想为指导,深入贯彻党的十九大和十九届二中、三中全会精神,树牢“四个意识”,坚定“四个自信”,坚决做到“两个维护”,落实党中央、国务院和省委、省政府深化“放管服”改革的决策部署,坚持以人民为中心的发展思想,以更好更快更方便企业和群众办事创业为导向,进一步加大转变政府职能和“放管服”改革力度,以“重落实、抓提升、补短板、求突破”为主线,深化“不见面审批(服务)”改革,固化扩大“3550”改革成果,推动开发区“放管服”改革,推进“互联网+政务服务”,强化“互联网+监管”,持续打响改革品牌、树好改革标杆,为推动全省高质量发展走在前列、加快建设“强富美高”新江苏提供有力保障。

一、精准做好取消下放工作

1. 持续推进简政放权。加快转变以行政审批为主的政府管理模式,变

"政府端菜"为"企业群众点菜",深入了解企业和群众需求,从解决企业群众的痛点、堵点和难点问题出发,从解决基层实际需求出发,协调推进清理和规范各类行政许可等管理事项,继续清理精简投资项目审批、工程建设项目审批等事项,努力提高取消下放工作的精准度。

2. 提高取消下放事项的"含金量"。围绕"市县扁平管理、一层全链审批",加强对市县部门的调研走访,深入了解基层对省级审批事项的需求,推动进一步取消下放行政审批事项。在国家取消下放的基础上,从实际出发,对取消和下放的必要性和可行性、可能带来的问题等方面进行认真研究,再提出一批基层迫切需要,而且能够"接得住、管得好"的省级审批事项下放给基层行使,更大限度激发市场活力和动力。

3. 加强取消下放后的事中事后监管。推动省有关部门制定取消下放审批事项的事中事后监管措施,积极做好对市县承接事项的指导工作,加强人员培训和技术支持,以更加有力有效的监管权限、监管方式、监管措施,严格落实监管责任,严防出现取消下放之后的"监管真空",真正做到该管的管住管好,不该管的不管不干预,切实提高政府管理科学化水平。

二、深化"不见面审批(服务)"改革

4. 认真抓好《"不见面审批"标准化指引》落实。省级层面统一编制完善本条线系统的"不见面审批"事项清单,在全省范围内明确必须具备"不见面审批"办理能力的事项,并推动市县落实。继续推进"网上办",凡与企业生产经营、群众生产生活密切相关以及办件量较大的审批服务事项"应上尽上、全省全程在线"。

5. 推进"不见面审批(服务)"规范化标准化。总结苏州市吴江区、相城区等试点地区经验,推动各地各部门细化"不见面审批"事项的审批标准。实现全省"不见面审批"事项"三级六同",即清单公布、实现方式、基本流程、申请材料、办理时限、缴纳费用等 6 个方面实现省、市、县三级标准统一,推动同一事项全省无差别办理。优化"不见面审批"事项在江苏政务服务网上办事指南的要素设置,规范办理流程、办理方式、提交材料等。探索制定省级层面"不见面审批(服务)"的地方标准,并提前与国家"一网通办"进行对接。

6. 提高“不见面审批(服务)”认可度、满意度。坚持需求导向、目标导向,在为企业群众提供“不见面审批(服务)”的同时,提供线下办事途径,把选择权留给企业和群众。加大监督检查力度,坚决杜绝“不见面审批(服务)”中的形式主义,确保改革方向不偏离,改革任务不落空。进一步加大宣传力度,使企业群众理解支持“不见面审批(服务)”改革。

三、固化扩大“3550”改革成果

7. 进一步放大“3550”改革效应。在现有基础上,进一步通过制度化设计,固化“3550”改革成效。及时总结各地各部门典型经验和做法,加快在全省复制推广。鼓励各地运用信息化手段和体制机制改革,进一步减材料、减环节、减时间,切实提高审批效率,方便企业和群众办事。

8. 持续优化企业开办办理流程。实现企业开办申请一表填报,大力推广电子营业执照,加快建设全链通一站式服务平台,推动全程电子化登记延伸到银行开户、刻制公章、办理涉税事项和办理社保事项。做好全省取消企业银行账户开户许可工作,在全省有序推开“证照分离”改革工作。

9. 不断改进不动产登记服务。实施《江苏省不动产登记条例》,全面实现不动产登记“一窗受理、集成服务”办理。推广南京、无锡等地做法,推动建立不动产集成服务平台,实现交易、缴税(费)、登记、水电气过户、银行贷款等全流程一窗办理。

10. 全面开展工程建设项目审批制度改革。贯彻落实《国务院办公厅关于全面开展工程建设项目审批制度改革的实施意见》,总结南京市工程建设项目审批制度改革试点经验做法,并在全省全面推广。制定全省推动工程建设项目审批制度改革的指导性文件和实施方案,对产业投资建设项目实行全流程、全覆盖改革,分类再造审批流程,大力推广多评合一、多图联审、区域评估、帮办代办等做法,形成全省统一的审批规范。

四、重点推进开发区“放管服”改革

11. 做好开发区审批事项赋权工作。落实《省政府关于公布国家级开发区全链审批赋权清单的决定》,加大监督检查力度,确保赋权事项落实到位。充分调研了解开发区需求,聚焦市场准入和投资建设审批全链条,再赋权一批适合实际、有利于高质量发展的审批事项给国家级开发区行使。对赋权给国家级开发区行使设区市行政管理权限的经验做法进行总结，研究探索省级开发区赋权事项，实现开发区内涉企投资审批扁平化、标准化、便利化。

12. 复制推广“区域评估”试点成果。总结前期“区域能评、环评+区块能耗、环境标准”取代项目环评、能评试点情况，在全省复制推广试点成果，扩大区域环评和区域能评试点开发区的范围和类型，切实减轻企业负担。鼓励基层探索土地勘测定界、地质灾害危险性评估、建设项目压覆矿产资源评估、地震安全性评价、水土保持方案、文物评估等在开发区范围内实现区域评估，费用由政府支付，区域内落户项目免费共享。

13. 全面建立产业投资建设项目代办帮办制度。在全省开发区内，对符合准入条件的审批事项，不分项目大小，推行提前介入、并联审批、网上审批等做法，组建专业化代办队伍，为企业提供接洽、联系、申请、办结等全流程、精准化的服务。

五、全面推开“证照分离”改革

14. 加强“证照分离”改革的分类管理。贯彻落实《国务院关于在全国推开“证照分离”改革的通知》和《省政府关于印发在全省推开“证照分离”改革实施方案的通知》，按照照后减证、放管并重、依法改革的原则，对所有涉及市场准入的行政审批事项，按照直接取消审批、审批改为备案、实行告知承诺制、优化准入服务等四种方式分类管理，有序推开“证照分离”改革工作，真正通过“减证”实现“简政”。

15. 健全完善省级配套管理措施。省级部门尚未出台事中事后监管举措的，要尽快制定实施。同时，对我省已出台的管理措施进行“回头看”，按照简化许可流程、压缩审批时限、提高审批便利化水平的要求，进一步细化内容，加强可操作性。及时跟踪改革进展情况，指导督促基层单位按照“证照分离”改革要求落实到位，推动改革举措落地见效，切实解决准入不准营问题。

16. 充分发挥市场监管信息平台支撑作用。全面落实市场主体登记部门与企业准入准营审批部门在“推送告知”“接收反馈”“社会公示”等环节的业务协同,畅通市场主体基础信息和信用信息在部门间的推送、反馈、公示通道,实现登记与审批信息完整闭环,促进登记与审批有效衔接,形成分工明确、沟通顺畅、齐抓共管的监管格局。

六、扎实推进数据共享应用

17. 强化"数字政府"顶层设计。按照全省一盘棋、一张网的要求,编制出台我省推进政府数字化转型指导性文件,统筹建设基础设施体系、数据资源体系、应用支撑体系、业务应用体系、政策制度体系、标准规范体系、组织保障体系等"四横三纵"的政务信息化和大数据发展体系,加快构建"1+N+13"大数据中心。

18. 加强事项清单和数据库建设管理。围绕"一网通办""互联网+监管",加快编制完善行政权力和公共服务事项清单、监管事项目录清单、"不见面审批(服务)"信息共享责任清单等,构建集中统一、动态更新、共享校核、权威发布的事项清单体系和数据库。

19. 建立完善基础信息资源库。加快推进全省人口、法人、电子证照、自然资源和空间地理、公共信用、宏观经济等 6 大基础库建设,建立完善基础信息资源库标准规范体系和管理服务体系。以省级基础信息资源库为主要载体,推动各地各部门通过全省一体化共享交换平台体系,实现数据共享、深度应用。

20. 推进政务数据共享应用。深化政务信息系统清理整合,提升电子政务外网支撑能力,整合建设统一的省、市两级政务大数据云,全面构建全省一体化共享交换平台体系,加快推进国家、省、市数据共享。以重点领域数字化应用试点为抓手,树立一批典型和创新案例,着力推进数据资源共享应用。

七、创新事中事后监管机制

21. 切实推动"一次检查、全面体检"。大力推动双随机抽查与专项检查相结合,条线监管与联合监管相结合,做到"一次检查、全面体检"。推进信用信息归集共享,加大守信联合激励和失信联合惩戒机制的应用力度,打造覆盖全社会、信息共享、统一监管、联合奖惩的信用监管体系。

22. 积极推进"互联网＋监管"。加快落实《江苏省"互联网＋监管"系统建设方案》，梳理形成省级层面监管事项目录清单，推动省、市"互联网＋监管"系统建设，按时与国家"互联网＋监管"系统对接，逐步实现所有承担监管职责部门监管系统全接入、监管数据可共享，有效支撑地方和部门协同监管、重点监管，提升事中事后监管规范化、精准化、智能化水平。

八、清理规范涉审中介服务

23. 加大"红顶中介"清理力度。结合本轮党政机构改革，推动各部门自查自纠，修改完善省级层面涉审中介服务事项清单，从源头上切断其利益联系，铲除中介服务垄断的土壤。

24. 加强中介服务收费管理。按照公平合法、诚实信用的原则，推动中介服务按照服务成本确定收费标准。审批部门在审批过程中委托第三方机构开展的、为部门审批提供决策依据的评估、评审等技术性服务，费用由审批部门支付并纳入部门预算，不得向企业和群众收取。

25. 强化中介服务机构行业管理。明确中介机构提供服务的时间和质量要求。推动落实《江苏省关于加强涉审社会中介机构信用管理的指导意见》，对于服务质量不高、企业群众投诉较多的，要及时规范管理。

26. 建设统一网上中介交易平台。依托省政务服务网，建设全省统一的网上中介交易平台，取消各地各部门自行设定的中介服务机构准入限制，实现中介服务超市"进驻零门槛、办事零等待、群众零跑动"。

九、推动政务服务"一件事"改革

27. 以"一件事"为牵引重塑服务流程。选择一批企业群众关注度高、办理量大的高频事项，以及涉及多部门、多层级、多事项的"一件事"，并将水、电、气、通信、有线电视等市政公用服务纳入，通过并联审批、信息共享、集成优化等手段，系统重构办事流程和业务流程，继续压缩审批承诺时限，探索办事"零材料提交"，实现线下一次上门、到一个窗口，线上只需上一个网、不见面。

28. 推动办事服务精准化。按照试点推进、全域复制的原则，依托江苏政务服务网，建立完善基层"互联网＋政务服务"体系，持续推动省、市、县、乡、村五级政务服务全覆盖。深化网上政务服务能力建设，推进政务服务线上线下融合发展。围绕政务服务高频事项，对办事企业和群众进行个性化分析，进一步细化办事情形，对办事指南颗粒化梳理，提供“千人千面”精准服务。

十、做好营商环境评价相关工作

29. 扎实做好营商环境迎评工作。按照国家发展改革委中国营商环境评价的要求，制定涉及“放管服”改革评价指标的迎评方案，指导南京等设区市根据评价指标，制定涉及“放管服”改革的迎评具体方案。认真分析研究世行营商环境评价指标体系和中国营商环境评价指标体系，学习借鉴北京、上海的经验和做法，对标找差，梳理营商环境中存在的突出问题，针对性地提出切实可行的改革举措，努力做到国内领先、国际一流。

30. 建立具有江苏特色的评价指标体系。按照对标世行、国内领先、江苏特色的原则，对照中国营商环境评价指标，适当增加体现江苏高质量发展的特色指标，完善涉及“放管服”改革的指标设置。进一步完善评价方法，对标国家营商环境评价指标的设置和要求，充分利用大数据资源开展考评，以评促改，以评促建，以评促优。

各地各部门要充分发挥推进政府职能转变和“放管服”改革协调小组统筹协调、督促指导作用，结合工作实际，制定本地区本部门深化“放管服”改革的具体实施方案，细化改革举措，强化组织领导，认真抓好落实，持续优化营商环境，把我省“放管服”改革不断推向纵深。

省政府办公厅关于印发
聚焦企业关切大力优化营商环境
行动方案的通知

苏政办发〔2019〕48 号

各设区市人民政府，省各委办厅局，省各直属单位：

《聚焦企业关切大力优化营商环境行动方案》已经省人民政府同意，现印发给你们，请认真贯彻落实。

江苏省人民政府办公厅

2019 年 5 月 2 日

聚焦企业关切大力优化营商环境行动方案

党中央、国务院和省委、省政府高度重视深化“放管服”改革、优化营商环境工作，近年来部署出台一系列有针对性的政策措施，优化营商环境工作取得积极成效。为深入贯彻落实《国务院办公厅关于聚焦企业关切进一步推动优化营商环境政策落实的通知》(国办发〔2018〕104 号)文件精神，破解我省企业投资生产经营等全生命周期中的“堵点”“痛点”，切实减轻企业负担和解决企业反映的突出问题，提升企业发展信心和竞争力，增强企业获得感和企业满意度，激发市场主体活力和社会创造力，全力打造我省市场化、法治化、国际化的营商环境，加快推动我省高质量发展走在前列，结合我省实际，特制定本行动方案。

一、着力破解企业投资限制障碍

1. 放宽企业投资准入。贯彻实施国家《市场准入负面清单(2018 年版)》，推动“非禁即入”普遍落实，抓紧修订《江苏省政府核准的投资项目目录(2017年本)》。在民航、铁路、公路、油气、电信等领域落实一批高质量的项目吸引社会资本参与。继续规范有序推进政府和社会资本合作(PPP)项目建设,在核查清理后的PPP项目库基础上,加大对符合规定的PPP项目推进力度,依法依规落实已承诺的合作条件,切实加快项目进度。开展全省招投标领域专项整治,消除在招投标过程中对不同所有制企业设置的各类不合理限制和壁垒,严格落实《必须招标的工程项目规定》(国家发展改革委令2018年第16号),赋予社会投资的房屋建筑工程建设单位发包自主权。推进2004年实施的《江苏省招标投标条例》的修订工作。(责任单位:省发展改革委、财政厅、交通运输厅、住房城乡建设厅、市场监管局、司法厅及省有关招投标行政监管部门,各设区市人民政府)

2. 简化企业投资审批。按照国家统一部署,优化审批流程,清理投资项目审批事项,及时公布投资项目审批事项标准清单。推进投资项目综合性咨询和工程全过程咨询改革,优化整合审批前的评价评估环节。深化企业投资项目信用承诺制改革,实施《江苏省企业投资信用承诺制改革试点项目管理负面清单》,实现政府定标准、企业作承诺、过程强监管、失信有惩戒,大幅缩减投资项目落地时间。依托江苏政务服务网,推动各级政府部门项目管理平台(系统)与省政府投资项目在线审批监管平台对接,推进投资建设项目全流程优化、数据共享、业务协同,实现全省各类投资审批在线并联办理。(责任单位:省发展改革委、住房城乡建设厅、政务办及省有关部门)

3. 优化工程项目许可。开展房屋建筑和城市基础设施工程建设项目审批制度"全流程、全覆盖"改革,工程建设项目从立项用地规划许可、工程建设许可、施工许可到竣工验收实行每个阶段"一家牵头、并联审批、限时办结"。按照国家有关要求,抓紧修订我省现行涉及工程建设项目审批的有关规定。精简取消部分审批前置条件,推动消防设计审核、人防设计审查、工程施工图审查等实现"多审合一",压缩审批时限。推行区域评估和告知承诺,对已经实施区域评估的工程建设项目,相应的审批事项实行告知承诺制。加快推进省工程建设项目审批管理系统建设,实现"一个系统"实施统一管理、"一张蓝图"统筹项目实施、"一个窗口"提供综合服务、"一张表单”整合申报材料、“一套机制”规范审批运行。推进省工程建设项目审批管理系统与国家管理系统功能对接，与省政务服务网互联互通，实现数据共享。（责任单位：省住房城乡建设厅、自然资源厅、应急管理厅、人防办、政务办及省有关部门）

4. 吸引外商扩大投资。认真贯彻《中华人民共和国外商投资法》，基于“负面清单＋正面鼓励＋竞争中性”的原则对我省外资政策进行持续优化，实施国家《外商投资准入特别管理措施（负面清单）（2018 版）》，全面清理取消在外商投资准入负面清单以外领域针对外资设置的准入限制，实现市场准入内外资标准一致，切实做到法律上平等、政策上一致，实行国民待遇。建立健全全省统一的外资投诉处理机制，及时回应和解决外资企业反映的问题。推进完成与现行开放政策不符的我省地方性法规、规章和规范性文件的废止或修订工作。按照国家统一部署，进一步深化标准化工作改革，促进内外资企业公平参与标准化工作。继续扩大利用外商投资，将符合条件的外资项目纳入省重大建设项目，或依申请按程序加快调整列入相关产业规划，给予用地、用海、用能审批等支持，加快环评审批进度，推动项目尽快落地。依法落实外商再投资暂不征收预提所得税政策，将适用范围从鼓励类外资项目扩大至所有非禁止项目和领域。（责任单位：省发展改革委、商务厅、司法厅、市场监管局、财政厅、税务局及省有关部门，各设区市人民政府）

二、着力深化涉企商事制度改革

5. 提升企业开办便利度。按照“3550”改革要求，推进江苏省企业开办“全链通”综合服务平台建设，为企业提供工商登记注册、公章刻制备案以及办理涉税业务、社保登记、银行预约开户一站式集成服务，全面实现 3 个工作日内完成开办企业的目标。把企业开办涉及的各部门业务申请表格整合成一套表，以企业工商登记申请的基本信息为主表，涉企事项其他部门补充信息为附表，实现企业开办申请一表填报。组织制定发布“容缺受理”服务地方标准，对基本条件具备、主要申请材料齐全且符合法定形式，但次要件或申请材料欠缺的服务事项，经申请人相应承诺后先受理、后补正。大力推广电子营业执照，扩大电子营业执照应用范围，进一步简化“电

子身份证"申领方式。(责任单位:省市场监管局、政务办、人力资源社会保障厅、医保局、税务局)

6. 推进"证照分离"改革。以突出"照后减证"为原则,在全省范围内对国务院公布的106项行政审批事项分别按照直接取消审批、审批改为备案、实行告知承诺、优化准入服务等方式实施"证照分离"改革,让更多的市场主体持照即可经营。进一步探索对所有涉及市场准入的行政审批事项进行分类管理,有效区分"证""照"功能,坚决破解"准入不准营"难题。结合国家制定的涉及市场准入行政审批事项清单,在国家级开发区、高新区实施扩大"证照分离"事项范围的改革试点,在此基础上梳理形成我省"证照分离"改革事项清单向社会公布,并根据改革进度同步做好动态调整。鼓励条件成熟的国家级开发区、高新区自主开展证照分离改革,由开发区、高新区按照便企利民的原则,确定审批改备案和告知承诺制事项清单。拓展"多证合一"改革广度和深度,将更多涉企证照整合到营业执照上。推动全省统一的电子证照库建设,实现"一次采集、一库管理、多方使用、即调即用"。(责任单位:省市场监管局、司法厅、政务办)

7. 简化企业注销程序。拓展企业简易注销适用范围,试点压缩企业简易注销公告时间。简化企业注销登记程序和材料,取消向登记机关备案清算组程序,通过国家企业信用信息公示系统获取清算组信息、发布公告,办理注销登记只需提供清算报告等必要件。强化部门信息共享和业务协同,建立企业注销网上服务专区,实行社保、税务等部门注销业务"信息共享、同步指引",实现企业注销"一网"服务。人社、医保部门对没有拖欠社会保险费用且不存在职工参保关系的企业,及时反馈"注销无异议"意见,同步进行社会保险登记注销。税务部门在企业简易注销公告前设置企业清税提示,对存有未办结涉税事项的企业,应在公告期届满次日前提出异议。(责任单位:省市场监管局、人力资源社会保障厅、医保局、税务局及省有关部门)

8. 优化破产退出机制。按照市场化、法治化原则健全完善"僵尸企业"退出机制,保持市场主体健康性和活跃度。制定出台企业破产处置政府与法院协调联动机制意见,推动解决民生保障、稳定维护、风险防控、信用修复等方面的存在问题，形成处置合力。加大企业破产清算和重整(组)力度，妥善做好职工安置和债务处置工作。积极稳妥受理企业破产案件，服务市场主体有序退出。完善破产案件审判管理、考核监督、简易审理等机制，提升审判质效，促进要素资源加快释放。加强破产审判队伍建设，健全完善管理人选任和履职管理机制，为企业破产处置提供专业化服务与保障。(责任单位：省法院、发展改革委、人力资源社会保障厅及省有关部门，各设区市人民政府)

三、着力降低企业生产经营成本

9. 落实减税降负政策。扎实推进实施国家关于普惠性减税和结构性减税相结合的各项政策，加快实施减轻制造业和小微企业税收负担，支持实体经济发展。全面实施修改后的个人所得税法，落实好专项附加扣除政策。持续扩大税(费)优惠备查范围，落实重点群体创业就业税收优惠、小型微利企业所得税优惠扩大、减半征收小规模纳税人资源税(不含水资源税)、城市维护建设税、房产税、城镇土地使用税、印花税(不含证券交易印花税)、耕地占用税和教育费附加和地方教育附加、延长高新技术企业和科技型中小企业亏损结转年限、研发机构采购国产设备退税、研发费用加计扣除、固定资产加速折旧、创业投资企业投资抵免、增值税降低税率等一系列税收政策，切实降低企业税收负担。继续实施阶段性降低社会保险费率和稳岗补贴等政策。严格执行涉企保证金目录清单，推广以银行保函替代现金缴纳保证金。全面贯彻落实国家和省清费降本减负各项要求，继续施行对交通运输船闸船舶过闸费、水利船闸船舶过闸费(不含经营性船闸)分别优惠20%、10%等政策，一般工商业平均电价再降低10%。加快推进政府定价经营服务性收费改革，压缩收费项目，降低企业使用能源成本和物流成本，规范社团和培训收费行为，建立完善收费公示、收费报告、收费巡访及收费评估等制度。加强对厂房租金的监督检查，落实管控责任，严厉打击囤积厂房、哄抬租金等违规行为。加快推进网上办税和简约办税，全面实现备案类减免税网上办理、核准类减免税网上预申请，统一网上申请、受理、办理、反馈流程，主要涉税业务实现“一网通办”。在新产业、新业态、新商业模式领域试行税收预约裁定服务、双边预约定价谈签等模式。(责

任单位：省税务局、财政厅、人力资源社会保障厅、发展改革委、工业和信息化厅、交通运输厅、市场监管局及省有关部门）

10. 降低企业融资成本。整合现有各类融资支持政策，综合运用贴息、风险补偿、信用保证基金、政银合作产品等方式，加大对中小微企业融资支持力度，激励加强普惠金融服务。推动中小微企业在江苏省综合金融服务平台注册登录，提高省内企业接入率。支持省内符合条件的银行、证券、保险、担保、投资、租赁、小贷等金融机构，分级分批接入平台，上线各类金融服务产品。鼓励银行业金融机构对民营企业加大信贷支持力度，建立银行业金融机构绩效与小微信贷投放挂钩的激励机制，支持在省内条件成熟的国家级开发区、新区设立民营银行。加大富民创业担保贷款贴息资金支持力度，适当放宽条件，提高贴息支持比例，简化办理流程。鼓励各地设立大学生“双创”天使投资基金，为高校毕业生创业提供股权投资、融资担保等服务。继续在全省推进“银税互动”工作，扩展相关贷款产品种类，鼓励商业银行依托纳税信息创新线上信用贷款等信贷产品。严禁有关金融机构以贷款承诺费、资金管理费等名义向小微企业收取各类违规费用，严格限制向小微企业收取财务顾问费、咨询费等费用，不断降低企业融资成本，使小微企业和民营企业有实实在在的获得感。（责任单位：省地方金融监管局、财政厅、发展改革委、教育厅、科技厅、人力资源社会保障厅、市场监管局、税务局，江苏银保监局、人民银行南京分行）

11. 清理规范涉企收费。完善政府性基金、行政事业性收费和政府定价经营服务性收费目录动态调整机制，梳理公布我省省级清费降本减负政策文件和收费减免与优惠政策清单，增强政策的透明度和提升企业的满意度。按照财政部等6部委制定的《清理口岸收费工作方案》，全面实行口岸收费目录清单制度，清单之外一律不得收费。普遍落实货运车辆综检、安检和排放检测“三检合一”等政策，全面实现“一次上线、一次检测、一次收费”。深化生产许可证制度改革，引导和督促认证机构降低收费标准。（责任单位：省财政厅、发展改革委、工业和信息化厅、商务厅、交通运输厅、公安厅、水利厅、市场监管局、生态环境厅，南京海关及省有关部门）

12. 整治各类乱收费行为。依法整治“红顶中介”，督促有关部门和单位取消违法违规收费、降低收费标准。严禁行政审批事项取消后承担各类技术审查、评估、鉴证、咨询等业务的中介机构和行政机关下属单位违法违规收费。2019 年 6 月前，省各有关部门要对本部门下属单位涉企收费情况进行全面清查整顿，重点查处利用行政权力开展违规收费行为。开展涉企收费专项检查，对人防、殡葬、商业银行等重点部门和行业进行集中检查，对教育、医疗、电信、金融、公证、供水供电、电商、铁路等公共领域收费进行监督检查，对小微企业收费政策落实情况进行重点检查，公开曝光部分涉企违规收费典型案例。对行业协会收费情况进行监督检查，纠正行业协会不合理收费和强制培训等行为，推动金融类行业协会规范合理收取会费、服务费，建立健全全省行业协会乱收费投诉举报、查处、整改等闭环管理机制。（责任单位：省发展改革委、工业和信息化厅、政务办、市场监管局、财政厅、民政厅、人防办、国资委、教育厅，人民银行南京分行、江苏银保监局、江苏证监局及省有关部门）

四、着力营造公平诚信市场环境

13. 整顿地方保护和行政垄断行为。对妨碍统一市场和公平竞争政策文件清理情况、公平竞争审查制度执行情况，制度化常态化组织开展好自查、抽查和巡查，特别是涉及地方保护、指定交易、市场壁垒等内容，滥用行政权力排除、限制竞争行为，以及行政垄断案件，要严厉查处、跟踪问效，定期向社会主动公开，接受全社会监督。在政府采购政策制定中严格落实公平竞争审查相关规定，维护政府采购市场环境。查处公章刻制领域行政垄断案件，防止各地公安机关指定公章刻制企业和公章刻制企业垄断经营、强制换章等行为。（责任单位：省市场监管局、公安厅、财政厅及省有关部门，各设区市人民政府）

14. 加快信用体系建设。建设诚信政府，建立“政府承诺＋社会监督＋失信问责”机制，对出现违反承诺的地方政府和部门限期整改，对整改不到位、严重失职失责的相关责任人严肃追责。梳理政府对企业失信事项，逐项提出依法依规限期解决的措施，治理“新官不理旧账”等问题。研究建立因政府规划调整、政策变化造成企业合法权益受损的补偿救济机制。开展政务失信专项治理，对拒不履行承诺、严重损害企业合法权益的依法依规追责,每年都要通报一批典型案例。督促地方政府、国企加大欠款清偿力度,列出欠款清单,按照法律规定和合同约定偿还拖欠款项。健全完善覆盖全省的信用信息平台,强化实施守信联合激励和失信联合惩戒制度,加快实现跨区域信用信息交换共享。加强调查研究和综合协调,加快推进《江苏省社会信用条例》立法工作。(责任单位:省发展改革委、工业和信息化厅、司法厅、国资委及省有关部门,各设区市人民政府)

15. 加强知识产权保护和运用。推动我省知识产权保护立法,在合理分配举证责任、提高知识产权损害赔偿标准、加大惩罚性赔偿力度等方面取得突破。建立健全覆盖全省的知识产权举报投诉和维权援助体系,向社会提供公益性的知识产权咨询和援助服务。加强行政执法与司法有机衔接,建立知识产权侵权查处快速反应机制,健全知识产权信用管理,加大知识产权侵权违法行为惩治力度,专利行政执法结案率达90%以上。深入探索在互联网、电子商务、大数据等新产业、新业态、新商业模式,以及在企业进出口等全生命周期的重点环节,实施科学有效的知识产权保护规则和制度建设。加快发展各类知识产权运营机构、平台,完善知识产权运营网络。建立海外知识产权维权援助机制,对知识产权海外维权提供信息、法律和智力援助、资金支持等。打击擅自使用他人商品标识、主体标识和经营活动标识的市场混淆等不正当竞争行为,营造公平有序的市场竞争环境。(责任单位:省知识产权局、市场监管局、文化和旅游厅及省有关部门)

16. 落实各项产权保护措施。落实中央关于营造企业家健康成长环境弘扬优秀企业家精神更好发挥企业家作用的各项政策措施,坚持各种所有制经济平等保护,废除对非公有制经济的各种不合理限制,消除隐形市场壁垒,保护各类所有制市场主体平等参与市场竞争,平等使用生产要素,同等受到法律保护。完成不利于产权保护的规章、规范性文件清理工作。依法界定涉案财产,不得因企业股东、经营管理者个人违法,任意牵连企业法人合法财产。建立涉企产权案件的立案登记“绿色通道”,提高产权、合同执行等案件的审判执行效率。进一步加大产权领域冤错案件甄别纠正力度,对影响重大、涉及面广的产权纠纷案件要尽快审理并将审理结果向社会公布。(责任单位:省发展改革委、司法厅、市场监管局、法院)

五、着力推动市场监管改革创新

17. 实行最严格的安全生产监管制度。安全生产是营商环境的底线和红线,必须增强生产安全保障营商环境的基础性作用。坚持安全发展理念,把严监管和促发展结合起来,统筹推进“放管服”改革。严格落实企业主体责任,实行安全生产承诺制度,确保安全责任、制度、投入、培训、管理、评估和应急救援落实到位。以行业安全生产标准领先全国为标杆,从安全、环保、能耗等方面提高企业和项目的准入门槛,严把立项、规划、设计、审批、建设的安全关口,对不符合产业政策和规划布局、达不到安全标准的,一律不予建设和投入运行。对发生重大生产安全事故的企业,依法实施停业整顿或关闭退出;对有安全生产违法违规行为、严重失信行为的投资主体及管理者,依法实施市场限入或禁入。按照行业领域和专业类别,分级分类建立完善省、市、县三级安全生产专家库,组成安全专家指导服务团,指导帮助企业及时发现消除隐患,提升企业本质安全水平。完善安全生产监管机制,实施安全生产巡查制度、部门会商协同机制、警示约谈制度。开展安全生产明察暗访和隐患排查整治,建立隐患清单,实施闭环整治,确保隐患见底、措施到底、整治彻底。推进“互联网+安全监管”,各重点行业领域主管部门、各类生产性园区(集中区)形成覆盖产业、安全和应急管理等方面一体化的综合监管信息平台。(责任单位:省应急管理厅、工业和信息化厅、生态环境厅、自然资源厅、住房城乡建设厅、发展改革委、能源局、市场监管局、政务办及省有关部门)

18. 加强事中事后监管。在持续深化简政放权的同时,加快建立健全适合高质量发展要求的事中事后监管制度。压实监管责任,健全监管体系,完善配套政策,不断提高事中事后监管的针对性和有效性。根据国家加强和规范事中事后监管的指导意见,抓紧研究制定我省实施意见。创新工作方法,制定我省市场监管领域推行“双随机、一公开”联合监管的实施意见,加快推进市场监管领域“双随机、一公开”检查事项全覆盖。进一步规范和控制涉企各类检查活动,严格控制重点检查事项的数量和一般检查事项的抽查比例。依托江苏省市场监管平台开展“双随机、一公开”检查和涉企信息归集,依托国家企业信用信息公示系统开展涉企信息公示。进一步加大人力资源市场监管力度，通过建立统一开放、竞争有序的人力资源市场体系，发挥市场在人力资源配置中的决定性作用，健全人力资源开发机制，有效规范人力资源市场活动，激发全社会创新创业创造活力。（责任单位：省市场监管局、人力资源社会保障厅及省有关部门）

19. 创新市场监管方式。加快构建以信用为核心的新型市场监管机制，深入开展信用承诺及公示工作，制定《江苏省信用承诺实施办法》，实现信用承诺的社会监督。重点在资金安排、评奖评优、招标投标、公共资源交易等领域，全面施行信用审查，开展查询服务。健全完善企业信用修复程序，明确信用修复条件和标准。积极探索包容审慎监管方式，建立对新产业、新业态、新商业模式监管容错机制，研究包容审慎监管标准，进一步优化新兴行业发展环境。依托全省一体化在线政务服务平台，建设“互联网＋监管”系统，整合省级部门和地方现有监管信息平台，联通汇聚重要监管平台数据，推动监管信息全程可追溯和“一网通享”，为强化事中事后监管提供技术平台支撑。重点推进省工程建设项目“E路阳光”信息管理平台建设，实现对工程项目从立项审批、招投标、建设管理到资金拨付、审计、竣工验收等环节进行全流程实时监管。加强质量认证监管，推进现代农业、服务业、生态环境、建设工程等领域质量认证体系建设，强化强制性产品质量认证，优化政府质量认证治理方式。（责任单位：省发展改革委、市场监管局、政务办及省有关部门）

20. 规范监管执法行为。落实《江苏省企业环保信任保护原则实施意见（试行）》要求，对能够严格落实生态环境法律、法规、规章要求，认真执行生态环境政策标准规定，环境管理处于行业领先水平、能够积极配合生态环境部门日常监管的企业给予压减检查频次等正向激励。各执法部门要依法梳理行政处罚事项，出台规范行政执法和限制自由裁量权的具体措施，统一执法标准和执法程序，规范执法人员的执法行为，及时纠正不当行为和做法。对不涉及安全生产和人民群众生命财产安全的市场主体轻微违法行为慎用查封、扣押等措施，最大限度降低对涉案企业正常生产经营活动的不利影响。各行政机关办案经费按规定纳入预算管理，禁止将罚没收入与行政执法机关利益挂钩，对违规行为进行整改和问责。（责任单位：

省生态环境厅、市场监管局、应急管理厅、司法厅、财政厅及省有关部门)

21. 开展综合行政执法。建立健全综合监管部门和行业监管部门执法联动机制,推动跨行业、跨区域执法协作,消除监管盲点,形成全过程监管执法体系。每个设区市选择1个县(市、区)开展县域综合行政执法改革试点。加强市、县(市、区)、乡镇(街道)执法力量的统筹集成,在市场监管、生态环境、文化市场、交通运输、农业等领域整合组建5—7支综合行政执法队伍,构建地方综合行政执法体系。(责任单位:省委编办,省司法厅及省有关部门,各设区市人民政府)

六、着力拓展"放管服"改革广度深度

22. 清理压缩行政许可事项。认真落实国务院取消下放行政审批事项的要求,对我省地方性法规设定的现有审批和许可事项逐项深入论证,除关系国家安全和重大公共利益等项目外,依照法定程序,能取消的一律坚决取消,能下放的一律尽快下放,市场机制能有效调节的经济活动不再保留审批和许可。开展自查整改,取消以备案、登记、注册、目录、年检、监制、认定、认证、专项计划、征求意见等为名实施的变相审批和许可事项。2019年底前实现省级以上开发区全链条审批。(责任单位:省政务办及省有关部门)

23. 完善"不见面审批"服务。推进"不见面审批"网上办、集中批、联合审、区域评、代办制、快递送标准化建设,积极构建标准统一的审批服务模式,建立规范统一的审批服务体系,形成科学合理的审批服务评价机制。由省级部门牵头,以条线为单位编制"不见面审批"标准化事项清单,实现省市县三级在事项公布、实现方式、基本流程、申请材料、办理时限、缴纳费用六个方面标准统一。全面清理烦扰企业的"奇葩"证明、循环证明、重复证明等各类无谓证明。推动各地行政审批局建立健全工作机制,实行审批信息实时推送、监管结果及时反馈的"双推送"制度,实现审批与监管的无缝衔接。全省开发区推动"区域能评"工作。建立适应企业需求的"不见面审批"结果送达机制。加大宣传推广力度,通过各种渠道让企业知晓"不见面审批"办事流程、操作方法和相关政策。加快我省政务服务平台和全国一体化在线政务服务平台的对接,鼓励在国家级开发区、高新区先行先试,率先推动全省数据共享交换平台和省级层面各业务审批系统数据平台对接。(责任单位:省政务办、司法厅、市场监管局、商务厅及省有关部门)

24. 优化不动产登记服务。加快实施《江苏省不动产登记条例》,推动不动产登记"一窗受理、集成服务",建设不动产登记、房产交易与"金税三期"相互衔接的信息化平台,实现不动产登记机构、房屋交易部门和税务部门间信息推送和实时共享。分类压缩不动产登记办理时限,全面实现一般不动产登记5个工作日内完成;全面实现新建商品房首次转移登记、统一登记实施后办理过不动产登记的房屋再次办理转移登记、实体企业不动产登记3个工作日内办结。试点新建商品房首次转移登记"一证通办"。推广不动产登记与水、电、气、网络、有线电视过户等关联业务联动办理。深化"互联网+不动产登记服务",在条件具备的地区试点不动产登记与相关业务"一网通办"。全面设立不动产抵押登记银行代办点,加快推进不动产登记自助服务,在不动产登记办事大厅配置自助查询、缴费、打证设备。(责任单位:省自然资源厅、住房城乡建设厅、政务办、税务局,各设区市人民政府)

25. 改进水电气接入服务。实施用电申请"一窗受理"和信息共享,推行电力接入外线工程行政审批手续并联办理和限时办结,规划许可审批办结时间不超过7个工作日,城市道路掘路许可、占路意见、绿化许可等审批办结时间不超过10个工作日。将全省10(20)千伏、400伏电力客户平均接电时间分别压减至60和10个工作日以内,平均接电成本压降30%。整合优化供水、燃气接入流程,压缩办理时间,简化申请材料目录,实施并联审批、联合踏勘等举措。用水、用气装表接入无需增设管线的办结时间不超过5个工作日,需增设管线并办理行政审批事项的办结时间用水不超过35个工作日、用气不超过40个工作日。降低水气直供企业门槛,提高直供比例,进一步扩大电力市场交易规模。加强技术创新,持续加强水电气基础设施建设和维护,在实现最优供应服务水平的基础上,进一步减少非计划性的停供次数,缩短停供时间。(责任单位:省电力公司、住房城乡建设厅、自然资源厅、水利厅,各设区市人民政府)

26. 提升跨境贸易服务水平。优化通关流程和作业方式,加快通关一体化改革,推进跨部门联合检查,提升查验工作效率,有效压缩进口整体通关时间,到2020年底,实现整体通关时间比2017年压缩一半。探索属地海关协同口岸海关查验配合,丰富查验、检疫货物的作业模式。加强外贸诚信体系建设,依托"江苏省商务诚信公众服务平台"等信用平台实施分类监管。推进进口商品质量可追溯体系建设,建立和完善进口消费质量安全投诉平台。优化出口退税办税流程,持续加快出口退税进度,全面推行出口退税申报、证明办理、核准、退库等业务全程网上办理,实现电子退库全联网、全覆盖,确保办理退税平均时间缩短至5个工作日。(责任单位:南京海关,省税务局、财政厅、商务厅、市场监管局)

七、着力保障营商环境持续优化

27. 加强组织领导,强化责任落实。健全优化营商环境工作协调和推进落实机制,建立省级优化营商环境工作联席会议制度。各地各部门要按照本通知精神,切实承担本地区优化营商环境的主体责任,认真梳理和深入分析本地区营商环境中的突出问题,找准政策落实的薄弱环节,因地制宜提出切实可行的具体操作方法。工商联要动员各商会共同为我省构建良好的营商环境发挥积极能动作用。(责任单位:省政府办公厅及省有关部门,各设区市人民政府)

28. 着眼市场需求,确保精准施策。各地各部门要加强调查研究和科学论证,系统审慎研判拟出台政策的预期效果和市场反应,统筹把握好政策出台时机和力度,防止政策效应叠加共振或相互抵消,避免给市场造成波动和冲击,增强政策稳定性和连续性。要全面采用成本收益分析,对优化营商环境具体政策进行事前评估,防止给企业增加不合理的制度成本、时间成本和经济成本。对企业敏感的行业规定或限制性措施调整要设置合理过渡期,防止脱离实际、层层加码。问需于企、问计于企,健全和完善商会、行业协会、企业等政府服务对象参与涉企政策文件制定的具体操作办法。加快构建"亲、清"新型政商关系,建立健全领导干部挂钩服务企业制度,推动各级干部深入基层、走进企业,倾听诉求,回应企业家关切,切实帮助企业解决实际问题。(责任单位:各设区市人民政府,省有关部门)

29. 组织开展评价,主动对标找差。按照省政府立法计划出台《江苏省优化营商环境办法》,完成我省营商环境评价指标体系的制定并启动开展评价工作,探索建立第三方评价机制。2019 年对全省各设区市全面开展营商环境评价,编制发布《江苏省营商环境报告》。针对评价中发现的差距和不足,对标国际标准和国内先进地区,及时总结、复制推广先进经验和做法。建立营商环境投诉举报和查处回应制度,及时纠错纠偏,定期公开曝光破坏营商环境反面典型案例。(责任单位:省发展改革委、工业和信息化厅、政务办及省有关部门)

30. 强化舆论引导,做好政策解读。通过开辟宣传专栏、微信特刊、举办政策宣讲等形式,加强宣传引导。对于市场主体关注的重点难点问题,及时研究解决,回应社会关切,合理引导预期。对已出台的优化营商环境政策措施要及时跟进解读,准确传递权威信息和政策意图,并向企业精准推送各类优惠政策信息,提高政策可及性。(责任单位:各设区市人民政府,省有关部门)

省政府办公厅关于印发江苏省工程建设项目审批制度改革实施方案的通知

苏政办发〔2019〕53号

各设区市人民政府,省各委办厅局,省各直属单位:

《江苏省工程建设项目审批制度改革实施方案》已经省人民政府同意,现印发给你们,请认真贯彻落实。

江苏省人民政府办公厅

2019年6月2日

江苏省工程建设项目审批制度改革实施方案

为贯彻《国务院办公厅关于全面开展工程建设项目审批制度改革的实施意见》(国办发〔2019〕11号)精神,扎实推进我省工程建设项目审批制度改革,制定本实施方案。

一、总体要求和目标

以习近平新时代中国特色社会主义思想为指导,深入贯彻党的十九大精神,认真落实国务院关于全面开展工程建设项目审批制度改革的工作部署,以房屋建筑和城市基础设施等工程为主要对象(不包括特殊工程和交通、水利、能源等领域的重大工程),在巩固"不见面审批(服务)"改革成果的基础上,对工程建设项目审批制度实施全流程、全覆盖改革,统一审批流程、统一信息数据平台、统一审批管理体系、统一监管方式,更好更快方便企业和群众办事,着力打造一流营商环境,为高质量发展走在前列提供有力支撑。

2019年上半年,全省工程建设项目审批时间压缩至100个工作日以内，省和设区市初步建成工程建设项目审批制度框架和信息数据平台；到2019年底，工程建设项目审批管理系统与相关系统平台互联互通；2020年底前，按照国家统一要求，基本建成工程建设项目审批和管理体系。其中，100个工作日的审批总时限包括行政审批、备案和依法由审批部门组织、委托或购买服务的技术审查和中介服务，以及市政公用服务报装等办理时间。

二、统一审批流程

（一）精简审批环节。

1. 精简审批事项。2019年二季度，全面梳理审批事项，并按照取消事项、保留但减少审批前置条件或者简化申请材料的分类处理原则，对所有审批事项提出处理意见。

2. 下放审批权限。2019年二季度，按照方便企业和群众办事的原则，制定并实施配套制度，明确下放或者委托下级机关审批的事项，以及承接相关审批事项的审批部门、审批要求等。

3. 合并审批事项。2019年二季度，确定合并审批事项目录，制定并实施审批事项合并办理的具体规定，明确审批主体、办事流程和完成时限等。

4. 转变管理方式。2019年二季度，对于能够用征求相关部门意见方式替代的审批事项，调整为部门间内部协作事项，确定具体的调整事项、管理方式和相关要求等。

5. 调整审批时序。将地震安全性评价调整到工程设计前完成；将环境影响评价、节能评价、文物资源评估等评估评价和取水许可等事项调整到开工前完成；可以将用地预审意见作为使用土地证明文件申请办理建设工程规划许可证；将供水、供电、燃气、热力、排水、通信等市政公用基础设施报装提前到开工前办理，在工程施工阶段完成相关设施建设，竣工验收后直接办理接入事宜。各地结合实际，调整有关评估评价、行政审批、市政公用服务等各类事项的办理时序，并在分类审批流程图和办事指南中予以明确。

（二）规范审批事项。

本着合法、精简、效能原则，全面清理我省工程建设项目审批事项，统一审批事项和法律依据，逐步形成全省统一的审批事项名称、申请材料和审批时限。制定省和设区市工程建设项目审批事项清单，明确各审批事项的适用范围和前置条件，并实行动态管理。下级政府制定的审批事项清单原则上要与上级政府审批事项清单一致，超出上级政府审批事项清单范围的，要报上级机关备案，并说明理由。2019年二季度，各设区市人民政府将审批事项清单报送省工程建设项目审批制度改革领导小组办公室备案，省政府将审批事项清单报送住房城乡建设部备案。

（三）合理划分审批阶段。

1. 按照将工程建设项目审批流程划分为立项用地规划许可、工程建设许可、施工许可、竣工验收四个阶段的基本要求，遵循审批阶段“只少不多”原则，进一步分类优化审批流程。在此基础上，将其他行政许可、技术审查、强制性评估、中介服务、市政公用服务及备案等事项纳入相关阶段办理或并行推进。

2. 每个审批阶段确定一家牵头部门，实行一家牵头、并联审批、限时办结。省自然资源厅牵头组织协调立项用地规划许可和工程建设许可两个阶段，省住房城乡建设厅牵头组织协调施工许可和竣工验收两个阶段，省政务办协同做好四个阶段相关工作，各地四个阶段的牵头部门由当地人民政府确定。2019年二季度，制定并实施并联审批管理办法。

（四）分类制定审批流程。

2019年二季度，根据全国统一的工程建设项目审批流程图示范文本，结合本省工程审批(服务)事项清单，分类制定全省指导性流程图。各设区市人民政府要根据全国统一的工程建设项目审批流程图示范文本和省指导性流程图，分别制定政府投资、社会投资等不同类型工程的审批流程图，明确审批阶段、审批部门、审批事项和审批时限等。审批时限要具体明确全流程总审批时限以及各审批阶段、各审批事项的审批时限。同时，可结合工程建设项目类型、投资类别、规模大小等实际，进一步明确工程建设项目的划分依据和类别，梳理合并审批流程。对于社会投资的中小型工程建设项目和带方案出让土地的项目，进一步简化审批流程。

（五）实行联合审图和联合验收。

1. 推行数字化联合审图，将消防、人防、技防等技术审查并入施工图设计文件审查，相关部门不再进行技术审查。2019 年二季度，制定并实施施工图设计文件联合审查的管理办法，明确审查内容、审查标准、审查方式和审查时限等。

2. 实行规划、土地、消防、人防、抗震设防要求、档案等事项限时联合验收，统一竣工验收图纸和验收标准，统一出具验收意见。对于验收涉及的测绘工作，实行一次委托、联合测绘、成果共享。2019 年二季度，制定并实施限时联合验收管理办法，明确牵头部门、参与部门、验收标准、工作规则、办事流程和验收时限等。

（六）推行区域评估。

在各类开发区、工业园区、新区和其他有条件的区域，由政府统一组织对各类评估评价事项实行区域评估，具体实施范围由各设区市人民政府确定。实行区域评估的区域，相关部门应根据区域评估结果在土地出让或划拨前告知建设单位相关要求。2019 年二季度，各设区市人民政府制定并实施区域评估细则，明确实施区域评估的主体、实施范围、内容、方式，以及加强事中事后监管的具体措施等。

（七）推行告知承诺制。

1. 2019 年二季度，各设区市人民政府制定并实施工程建设项目审批告知承诺制管理办法，明确告知承诺制的具体要求以及加强事中事后监管的措施等。

2. 有可能对工程质量安全、公共安全、生态环境保护产生严重后果的审批事项，不实行告知承诺制；对存在质量安全较大以上隐患、发生质量安全事故、产生较大生态环境影响、造成生态环境破坏，正被政府部门要求限期整改或者处于限制市场行为期限内的申请人，不适用告知承诺制；对位于历史文化保护和城市特色风貌塑造相关区域的工程建设项目，不适用告知承诺制。

三、统一信息数据平台

（一）建立完善工程建设项目审批管理系统。

1. 省级借鉴复制国家工程建设项目审批管理系统功能，同时将省级工程建设项目审批事项纳入系统管理，建立省级工程建设项目审批管理系统，并与国家和各设区市工程建设项目审批管理系统实现审批数据实时共享。各设区市选择使用已经运行且比较成熟的工程建设项目审批管理系统的开发成果，按照横向到边、纵向到底的原则，结合市情，优化整合建设覆盖本地区的市级工程建设项目审批管理系统，与省级工程建设项目审批管理系统对接，实现审批数据实时共享，并纳入江苏政务服务网。省、市工程建设项目审批管理系统应当将审批流程各阶段涉及的审批事项全部纳入审批管理系统，通过审批管理系统在线监控审批部门的审批行为。落实工程建设项目审批管理系统整合、建设、运行、维护等方面的经费保障。

2. 地方工程建设项目审批管理系统要具备“多规合一”业务协同、在线并联审批、统计分析、监督管理等功能，在“一张蓝图”基础上开展审批，实现统一受理、并联审批、实时流转、跟踪督办。

3. 以应用为导向，打破“信息孤岛”，依托江苏政务服务网，完善工程建设项目审批管理系统。2019 年上半年，全省初步建成省、市两级覆盖各相关部门和县(市、区)各层级的工程建设项目审批管理系统，并分别与国家、省审批管理系统对接；制定审批管理系统运行管理办法。2019 年底前，实现工程建设项目审批管理系统与江苏政务服务网、全国一体化在线政务服务平台的对接，推进工程建设项目审批管理系统与投资项目在线审批监管平台、企业信用信息公示系统、信用信息共享平台等相关信息系统的互联互通。

四、统一审批管理体系

(一)“一张蓝图”统筹项目实施。

1． 2019 年三季度，统筹整合各类规划，划定各类控制线，构建“多规合一”的“一张蓝图”，形成管控边界清晰、责任主体明确和管控规则明晰的空间规划图。依托工程建设项目审批管理系统，加强“多规合一”业务协同，引导政府投资项目超前储备、社会投资项目有序招商，加速项目前期策划生成，简化项目审批或者核准手续。省级“多规合一”业务协同工作由省自然资源厅牵头，市级牵头部门由各设区市人民政府确定。

2. 2019 年二季度，制定项目生成管理办法，统筹协调各部门对工程建设项目提出的建设条件以及需要开展的评估事项等予以明确，为项目建设单位落实建设条件、相关部门加强监督管理提供依据。

（二）“一个窗口”提供综合服务。

1. 2019 年二季度，统一制定全省“一窗受理”的工作规程，明确线上线下“一个窗口”提供综合服务的具体措施和运行规则，增强政务中心和政务大厅“一个窗口”提供综合服务的功能，发挥服务企业群众、监督协调审批的作用。

2. 整合所有工程建设项目审批部门和市政公用单位分散设立的相关服务窗口，在政务大厅设立工程建设项目审批综合服务窗口。建立完善“前台受理、后台审核”机制，通过最大限度的并联，对后台进行实质性整合，真正实现综合服务窗口统一收件、出件，“一个窗口”提供服务和管理。2019 年二季度，实现由工程建设项目审批综合服务窗口统一收件、发件、咨询。

3. 2019 年二季度，制定并实施咨询辅导等服务规定。为申请人提供工程建设项目审批咨询、指导、协调和代办等服务，帮助企业了解审批要求，提供相关工程建设项目的申请材料清单，提高申报通过率。

（三）“一张表单”整合申报材料。

1. 2019 年二季度，各审批阶段牵头部门负责组织制定本阶段统一的办事指南、申报表格和材料目录，由同一审批阶段内各审批部门共同使用，每个审批阶段申请人只需提交一套申报材料，实现“一份办事指南、一张申请表单、一套申报材料、完成多项审批”的运作模式。

2. 建立完善审批清单服务机制，主动为申请人提供项目需要审批的事项清单。明确申报材料共享的具体要求，不同审批阶段的审批部门应当共享申报材料，不得要求申请人重复提交。

（四）“一套机制”规范审批运行。

1. 2019 年二季度，基本建立涵盖工程建设项目审批流程四个阶段的牵头部门负责制、协调机制、督查制度、“多规合一”协同规则、工程建设项目审批管理系统运行规则以及事中事后监管等配套制度，明确部门职责，明晰工作规程，规范审批行为，确保审批各阶段、各环节无缝衔接；建立完善审批协调机制，协调解决部门意见分歧；建立跟踪督办制度，实时跟踪审批办理情况,对全过程实施督办。

2. 省和设区市人民政府各相关部门要主动加强与同级人大及司法机构的沟通协调配合,做好法规规章、规范性文件和标准规范的立改废释工作,修改或者废止与工程建设项目审批制度改革要求不相符的相关制度,建立依法推进改革的长效机制。2019 年年底前,基本完成改革涉及相关地方性法规、规章和规范性文件的立改废释工作。

五、统一监管方式

(一) 加强事中事后监管。

建立以“双随机、一公开”监管为基本手段,以重点监管为补充,以信用监管为基础的新型监管机制,落实监管所需机构、人员和经费。以工程质量安全、生态环境保护、历史文化保护和城市特色风貌塑造等为监管主要内容,明确监管方式和时间要求,提高事中事后监管效能,严肃查处违法违规行为。对于实行告知承诺制的审批事项,审批部门应当在规定时间内对承诺人履行承诺的情况进行检查,承诺人未履行承诺的,审批部门要依法撤销行政审批决定并追究承诺人的相应责任。2019 年二季度,各设区市人民政府制定并实施加强事中事后监管的相关制度和监督检查办法。

(二) 加强信用体系建设。

1. 2019 年二季度,建立并实施红黑名单制度,明确应当列入红黑名单的情形,实行信用分级分类管理,出台工程建设项目审批守信联合激励和失信联合惩戒合作备忘录,对失信企业和从业人员进行严格监管。

2. 2019 年二季度,基本建立信用监管体系,依托工程建设项目审批管理系统,建立工程建设项目审批信用信息平台,完善申请人信用记录,将企业和从业人员违法违规、不履行承诺的失信行为纳入工程建设项目审批管理系统,并与全国信用信息共享平台互联互通。全面公开企业和从业人员违法违规、不履行承诺的失信行为,加强信用信息共享,构建“一处失信、处处受限”的联合惩戒机制。

(三) 规范中介和市政公用服务。

推动供水、供电、燃气、热力、排水、通信等市政公用服务全部入驻政务服务大厅,实施统一规范管理,为建设单位提供“一站式”服务。2019 年二季度，制定并实施中介和市政公用服务管理制度，实行服务承诺制，明确服务标准和办事流程，规范服务收费。依托工程建设项目审批管理系统建立中介服务网上交易平台，实现对工程建设项目涉及的中介服务行为的全过程监管。

六、加强组织实施

各地各部门要加强对工程建设项目审批制度改革的组织领导，强化统筹协调，细化分解任务，落实经费保障，切实推动各项改革举措落地见效。省级层面建立由省政府主要负责同志任组长的工程建设项目审批制度改革工作领导小组(以下简称省领导小组)，领导小组办公室设在省住房城乡建设厅。各设区市人民政府要成立以主要负责同志为组长的领导小组，明确牵头部门，统筹推进本地区工程建设项目审批制度改革。建立上下联动的沟通联系机制，针对重点难点问题制定培训计划、开展业务培训，提高改革实效和业务水平。研究制定工程建设项目审批制度改革督导和评估评价办法，明确督导和评估评价主体、内容、时间等。建立改革公开制度，注重宣传引导，强化信息公开，回应社会关切，营造良好舆论环境。

2019 年二季度，各设区市人民政府将本地区实施方案报省领导小组办公室审核，根据审核意见修改完善后以市人民政府名义印发，并报省领导小组办公室备案。南京市按照国家要求继续做好试点工作。

荣誉篇

中办国办印发指导意见向全国推广
江苏“不见面审批”经验

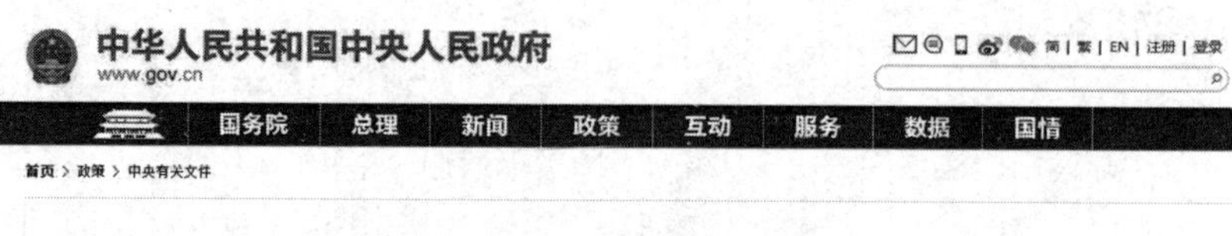

中共中央办公厅 国务院办公厅印发《关于深入推进审批服务便民化的指导意见》

2018-05-23 22:18 来源：新华社 【字体：大 中 小】 打印

附件2

江苏省“不见面审批”经验做法

江苏省坚持问题导向，在完成省市县“三级四同”标准化权力清单基础上，全面推进“不见面审批”改革，推动形成“网上办、集中批、联合审、区域评、代办制、不见面”的办事模式，构建“不见面审批+强化监管服务+综合行政执法”新型管理体系，着力优化营商环境，切实增强企业和群众的改革获得感。

一是“网上办”。将65个省直部门和所有市县的政务网整合成全省统一的政务服务网，实现政务服务信息系统互联互通。2017年6月，江苏政务服务网正式上线运行，实现了省市县三级审批（服务）事项应上尽上。截至2017年底，省市县三级行政机关大部分审批服务事项都已经实现网上办理，变“面对面”为“键对键”。

二是“集中批”。按照“撤一建一”的原则，全省共有5个设区的市、17个县（市、区）、27个开发区成立了行政审批局，将市场准入、投资建设、复杂民生办事等领域的行政许可权划转至行政审批局行使，变多个主体批为一个主体批，实行“一枚印章管审批”。大力推行“3550”改革，即“3个工作日内开办企业、5个工作日内获得不动产登记、50个工作日内取得工业建设项目施工许可证”，打通投资建设领域审批中的“堵点”，解决群众不动产登记的“痛点”，最大限度利企便民，着力打造国际先进水平的营商环境。

三是“联合审”。在全省推广“五联合一简化”、“多评合一”、“网上联合审图”经验做法，大力推动可研报告、节能评估报告、社会稳定风险评估报告“三书合一”，变“接力跑”为“齐步走”，报告编制时间压缩2/3，支出费用减少60%。积极推动网上联合审图、电子踏勘等，实现“多图联审”的材料网上递转、网上审图、网上反馈、网上查询，全面开启了“线上受理、联合审图、集成服务、综合监管”的不见面审图新模式。

四是“区域评”。出台《以“区域能评、环评+区块能耗、环境标准”取代能评环评工作机制试点工作的方案》，在环评、能评、安评等方面，探索开展区域评估，取代区域内每个独立项目的重复评价，变“独立评”为“集中评”。在开发区统一编制地质灾害危险性评估、社会稳定风险评估、地下水水质监测等区域性评估报告，评估结果开发区内项目全部共享使用，通过政府买单、企业共享，节约了项目落地时间，减轻了企业负担。

五是“代办制”。在全省开发区、高新区、乡镇（街道）率先推行企业投资建设项目全程代办制度，提供“店小二”式专业化服务，由各地公布代办事项目录，组建专业化代办队伍，为企业提供无偿帮办服务，变“企业办”为“政府办”。

六是“不见面”。积极推行审批结果“两微一端”推送、快递送达、代办送达等服务模式。江苏邮政EMS快递服务已进驻全省121个政务服务中心，实现省市县三级政务服务中心全覆盖，变“少跑腿”为“不跑腿”。截至2017年底，全省各级政务服务中心寄送审批结果185万件。

李克强总理称赞“不见面审批”已成为江苏的一张亮丽名片

2018年11月30日，李克强总理考察“智慧南京”中心，称赞道：“‘不见面审批’已成为江苏的一张亮丽名片，是‘放管服’改革的一大突破。你们的探索和实践极大方便了群众和企业办事，切实做到了‘数据多跑路、群众少跑腿’，不仅提高了行政效率，也在更大领域里促进了公平。江苏要继续深化‘放管服’改革，为全国作标杆。”

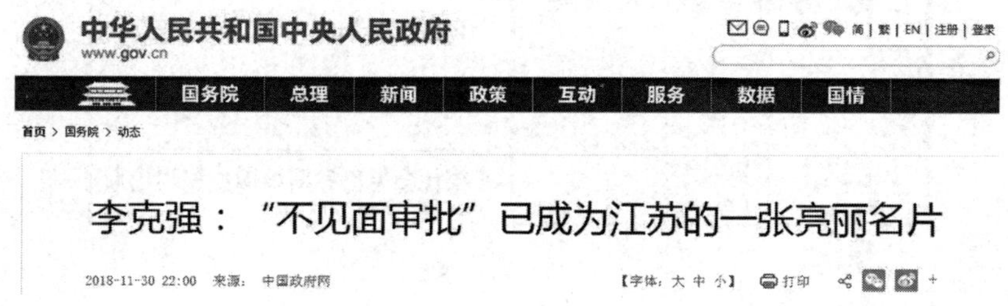
中华人民共和国中央人民政府
www.gov.cn
简 | 繁 | EN | 注册 | 登录
国务院 总理 新闻 政策 互动 服务 数据 国情
首页 > 国务院 > 动态

李克强：“不见面审批”已成为江苏的一张亮丽名片

2018-11-30 22:00 来源：中国政府网 【字体：大 中 小】 打印

《人民日报》报道江苏办事可以“不见面”

2017 年 7 月 21 日,《人民日报》头版头条报道了江苏办事可以“不见面”,介绍了南京市栖霞区在全国首创的“商事登记不见面审批”系统。

人民日报

RENMIN RIBAO

人民网网址：http://www.people.com.cn

2017年7月

21

星期五

人民日报社出版

改革管理体制 营造良好环境

让院士回归学术

减少行政干预，突出学术导向

网上受理简流程 审批改革提效率

江苏 办事可以“不见面”

李克强会见新西兰前总理约翰·基

张德江会见巴勒斯坦国总统阿巴斯

在首届数字中国建设峰会上
江苏政务服务网被评为最佳实践成果

2018 年 4 月 22 日，在首届数字中国建设峰会上，江苏政务服务网被评选为全国 30 个最佳实践成果之一。

江苏网上政务服务能力居全国前茅

自2015年以来,中央党校(国家行政学院)电子政务研究中心连续开展省级政府网上政务服务能力年度评估。在历次评估中,江苏稳居第二名。

2018

省级政府网上政务服务能力调查评估报告

一、总体排名

省级政府网上政务服务能力总体排名前10名的地区分别为:浙江、江苏、贵州、广东、安徽、北京、福建、重庆、四川和山东。各地区排名情况如表2-1所示。[2]

表2-1 调查评估总排名

排名	省级政府	总分	服务方式完备度指数	服务事项覆盖度指数	办事指南准确度指数	在线办理成熟度指数	在线服务成效度指数
1	浙江	94.26	96.70	90.17	92.56	98.39	94.45
2	江苏	93.93	94.75	92.83	96.89	89.91	93.64
3	贵州	93.76	94.78	91.21	98.76	91.63	86.06
4	广东	93.25	96.32	86.65	95.89	92.28	94.37
5	安徽	90.90	91.68	90.39	98.62	84.55	79.93

2019

省级政府和重点城市网上政务服务能力调查评估报告

一、总体情况

自2015年首次开展网上政务服务调查评估以来，网上政务服务在过去几年取得了快速发展。**2018年调查评估的结果再次印证了在数字中国战略指引下，各地区全面深化“放管服”改革，大力推进“互联网+政务服务”取得的成效。**

表2-1 省级政府网上政务服务能力水平分布

非常高 ≥90	高 90-80	中 80-65	低 ≤65
广东	福建	陕西	新疆
江苏	北京	河南(-)	
浙江	四川	河北(-)	
贵州	重庆	甘肃(-)	
上海(+)	宁夏	内蒙古	
安徽	江西	吉林	

《人民日报》报道江苏 12345 在线

2018 年 5 月 4 日,《人民日报》将江苏 12345 在线作为“大数据助力国家治理”专题进行报道。

人民日报　　2018年5月4日　星期五　　11 政治

江苏运用12345在线服务平台数据,精准调整惠民政策

科学决策,大数据做高参

本报记者　尹晓宇

核心阅读

习近平总书记强调,要运用大数据提升国家治理现代化水平。要建立健全大数据辅助科学决策和社会治理的机制,推进政府管理和社会治理模式创新,实现政府决策科学化、社会治理精准化、公共服务高效化。

江苏 12345 在线服务平台,实现了省市县全面覆盖和行政服务统一联动。通过分析平台产生的海量民意数据,有关部门及时调整政策、推动科学决策,从“闭门写文件”到广泛吸取民意,大数据让行政决策更为科学精准。

分析数据发现问题

提出建议解决问题

多部门工作要有“系统化思维”,让好政策惠民

最高检通知要求

依法捍卫英烈荣誉尊严

参考文献

著作：

习近平. 习近平谈治国理政. 外文出版社,2014.

《中共中央关于全面推进依法治国若干重大问题的决定》辅导读本. 人民出版社,2014.

中共中央宣传部编. 习近平总书记系列重要讲话读本(2016 年版). 学习出版社、人民出版社,2016.

习近平. 决胜全面建成小康社会　夺取新时代中国特色社会主义伟大胜利——在中国共产党第十九次全国代表大会上的报告. 人民出版社,2017.

中共中央宣传部编. 习近平新时代中国特色社会主义思想三十讲. 学习出版社,2018.

俞可平. 推进国家治理与社会治理现代化. 当代中国出版社,2014.

于施洋,王建东,郭鑫. 数字中国——重塑新时代全球竞争力. 社会科学文献出版社,2019.

[美]戴维・奥斯本,特德・盖布勒. 改革政府——企业家精神如何改革着公共部门. 周敦仁译. 上海译文出版社,2006.

领导讲话和政策文件：

李克强. 深化简政放权放管结合优化服务　推进行政体制改革转职能提效能——在全国推进简政放权放管结合优化服务改革电视电话会议上的讲话(2016 年 5 月9 日)

李克强. 在全国深化简政放权放管结合优化服务改革电视电话会议上的讲话(2017 年 6 月 13 日)

李克强. 在全国深化“放管服”改革转变政府职能电视电话会议上的讲话(2018 年 6 月 28 日)

李克强. 在全国深化“放管服”改革优化营商环境电视电话会议上的讲话(2019 年 6 月 25 日)

中共中央关于建立社会主义市场经济体制若干问题的决定(中国共产党第十四届中央委员会第三次全体会议1993年11月14日通过)

国家信息化领导小组关于我国电子政务建设指导意见(中办发〔2002〕17号)

国务院关于印发全面推进依法行政实施纲要的通知(国发〔2004〕10号)

国家信息化领导小组关于印发《国家电子政务总体框架》的通知(国信〔2006〕2号)

中共中央关于构建社会主义和谐社会若干重大问题的决定(2006年10月11日中国共产党第十六届中央委员会第六次全体会议通过)

关于深化行政管理体制改革的意见(2008年2月27日中国共产党第十七届中央委员会第二次全体会议通过)

中共中央关于全面深化改革若干重大问题的决定(2013年11月12日中国共产党第十八届中央委员会第三次全体会议通过)

中共中央关于全面推进依法治国若干重大问题的决定(2014年10月20日中国共产党第十八届中央委员会第四次全体会议通过)

国务院办公厅关于促进电子政务协调发展的指导意见(国办发〔2014〕66号)

国务院关于促进云计算创新发展培育信息产业新业态的意见(国发〔2015〕5号)

国务院办公厅关于运用大数据加强对市场主体服务和监管的若干意见(国办发〔2015〕51号)

国务院关于积极推进“互联网+”行动的指导意见(国发〔2015〕40号)

国务院关于印发促进大数据发展行动纲要的通知(国发〔2015〕50号)

中共中央办公厅　国务院办公厅关于印发《国家信息化发展战略纲要》的通知(中办发〔2016〕48号)

国务院关于印发政务信息资源共享管理暂行办法的通知(国发〔2016〕51号)

国务院关于加快推进“互联网+政务服务”工作的指导意见(国发〔2016〕55号)

国务院关于印发“十三五”国家信息化规划的通知(国发〔2016〕73号)

中共中央关于深化党和国家机构改革的决定(2018年2月28日中国共产党第十九届中央委员会第三次全体会议通过)

中共中央办公厅　国务院办公厅印发《关于深入推进审批服务便民化的指导意见》的通知(厅字〔2018〕22号)

国务院办公厅关于印发进一步深化“互联网+政务服务”推进政务服务“一网、一门、一次”改革实施方案的通知(国办发〔2018〕45号)

国务院关于加快推进全国一体化在线政务服务平台建设的指导意见(国发〔2018〕27号)

报刊文章：

杨宏山.行政管理体制改革的基本使命.理论参考,2006(6):19.

汪玉凯."互联网+政务":政府治理的历史性变革.国家治理,2015(27).

王婷.合作治理:中国特色社会主义行政体制改革的目标导向与治理逻辑.行政论坛,2016(6):47-52.

施成杰,侯永志.深入认识以人民为中心的发展思想.人民日报,2017-06-22(7).

崔光胜.十八大前后我国行政体制改革深入探索的价值取向.理论月刊,2017(7):5-9.

高小平.新时代行政体制改革的基本思路.人民论坛,2017(S2):58-60.

汪玉凯.社会主要矛盾的转化为国家治理现代化提供重要依据.中国党政干部论坛,2017(11).

汪信砚.以人民为中心的发展思想的哲学源泉.人民日报,2017-11-24(7).

高世楫,廖毅敏.数字时代国家治理现代化和行政体制改革研究.行政管理改革,2018(1).

李军鹏.十九大后深化放管服改革的目标、任务与对策.行政论坛,2018(2).

石亚军.深化机构和行政体制改革　推动国家治理体系创新.政法论坛,2018(2):3-9.

郁建兴,高翔.浙江省"最多跑一次"改革的基本经验与未来.浙江社会科学,2018(4).

常健.中国政治行政体制改革四十年与公民权利保障.南开学报(哲学社会科学版),2018(5):28-38.

于君博.改革开放40年来中国行政体制改革的基本逻辑.经济社会体制比较,2018(6):40-47.

马宝成,安森东.中国行政体制改革40年:主要成就和未来展望.行政管理改革,2018(10).

马斌.当前我国地方治理的新特点.学习时报,2018-10-22(6).

逯峰.广东"数字政府"的实践与探索.行政管理改革,2018(11).

吴摄天.浅谈行政管理体制改革存在的问题与创新策略.中国管理信息化,2018(22):164-165.

张守营.行政改革40年:从放权开始,向服务转变.中国经济导报,2018-12-

06(1).

杨贺.深入推进“放管服”改革建设人民满意的服务型政府.黑河学刊,2019(1):15－16.

沈荣华.推进“放管服”改革:内涵、作用和走向.中国行政管理,2019(7).

焦利.“一网通办”让城市更美好.学习时报,2019－07－31(6).